I0815044

neukirchener
theologie

Die Botschaft des Neuen Testaments

Herausgegeben von Walter Klaiber

Christoph Schluep-Meier
Der Philipperbrief / Der Philemonbrief

Neukirchener Theologie

Christoph Schluep-Meier

Der Philipperbrief / Der Philemonbrief

2014

Neukirchener Theologie

Dieses Buch wurde auf FSC-zertifiziertem Papier gedruckt. FSC (Forest Stewardship Council) ist eine nichtstaatliche, gemeinnützige Organisation, die sich für eine ökologische und sozialverantwortliche Nutzung der Wälder unserer Erde einsetzt.

Bibliografische Information der Deutschen Nationalbibliothek

Die Deutsche Nationalbibliothek verzeichnet diese Publikation in der Deutschen Nationalbibliografie; detaillierte bibliografische Daten sind im Internet über http://dnb.d-nb.de abrufbar.

Umschlaggestaltung: Andreas Sonnhüter, Wuppertal
Lektorat: Volker Hampel, Neukirchen-Vluyn
DTP: Volker Hampel, Neukirchen-Vluyn
Gesamtherstellung: Hubert & Co., Göttingen
Printed in Germany
ISBN 978-3-7887-2803-8 (Print)
ISBN 978-3-7887-2804-5 (E-Book-PDF)
www.neukirchener-verlage.de

Meiner Gemeinde:
der Evangelisch-methodistischen Kirche,
den Philippern und Philipperinnen Zürichs

Vorwort

Der Philipper- und der Philemonbrief sind schon seit Jahrhunderten nicht jene Briefe des Paulus, denen das größte Augenmerk zuteil wird, weder in der Kirche noch an der Universität. Zu stark ist die Konkurrenz etwa des Römer- oder des Galaterbriefes. Und dies zu Recht: Dort wurden die Weichen für die Weiterentwicklung des christlichen Glaubens gestellt, und mit ihrer theologischen und auch spirituellen Dichte können weder der Philipper-, noch der Philemonbrief mithalten.

Und doch hat dieses Nischendasein auch sein Gutes: Abseits der großen Auseinandersetzungen und der komplexen Theorie entsteht ein kleiner Garten, in dem andere Blumen zu blühen vermögen. Wir erleben Paulus in den beiden kleinen Briefen von einer ganz anderen Seite: Er ist alt, er ist gefangen, er hat das Ende seines langen Weges bald erreicht, aber er ist voller Hoffnung und Liebe für die ihm Anvertrauten. Gerade weil es seine beiden letzten Briefe sind, haben sie einen ganz besonderen Charme: Das Vermächtnis eines letzten Wortes haftet ihnen an, und weil sie sich nur noch am Rande mit den großen Fragen der Theologie auseinandersetzen, gewähren sie einen Blick in das Privatleben nicht nur von Paulus selbst, sondern auch der Gemeinde in Philippi und in das Haus Philemons.

Was jetzt, vielleicht nicht zufällig am Ende eines langen und intensiven Lebens, an Wichtigkeit gewinnt, sind nicht mehr die Diskussionen, sondern die Beziehungen. Kein anderer Brief beleuchtet die Beziehungen des Apostels im Alltag oder auch über weite Distanzen so klar und deutlich, kein anderer Brief schafft es, Paulus von einer so persönlichen, ja geradezu intimen Seite zu zeigen. Hoffnung, Angst, Verzagen, Mut, Liebe, Enttäuschung, Fürsorge – all dies kommt in den wenigen Zeilen des Philipper- und des Philemonbriefes zum Ausdruck.

Was aber ermöglicht uns heutigen Menschen ein solcher Blick in die Privatsphäre des Paulus und seiner Mitarbeiter? Ist es lediglich ein Ausdruck unserer digital vernetzen Welt, dass uns nichts mehr privat genug ist und alles sofort veröffentlicht werden muss? Vielleicht. Möglicherweise hängt der Gewinn, den wir uns vom Philipper- und vom Philemonbrief erhoffen, aber auch mit uns und unserer Kirche zusammen. Die Zeit der großen theologischen Würfe und Diskussionen ist vorbei, zumindest für den Moment, und er wird m.E. noch einige Zeit anhalten. Wichtiger geworden sind indessen die Beziehungen, das alltägliche Miteinander, das nicht so sehr vom Credo bestimmt ist, sondern vom persönlich erfahrenen und gelebten Glauben. Das ist die Welt der beiden Briefe, und hier können sie uns befruchten, ermutigen, ermahnen, weisen und leiten. Denn obwohl uns Heutige gut und gerne 2000 Jahre Kulturgeschichte von den damaligen Lesern unterscheiden, so verbindet uns das Leben und der Glaube in ihren Grundvollzügen noch immer – wer und was der Mensch ist und wie er glaubt, das alles hat sich nicht sehr verändert.

Ich habe die beiden Kommentare auf Anregung von Bischof Dr. Walter Klaiber anlässlich eines Sabbaticals im Jahr 2011 zu erarbeiten begonnen und in den Folgejahren fertiggestellt. Ihm gilt mein herzlicher Dank für sein Vertrauen, seine Unterstützung und seine Motivation. Ein ebenso herzlicher Dank sei Dr. Volker Hampel ausgesprochen, der die Kommentare redaktionell betreut und mit viel Aufwand und Elan den Vorgaben der Reihe entsprechend gestaltet hat. Die »Philippophilen« (Martina Raschle, Felix Ruther, Dominic Roser und Markus Walther) seien ebenfalls und verdankenswerterweise erwähnt, sie haben mich vor allem zu Beginn der Arbeit mit ihren Kommentaren sehr hilfreich unterstützt. Und schließlich danke ich der Evangelisch-methodistischen Kirche der Schweiz, die mich als ihren Pfarrer walten lässt und mir diese Arbeit dank des Sabbaticals überhaupt ermöglicht hat.

Zum Schluss möge es erlaubt sein, auf ein weiteres opusculum hinzuweisen: Parallel zur Arbeit am Kommentar habe ich über den ganzen Philipperbrief gepredigt und so geprüft, ob sich das, was theoretisch erarbeitet wurde, auch praktisch verwenden lässt. Das Resultat ist als Predigtbändchen bei BoD erschienen: »hinterunterfolgen – Predigten zum Philipperbrief für Menschen, die dort sein wollen, wo Gott ist«. Das Büchlein kann bei mir bestellt werden (christoph.schluep@emk-schweiz.ch).

Gewidmet sei dieser Kommentarband meiner Gemeinde, der Evangelisch-methodistischen Kirche Zürich 4, die mitten im sozialen Brennpunkt des Rotlichtquartiers den Menschen nahe ist und damit genau das lebt, wovon Paulus in beiden Briefen schreibt. Die innige Beziehung, die uns miteinander verbindet, ist der des Apostels mit seinen Philippern durchaus vergleichbar.

Ostern 2014 Christoph Schluep-Meier

Der Philipperbrief

Inhalt

Einleitung

Der Philipperbrief gehört neben dem 1. Thessalonicher- und dem Philemonbrief zu den kürzeren Briefen des Paulus. Trotzdem weist er eine große Bandbreite an theologischen Themen (Rechtfertigung, Christologie, Ethik, Eschatologie u.a.) und literarischen Formen auf (Argumentation, Erzählung, Ermahnung, Lyrik). Wie kein anderer Brief jedoch ist der Philipperbrief geprägt vom Grund seiner Abfassung: Paulus schickt Epaphroditus, einen Abgesandten der Philipper, welcher Paulus als Diener unterstützte, wieder nach Hause, da er sich nach schwerer Krankheit nach seiner Familie und Gemeinde sehnt. Anlässlich dieser Sendung verfasst Paulus ein Gelegenheitsschreiben, das von seiner Situation und der seiner Mitarbeiter berichtet, sich erkundigt nach der Situation der Adressaten und ihnen mit gutem Rat zur Seite stehen will. Zudem bedankt sich Paulus ausführlich für die Hilfeleistung der Philipper und kündigt einen baldigen Besuch an, sobald sich seine Situation überblicken lässt. Dank dieser vielen Informationen wird es uns möglich, den Alltag einer christlichen Gemeinde und ihr Verhältnis zum abwesenden Gemeindegründer zu rekonstruieren. Im Vergleich etwa zum Römer- oder 1. Korintherbrief mit ihrem Fokus auf der theologischen Diskussion lässt uns der Philipperbrief erahnen, was eine mittelgroße christliche Gemeinde des ersten Jahrhunderts in einer römischen Stadt bewegte und worüber sie sich außerhalb der großen theologischen Diskussionen Gedanken machte. In soziohistorischer Hinsicht ist er also eine wahre Fundgrube.

Philippi ist eine Provinzstadt im Osten Mazedoniens, die ca. 356 v.Chr. von König Philipp II von Makedonien (dem Vater Alexanders des Großen) gegründet wurde. Philippi liegt an der Via Egnatia, der Hauptverbindungsachse zwischen dem Osten und dem Westen des römischen Reiches und entwickelte sich ab 27 v.Chr. zu einer Garnisonsstadt, in der vor allem Veteranen angesiedelt wurden. Im Römischen Reich hieß die Stadt Colonia Augusta Iulia Philippensis. Aufgrund der guten Lage an der belebten Straße entwickelte sich insbesondere der Handel, sodass die Stadt ein gewisses Wachstum erlebte und sich in der Folge von gewöhnlichen Kleinstädten und Dörfern unterschied. Apg 16,11–40 erzählt die Geschichte der Gründung der Gemeinde: Auf der Durchreise begegnet Paulus in Philippi am Ufer des Flusses der Purpurhändlerin Lydia, sie bekehrt sich, er tauft sie und gründet die Gemeinde. Als es bald darauf aufgrund der Heilung einer besessenen Wahrsagerin zu Konflikten mit der lokalen Bevölkerung kommt, werden Paulus und Timotheus, sein Begleiter, verurteilt, gegeißelt und inhaftiert. Ein Erdbeben zerstört das Gefängnis, worauf die Stadtregierung beschließt, die beiden freizulassen und aus der Stadt fortzuschicken. Wie sich die Gemeinde weiterentwickelt hat, wissen wir nicht, offenbar aber hat sich eine Gruppe um Lydia versammelt, die auch mehr als zehn Jahre später noch immer besteht. Da Paulus von Bischöfen und Diakonen spricht, muss angenommen werden, dass die Gemeinde eine nicht geringe Größe hat; da wir gleichzeitig aber fast nichts über die Funktion dieser Ämter wissen, sind Schlussfolgerungen nur mit Vorsicht zu ziehen. Die Philipper bleiben in regem Kontakt mit Paulus und haben offenbar auch Kenntnis davon, dass er nun in Rom eingekerkert ist. Sie entschließen sich, Epaphroditus mit einer nicht näher bestimmten Unterstützung zu Paulus zu schicken. Über die Via Egnatia gelangt man westwärts bis nach Dyrrhachium an die Küste, von dort mit dem Schiff nach Brundisium (heute Brindisi) und dann auf der Via Appia nach Rom. Wegen der hervorragenden Verkehrsverbindungen, die die Römer schufen, ist es möglich, den Weg in ca. zwei Wochen zu bewältigen. Der Landweg entlang dem adriatischen Meer dauert etwa doppelt so lange.

Auch wenn uns die Details der Abfassung bekannt sind, so ist es doch relativ schwierig, Ort und Zeit genau zu bestimmen. Paulus sitzt im Gefängnis und wartet auf seinen Prozess, soviel ist klar. Nur: In welchem Gefängnis und auf welchen Prozess? Da er bekanntlich immer wieder inhaftiert wurde, kommen verschiedene Möglichkeiten in Betracht (Ephesus, Caesarea und Rom). Neuerdings setzt sich wieder die Überzeugung durch, dass Paulus den Brief nicht in Ephesus, wie von der neueren Forschung meist angenommen wurde, sondern in Rom schrieb. Die Apostelgeschichte berichtet ziemlich detailliert über die Überführung von Jerusalem nach Rom und die römische Gefangenschaft: Da Paulus nach seiner Verhaftung im Jerusalemer Tempel (Apg 21,27–36) und seiner Überführung in die römische Verwaltungshauptstadt Caesarea an den Kaiser appelliert (als römischer Bürger hat er das Recht, dem Kaiser ein Gnadengesuch zu stellen, Apg 25,10–12), wird er auf einer langen Reise nach Rom transportiert (Apg 27,1 – 28,14) und lebt dort in einer Art Halbgefangenschaft (Apg 28,16). Es ist zwar zu vermuten, dass die Apostelgeschichte die Situation aus Pietätsgründen oder politischen Rücksichten etwas beschönigt, aber im Großen und Ganzen dürfte sie der Realität entsprochen haben. Und diese Situation stimmt ziemlich genau mit dem überein, was wir aus dem Philipperbrief rekonstruieren können: Paulus sitzt nicht in Einzelhaft, sondern kann Besuche empfangen (Phil 1,14), sich um seinen Gerichtsprozess kümmern (2,23) und steht in regem (vielleicht sogar täglichem) Kontakt mit seinen Mitarbeitern, allen voran mit Timotheus und Epaphroditus (2,19–24. 25–30).

Eine Reihe weiterer Indizien sprechen dafür, die Abfassung des Briefes in Rom anzunehmen: 1. Paulus scheint bereits eine Weile im Gefängnis zu sitzen und ist sich zugleich bewusst, dass das Verfahren noch einige Zeit in Anspruch nehmen wird (2,23). Das passt zur Situation in Rom. 2. Es sind keine Angaben zur Kollekte enthalten, die Paulus für die Jerusalemer Gemeinde sammelt, sodass angenommen werden muss, dass er sie bereits abgegeben hat. Das spricht für eine Spätdatierung und darum für Rom. 3. Paulus korrespondiert in regelmäßigen Abständen mit den Philippern, wobei der Philipperbrief nur der letzte (und einzig erhaltene) Teil dieser Korrespondenz ist. Das lässt darauf schließen, dass die Distanz zu Philippi in relativ kurzer Zeit zu überwinden ist. Zugleich wissen die Philipper noch nichts von der Genesung des Epaphroditus, weshalb ihn Paulus zusammen mit dem Brief zurückschickt (2,25). Das wiederum lässt darauf schließen, dass die Distanz der beiden Orte größer ist als lediglich ein paar Tagesreisen. Die Reisezeit von Philippi nach Rom dauert ca. zwei bis drei Wochen (nach Ephesus sind es nur wenige Tage), was dem Verlauf der Korrespondenz sehr gut entspricht. 4. Verschiedene Orts- und Personenbezeichnungen weisen auf Rom: das Prätorium (1,13) als Kaserne der Prätorianer (der Leibgarde des Kaisers), dem in Rom auch das Gefängnis angeschlossen ist; die Mitglieder der kaiserlichen Familie, die am Ende des Briefes die Philipper grüßen lassen (4,22, wobei es sich dabei jedoch eher um Angestellte des Hofes handelt als um Blutsverwandte des Kaisers). Selbstverständlich gibt es auch in den Provinzen Polizeikasernen und kaiserliche Bedienstete; ob sie aber auch außerhalb Roms so genannt wurden, ist zweifelhaft. 5. Gewisse Gemeindeglieder der ortsansässigen Gemeinde wenden sich gegen Paulus (1,15–18), was dieser mit erstaunlicher Gelassenheit zur Kenntnis nimmt. Das lässt sich nur erklären, wenn es sich um Geschwister einer Gemeinde wie Rom handelt, die er nicht selbst gegründet hat, denn bei eigenen Gründungen greift er als Gemeindeleiter härter durch (vgl. z.B. 1Kor 1,10–17; Gal 1,6; 3,1). 6. Zwischen den Zeilen lässt sich immer wieder eine gewisse Verzweiflung bzw. eine bei Paulus sonst nicht zu beobachtende Lebensmüdigkeit beobachten (z.B. 1,20–24). Das weist auf ein fortgeschrittenes Alter hin und auch auf einen zermürbenden Prozess, dessen Ausgang im höchsten Grad unsicher ist. Diese Situation passt gut zur Haft in Rom. 7. Schließlich wird gegen die Verfassung in Rom eingewandt, Paulus nehme sich im Römerbrief vor, nach Spanien zu reisen, während er im Philipperbrief von einem Besuch in Philippi spricht, sodass der Philipper- vor dem Römerbrief geschrieben worden sein muss und also auch nicht in Rom verfasst sein kann. Dagegen gilt es zu bedenken, dass zwischen der Verfassung des Römerbriefs und dem Gefängnisaufenthalt in Rom einige sehr belastende Jahre der Haft vergangen sind, sodass es Paulus durchaus zuzutrauen ist, dass er inzwischen seine Reisepläne geändert hat.

Alles in allem kann nicht mit letzter Sicherheit bewiesen werden, wann und wo der Brief tatsächlich verfasst worden ist. Die Indizien sprechen allerdings klar für Rom.

Sollte dies zutreffen, dann lässt sich auch das Entstehungsjahr bestimmen: Paulus wurde 56 n.Chr. in Jerusalem gefangen genommen, verbrachte zwei Jahre in Caesarea in Haft und wurde danach nach Rom überführt. Der Philipperbrief wurde demnach zwischen 59 und 61 n.Chr. verfasst. Je nach Datierung des Philemonbriefes, der ebenfalls aus Rom stammt, ist der Philipperbrief der letzte oder allenfalls der zweitletzte Brief des Paulus.

Da das letzte Kapitel des Briefes vier verschiedene Segenswünsche aufweist (4,7.9.20.23), ist die ältere Forschung davon ausgegangen, dass verschiedene kürzere Briefe zu einem einzigen zusammengefasst worden seien. Das erkläre auch die häufigen und abrupten Stimmungsschwankungen, die unverkennbar sind (3,1f; 3,19–20 u.ö.). Meist ging man dabei von drei verschiedenen Briefen aus: dem Dankesbrief für die Gaben der Philipper (4,10–20), dem Brief mit Informationen über die Lage von Paulus und den Mitarbeitern (1,1 – 3,1; 4,4–7; 4,21–23) und dem Brief mit dem Kampf gegen die Gegner (3,2 – 4,3; 4,8–9). Auch hier hat die gegenwärtige Forschung einen neuen Weg eingeschlagen und betrachtet den Brief wieder als einheitliches Dokument. Die Stimmungsumschwünge lassen sich relativ simpel damit erklären, dass Paulus den Brief nicht in einem Guss diktiert, sondern – auch aufgrund seiner Gefangenschaft, die ein konstantes Arbeiten nicht zulässt – in mehreren Anläufen, vielleicht liegen jeweils mehrere Tage zwischen den einzelnen Teilen, sodass es durchaus möglich ist, dass die Stimmung des Paulus stark variiert. Allenfalls treffen auch immer wieder Neuigkeiten aus der Ortsgemeinde oder der Gemeinde in Philippi ein, die sein Denken und Fühlen positiv oder negativ beeinflussen. Des Weiteren darf die Situation der Gefangenschaft nicht außer Acht gelassen werden, die einem relativ alten

Mann wie Paulus auch psychisch zusetzt, was wiederum in verschiedenen Schreibstilen zum Ausdruck kommt. Und schließlich sind die mehrfachen Segenswünsche inhaltlich leicht zu erklären: 4,7 und 4,9 sind beide als Zuspruch der Gnade Gottes nach den ethischen Ermahnungen zu verstehen, der die Philipper in dem unterstützen soll, was Paulus von ihnen fordert. 4,20 ist ein Lobpreis der Dankbarkeit für die vonseiten der Philipper erfahrene Hilfe, sodass die klassische Segensformel wie gewohnt erst ganz am Ende in 4,23 erscheint. Alles in allem verhält es sich wie mit der Frage nach Ort und Zeit der Abfassung: Es lässt sich nicht mit letzter Sicherheit beweisen, dass der Philipperbrief ein einheitlicher Brief ist, aber die Mehrheit der Indizien spricht eindeutig dafür.

Kommentar

1,1–2
Der Briefkopf

1,1 Paulus und Timotheus, Knechte von Jesus Christus, an alle Heiligen in Christus Jesus, die in Philippi leben, und an die Bischöfe und Diakone. 2 Gnade sei mit euch und Friede von Gott, unserem Vater, und dem Herrn Jesus Christus.

Paulus beginnt den Brief an die Philipper in V. **1a** mit sich selbst, wie es das antike Briefschema vorsieht (Absender, Adressaten, Grüße; vgl. dazu Röm 1,1–7; 1Kor 1,1–3; 2Kor 1,1f u.a.). Dass sich Paulus allerdings selten an die genaue Wiedergabe bzw. Aufnahme von Tradition hält, zeigt sich bereits in der Begrüßung der Adressaten und wird sich sowohl inhaltlich als auch formal noch etliche Male zeigen. Denn statt lediglich Namen zu nennen und Grüße zu übermitteln, erweitert er das Briefschema theologisch, indem er Absender, Adressaten und auch die Grüße christologisch (d.h. auf Christus bezogen) interpretiert.

An zweiter Stelle nennt Paulus Timotheus, womit er deutlich macht, dass er sich nicht als Einzelkämpfer versteht, sondern als Teil einer von Christus gegründeten Gemeinschaft, selbst wenn sie nur aus wenigen Personen besteht. Mit anderen Worten: Christentum ist immer Kirche, und Christen sind nie Solisten, sondern immer Teil eines Orchesters. Timotheus ist der einzige Mitarbeiter, den Paulus in der Begrüßung nennt und darum auch der wichtigste, vor allem aber der treuste, wie wir aus der Apostelgeschichte und den Briefen des Paulus schließen können (2Kor 1,1; 1Thess 1,1; Phlm 1). Nach Apg 16,1–3 stammt er aus Derbe oder Lystra (in der Nähe der heutigen südöstlichen Küste der Türkei) und hat sich Paulus anlässlich eines Zwischenhalts angeschlossen; er war bei der Gründung der Gemeinde dabei (Apg 16,11–40) und kennt die Philipper persönlich, was seine enge Beziehung zu ihnen erklärt (vgl. dazu auch 2,20).

Paulus nennt sich und Timotheus nicht Apostel (vgl. dagegen 1Kor 1,1 und Gal 1,1), sondern *Knechte von Jesus Christus* (**1b**) Da seine Position in Philippi nicht umstritten ist wie etwa in Korinth, muss er sich auch nicht als Apostel legitimieren, sondern nutzt die Gelegenheit, sein Selbstverständnis pointiert zu artikulieren. Der Knecht (in der griechischen Urfassung wörtlich »Sklave«) ist ein Arbeiter, der nicht auf eigene Rechnung arbeitet, weil er nicht sein eigener Herr und Meister ist. Paulus versteht sich also nicht als freier Missionar, sondern Christus untergeordnet, er arbeitet nicht für sich oder seinen Ruhm, sondern für Christus, und er tut nicht, was er will, sondern was ihm aufgetragen wird. Dass er nicht einfach Gott als seinen Herrn bezeichnet, sondern Jesus Christus, weist auf dessen zentrale Stellung in seinem Leben, Denken, Glauben und Arbeiten. Paulus gehört Christus, und wenn er ihn Herrn nennt, dann bezeichnet er damit die Hauptsache seines Lebens. Dass Jesus selbst als »Knecht« bezeichnet wird (vgl. 2,7), macht diese Bezeichnung nebst der Erniedrigung zugleich zum Ehrentitel: Wenn selbst Christus Knecht war, dann ist es die größte Ehre, sein Knecht zu sein.

Im Gegensatz zur bewussten Schmälerung seiner eigenen Person nennt er die Philipper *Heilige* (**1c**). Das ist keine höfliche Schmeichelei, sondern die geläufige Selbstbezeichnung der ersten christlichen Gemeinden (vgl. Röm 1,7; 1Kor 1,2; 2Kor 1,1 u.a.). »Heilig« ist allerdings nicht zu verstehen als Ausdruck moralischer Tadellosigkeit, wie dies im Mittelalter und vor allem in der katholischen Tradition noch heute der Fall ist. Für das richtige Verständnis ist die Ergänzung *in Christus Jesus* wichtig, eine Lieblingsformulierung von Paulus, denn heilig sind die Philipper nicht wegen ihres Lebenswandels, sondern wegen Christus, der sie aus ihrem rein weltlichen Leben in seinen Bereich (eben: in Christus) versetzt. Dort wird ihnen zugesprochen, was sie heilig macht, und dies nicht aufgrund ihrer Leistung, sondern aufgrund ihres auf Christus vertrauenden Glaubens. Dieser Glaube verlässt sich darauf, dass er alles von Christus bekommt, wessen er vor Gott bedarf; so beschenkt, ist und bleibt dem Glaubenden der Zugang zu Gott stets eröffnet. »Heilig sein« bedeutet also wie schon im Alten Testament »zu Gott gehören« und entspricht dem, was mit den Begriffen Vergebung der Sünden, Rettung, neue Schöpfung oder Wiedergeburt ausgesagt wird. Es ist ein Kennzeichen der paulinischen Theologie, dass sie über ein sehr breites Vokabular verfügt, um die verschiedenen Aspekte des einen Heilsgeschehens der Situation und Intention entsprechend jeweils anders auszudrücken.

Besonders begrüßt (**1d**) werden die Bischöfe (griech. *episkopoi)* und die Diakone (griech. *diakonoi*), denen aufgrund ihres Amtes eine gewisse Vorrangstellung gebührt, die jedoch so gering ist, dass sie weder hier noch sonst im Brief näher erläutert wird. Es ist das erste Mal überhaupt, das Paulus von Amtsträgern in der Gemeinde spricht, und es handelt sich dabei um die beiden klassischen Ämter, die sich auch in der späteren Kirchengeschichte durchsetzen werden: der Bischof als Aufseher oder Gemeindeleiter, der wahrscheinlich auch die Gottesdienste (inklusive Taufe und Abendmahl) leitet, und der Diakon als Gemeindediener, der bei der Verteilung des Abendmahls, bei den gemeinsamen Mahlzeiten (vgl. 1Kor 11,17) und der Unterstützung der armen Gemeindeglieder tätig wird. Die Gemeinde in Philippi ist offenbar schnell gewachsen, sodass Leitung und soziale Dienste nötig werden. Bemerkenswert ist, dass beide Ämter im Plural stehen: Neben verschiedenen Gemeindedienern gab es offenbar auch mehrere Leiter, und wir müssen davon ausgehen, dass die Gemeinde in Philippi von einem (allenfalls sogar demokratisch gewählten) Kollektiv geführt worden ist. Eine Alternative bestände darin, dass es in Philippi mehrere Gemeinden mit einem Bischof und Diakonen gab – allerdings erweckt der Brief (vor allem in Kap. 4, wo mehrere Personen namentlich genannt werden) nicht den Eindruck, dass die Gemeinde bereits so groß ist oder aus mehreren Teilen besteht.

Aus dem Bischofsamt entwickelt sich mit der Zeit das ordinierte Priestertum, aus dem Diakonenamt die ihr untergeordnete Gemeindearbeit, sofern sie von nicht ordinierten Personen ausgeübt werden kann. Daneben entsteht sodann das Amt der Presbyter, also der Ältesten, die im Kollektiv die Gemeinde leiten. Diese drei Linien gehen in den verschiedenen kirchlichen Traditionen teilweise harmonisch miteinander oder aber alternativ auseinander. Am Anfang jedoch scheinen sie sich einfach einmal ohne Konkurrenzdenken entwickelt zu haben.

Bei Paulus ist dies jedoch noch lange nicht so weit entwickelt, und es ist auch völlig unklar, ob diese Ämter in einem bezahlten Anstellungsverhältnis stehen oder ehrenamtlicher Natur sind. Das kirchliche Amt ist aus einer praktischen Notwendigkeit entstanden und darum keineswegs – wie oft behauptet wird – eine machtpolitische Fehlentwicklung, die die charismatische, d.h. vom Geist geleitete Gemeindeform der ersten Jahre (vgl. dazu 1Kor 12) verdrängt habe. Wenn das Amt später dazu geworden ist, ist das sicherlich ein Missverständnis, die negative Entwicklung sagt jedoch nichts aus über seine ursprüngliche Intention und Sinnhaftigkeit.

In V. **2a** *(Gnade sei mit euch und Friede von Gott)* folgen die Grüße, die ebenfalls nicht der kurzen Standardphrase entsprechen, sondern theologisch reich befrachtet sind. *Gnade* ist Ausdruck dessen, dass das Wichtigste nicht erarbeitet ist, sondern geschenkt wird. Sie ist das Kennzeichen des Handelns Gottes und daher praktischer, den Menschen zugewandter Ausdruck seiner Liebe. Der Zuspruch der Gnade, auf die die Glaubenden ja bereits vertrauen, will den Zweifelnden Mut machen und das bereits Feste nochmals festigen. *Friede* meint nicht den Gegensatz zu Krieg, sondern das ganzheitliche Wohlbefinden, wie es im hebräischen *schalom* zum Tragen kommt. Er ist die umfassende Gewissheit, dass das eigene Leben in Gottes gütiger Hand liegt. Beides, Gnade und Frieden, hat seinen Ursprung in Gott, *unserem Vater, und dem Herrn Jesus Christus* (**2b**). Die Bezeichnung Gottes als Vater ist dem Judentum zwar bekannt (vgl. z.B. Ps 89,27; Jer 31,9; Jes 63,16; Dtn 32,6), sie wird aber kaum verwendet oder entwickelt. Das Vaterbild erscheint dem Alten Testament zu intim für den Schöpfer der Welt. Es ist aber gerade diese Intimität (vgl. dazu die familiäre Anrede Gottes als »abba«, d.h. »lieber Vater«, Mk 14,36), die zum Herzstück des jesuanischen Gottesverständnisses und -verhältnisses wird, das von Anfang an die christlichen Gemeinden geprägt hat. Dass Gott überhaupt als Vater bezeichnet werden kann, ist untrennbar verbunden mit dem *Herrn Jesus Christus.* Er vertritt als Sohn den Vater und bringt ihn den Menschen nahe, und zwar sowohl im Denken, damit er Abschied nehme von falschen und fernen Gottesbildern, als auch im Glauben, indem er die Nähe Gottes spürbare Wirklichkeit werden lässt. Gott als Vater bliebe eine Vermutung, gäbe es nicht den Sohn, der sie zur Gewissheit macht. So sehr die Benennung Gottes als Vater alltäglich geworden ist, so sehr bleibt sie letztlich ein Privileg und damit ein sichtbares Zeichen der Gnade, die Paulus der Gemeinde zuspricht.

Der *Herr* wiederum ist nur Herr, weil ihn der Vater dazu berufen hat (vgl. 2,9–11). Im Griechischen heißt Herr *kyrios,* was dem hebräischen *adonaj* entspricht, das in der jüdischen Tradition als Anrede Gottes bzw. als ehrfurchtsvolle Umschreibung seines Namens JHWH verwendet wird. Für Israel ist allein Gott der Herr; wer nun auch Jesus Herr nennt, identifiziert ihn mit Gott und bekennt ihn als Gott, den Herrn des Lebens und damit auch meines Lebens. Hier findet eine theologische Revolution statt, und hier liegt zugleich der Stein des Anstoßes, denn für das Judentum ist Jesus ein Rabbi, ein Weiser, Prophet und Heiler, auf keinen Fall aber Gott. Eine solche Identifikation ist für die Juden eine Lästerung, die ein Zusammengehen von Judentum und Christentum damals verhinderte und bis heute verunmöglicht.

Nach der Erwähnung des Vaters und des Sohnes fehlt genau genommen der Hinweis auf den Heiligen Geist, da die klassische Trinitätslehre als Theorie oder Liturgie bei Paulus erst in Ansätzen vorhanden ist. Die Realität des Geistes jedoch ist im Erleben und auch im Denken des Apostels sehr präsent (vgl. dazu etwa Röm 8,2–11; 1Kor 12; Gal 5,16–24; 6,1–6).

Von Anfang an macht Paulus im Philipperbrief klar, worum es ihm geht: nicht um Führungsautorität oder Deutungshoheit über Glaubensinhalte, sondern um Niedrigkeit, die in der Gemeinschaft mit anderen ihre Erfüllung findet. Darum nennt er sich »Knecht«, darum erwähnt er Timotheus als seinen Mitarbeiter und als Mitautor des Briefes, und darum werden die Amtsträger (Diakone und Bischöfe) nicht vor den einfachen Gemeindegliedern genannt. Denn was sie alle ausmacht, ist nicht ihre Tatkräftigkeit, obwohl es ihnen daran kaum fehlt, sondern das, was Gott ihnen zuspricht: Heiligkeit, Gnade, Frieden. Dass sie zu Gott gehören und ihn »Vater« nennen dürfen, verdanken sie Christus, in dem sie leben. Schon mit dem ersten Vers sind die Verhältnisse geklärt: Christus ist der Raum, in dem Menschen zu echten Geschwistern werden, ob sie nun einflussreich seien oder nicht, und nichts anderes soll die Struktur der Gemeinde bestimmen. Kirche ist nie Gelegenheit zu religiöser Karriere, sondern immer Gemeinschaft der Gleichgesinnten und Gleichgestellten. Dass die Kirchen der Welt in ihrer Geschichte oft einen ganz anderen Weg eingeschlagen haben, kann nur als fatale Fehlentwicklung gedeutet werden.

1,3–11
Die Danksagung

**[3]Ich danke meinem Gott jedes Mal, wenn ich an euch denke – [4]je-
derzeit, in jeder meiner Bitten für euch alle, wenn ich mit Freude
bete [5]für eure Gemeinschaft im Evangelium, vom ersten Tag an bis
heute. [6]Ich bin fest davon überzeugt, dass der, der das gute Werk in
euch begonnen hat, es vollenden wird bis zum Tag des Christus Jesus. [7]Es ist ja nichts als recht, dass ich so von euch allen denke, denn
ich trage euch im Herzen. Sowohl bei mir im Gefängnis als auch vor
Gericht bei der Verteidigung und der Beweisführung für das Evangelium seid ihr alle teilhaftig an der Gnade, die ich erfahre. [8]Gott
nämlich ist mein Zeuge, wie ich mich nach euch allen sehne mit der
Liebe von Christus Jesus. [9]Und dafür bete ich: dass eure Liebe noch
mehr und mehr übervoll werde an Erkenntnis und ganzheitlichem
Verständnis, [10]sodass ihr die wesentlichen Unterschiede richtig gewichten könnt, damit ihr rein und ohne Tadel seid für den Tag des
Christus, [11]erfüllt von der Frucht der Gerechtigkeit, die durch Jesus
Christus wächst, zur Ehre und zum Lob Gottes.**

Dem Briefeingang folgt traditionellerweise ein Abschnitt mit Danksagungen, auf die Paulus auch jetzt nicht verzichtet. Allerdings sprengen sie hier den Rahmen des Gewohnten, denn Paulus fügt verschiedene Zusatzelemente an: einen christologischen Kernsatz (V. 6), Informationen über seine Situation (V. 7) und ein Bittgebet (V. 9–11). Schon der erste Abschnitt zeigt, wie wenig konventionell der Brief abgefasst ist und wie sehr die gegenwärtige Situation des Paulus wie auch die der Philipper in den Vordergrund drängt. Trotz aller situativen Dominanz unterlässt es Paulus jedoch auch hier nicht, immer wieder den Glauben an Christus und dessen Konsequenzen in den Mittelpunkt zu stellen – ein Charakteristikum dieses Briefes, dem wir auch in der Fortsetzung immer wieder begegnen. In keinem anderen seiner Briefe kommt dieses Konzept der »Theologie im Alltag« so sehr zum Tragen wie im Philipperbrief.

Der Dank ist ein für Paulus übliches Element der Begrüßung, das sich allerdings nur dann findet, wenn er wirklich etwas zu danken hat (vgl. Röm 1,8; 1Kor 1,4; 1Thess 1,2; Phlm 4, nicht aber in Gal), und dies trifft für die Philipper zweifelsohne zu (**3**): *Ich danke meinem Gott jedes Mal, wenn ich an euch denke.* Zu beachten ist, dass der Dank nicht der Gemeinde gilt, sondern Gott, dem Urheber dessen, was in Philippi an Gutem und Geistlichem geschieht (vgl. auch 1,6). Dass Paulus seine Briefe mit Dank beginnt, ist mehr als nur eine Sache der Konvention, sondern Ausdruck seines Glaubens an Gott, der das ganzes Leben von Anfang an durchdringt und ihn dankbar macht; dies selbst dann noch, wenn er sich wie jetzt in einer äußerst schwierigen Situation befindet. Darum spielt das Thema des Dankes und der daraus entstehenden Freude nicht nur zu Beginn, sondern im ganzen Brief eine große Rolle, und es wird jedes Mal aktuell, wenn das Verhältnis zwischen der Gemeinde und dem Apostel zur Sprache kommt.

Die seltene Bezeichnung »*mein* Gott« (nur hier und 4,19) verwendet Paulus nur bei ganz persönlichen Aussagen, und dazu zählt er, an die Gemeinde zu denken. Auch wenn »unser Gott« verbindender wäre, schließt die von Paulus gewählte Formulierung die Philipper nicht aus, sondern in seine ganz persönliche Gottesbeziehung ein.

V. **4** *(jederzeit, in jeder meiner Bitten für euch alle, wenn ich mit Freude bete)* setzt das Thema fort und verknüpft den Dank mit dem Gebet, das Paulus sehr intensiv pflegt. Eine gewisse Tendenz zur Überschwänglichkeit ist nicht zu verleugnen, aber sie zeigt, wie ernst es Paulus ist. Im intensiven Gebet wird neben der

Gottesbeziehung auch die Beziehung zu den Brüdern und Schwestern in den Gemeinden gepflegt, und die dreifache Mengenangabe *(jederzeit, jede Bitte, für alle)* macht deutlich, dass Paulus nicht aus Pflichtbewusstsein betet, sondern weil ihm die Philipper am Herzen liegen. Er betet nicht kollektiv, sondern für jeden Einzeln, und er betet mit Freude, die aus seiner Gottesbeziehung erwächst und sich auf seine Geschwisterbeziehung ausdehnt, für deren Gelingen er sich wiederum an Gott wendet. Der Kreislauf schließt sich, und die Freude, die von Gott kommt, führt Paulus über die Philipper zurück zu Gott. Gebet als Beziehungsarbeit ist demnach nichts anderes als das Sich-Einlassen auf die Dynamik des Glaubens, der aus Gott stammt, zu den Menschen führt und immer wieder zu Gott zurückkehrt.

Wofür Paulus im Einzelnen betet, ist nicht bekannt, in den Grundzügen jedoch handelt es sich um die Gemeinschaft im Evangelium, wie V. **5a** erläutert *(für eure Gemeinschaft im Evangelium)*. Sie war ja schon in V. 3 Grund des Dankes und wird jetzt zugleich zum Inhalt der Bitte. Eine solche Verschränkung verbindet die Vergangenheit (Dank für das, was gewesen bzw. geworden ist) mit der Zukunft (Bitte um das, was sein bzw. bleiben soll) in der Gegenwart dessen, der zugleich Dankbarkeit empfindet und sich seiner Bedürftigkeit bewusst ist.

Die Gemeinschaft im Evangelium hat verschiedene Aspekte: Zum einen ist es die Gemeinschaft *mit dem Evangelium*, also der Glaube an Jesus als dem Christus, der die Philipper mit Gott verbindet (vertikaler Aspekt); dann ist es die Gemeinschaft *mit Paulus*, die sich im gemeinsamen Glauben an Christus manifestiert und durch den Paulus sich untrennbar mit den Philippern verbunden weiß (horizontaler Aspekt). Und schließlich ist es die Gemeinschaft, die die Philipper aufgrund des Evangeliums *miteinander* pflegen. Als soziales Wesen ist der Mensch immer in ein Beziehungsnetz eingebunden, und die Gemeinschaft, die aus dem Glauben an das Evangelium stammt, ist zu unterscheiden von »gewöhnlichen« Beziehungen, weil sie als Gabe Gottes dem Menschen vorgegeben und darum auch unabhängig von dessen jeweiligen Sympathien oder Antipathien ist. Durch diese Unabhängigkeit gelingt es ihr, menschliche Differenzen zu überwinden, die in einem weltlichen Sozialnetz unüberwindbar sind, denn sie schart nicht einfach Gleichgesinnte um sich, sondern *formt* die Menschen zu Gleichgesinnten. Die Gemeinschaft im Evangelium (wörtlich: »die Gemeinschaft in das Evangelium hinein«, ein Hinweis auf seine anziehende, quasi magnetische Dynamik) ist die zentrale Konstante der Kirche, weil sie allein die Kirche vom Freizeitverein unterscheidet und sie nicht über gemeinsame Interessen, sondern das übergeordnete Gut der

Gnade definiert. Gerade darum aber stimmt es nachdenklich, wenn die Kirchen dieser Welt trotz ihres gemeinsamen, ihnen allen vorgegebenen Zentrums zu echter, kleinliche Differenzen überwindender Gemeinschaft offensichtlich nicht mehr fähig oder willig sind. Wo Gott die Mitte ist, sind menschliche Defizite und Unzulänglichkeiten nebensächlich, und vielleicht scheitert die Ökumene daran, dass wir als Kirchen zu sehr auf die Nebensächlichkeiten fokussiert sind und zu wenig auf unser aller Zentrum.

Diese Gemeinschaft im Evangelium besteht in Philippi *vom ersten Tag an bis heute* (**5b**), wovon man eigentlich ausgehen kann, sonst gäbe es ja keinen Anlass für diesen Brief. Dass Paulus sie trotzdem voller Dank beim Namen nennt, zeigt, wie wenig selbstverständlich sie ist. Glaube und Gemeinschaft sind aufgrund der Dynamik des Evangeliums schnell entfacht, ebenso schnell jedoch von der sozialen Situation wieder erstickt (vgl. dazu das Gleichnis von der vierfachen Frucht, Mk 4,3–9). Es genügt nicht, Menschen zum Glauben zu führen, es gilt auch, den sozialen Umständen ihres Lebens Rechnung und Sorge zu tragen – dies ist ein wesentlicher Grund, weshalb Paulus überhaupt Briefe schreibt und seine Gemeinden immer wieder besucht. Alles andere ist je nach Auftritt des Missionars zwar sehr spektakulär und auch geistlich bedeutsam, aber meist nur von kurzer Dauer und darum ohne Gelegenheit, Wurzeln zu schlagen. Soll Mission jedoch gelingen, muss die Gemeinschaft zwischen Mensch und Gott und auch zwischen den Menschen selbst gepflegt und in die Tiefe geführt werden, wie dies Paulus exemplarisch vorlebt.

Die erfreuliche soziale Realität der Gemeinde und ihre anhaltende Dauer (je nach Ansetzung der Abfassung des Briefes können es gut 8–12 Jahre sein) bewegen Paulus zu der äußerst dichten Grundsatzaussage in V. **6**: *Ich bin fest davon überzeugt, dass der, der das gute Werk in euch begonnen hat, es vollenden wird bis zum Tag des Christus Jesus.* Sein Vertrauen in Gottes Wirken auch im Hinblick auf die Gemeinde in Philippi lassen ihn um gnädige Vollendung nicht bitten, sondern durch und durch davon *überzeugt* sein.

Das *gute Werk Gottes* umschließt die Initialzündung, die zur Gründung der Gemeinde führte, aber auch das tägliche Sein und Wirken der Gemeinde zum Guten der Brüder und Schwestern und der Menschen außerhalb. Darauf verweist die Wendung *in euch,* die auch mit »an euch« oder »unter euch« wiedergegeben werden könnte. Die soziale Realität der Gemeinde ist also der Handlungsort Gottes – eine eindeutige Antwort auf die Frage, wo und wie Gott wirkt. Dass der Mensch innerhalb dieser Realität nach der Vorstellung von Paulus letztlich nichts Gelingendes bewirken kann, wenn nicht Gott Anfang und Ende bestellt, mag für handlungsfokussierte Menschen etwas einschränkend wirken. In Hinsicht auf den Glauben ist es jedoch die befreiende Zusage, dass der Mensch auch für seine Gottesbeziehung nichts zu leisten hat, weil Gott alles dafür tut bzw. in Christus bereits getan hat.

Die Gnade Gottes und der Glaube des Menschen, das Wirken Gottes und das ihm folgende Werk des Menschen, lassen sich also nur künstlich trennen; in der Realität der Gemeinde sind sie unlöslich miteinander verbunden. Das endgültige Ziel steht jedoch noch aus: der *Tag des Christus Jesus*. Paulus nimmt eine traditionelle Wendung aus dem Alten Testament auf, die das apokalyptische Gerichtshandeln Gottes am Ende der Zeit bezeichnet (Jes 2,12; Mal 3,19–21; Ps 110,5; Zef 2,2f; Klgl 1,21; Ez 30,2). Der »Tag des Herrn« wird bei Paulus zum »Tag des Herrn Jesus«, weil auch die atl. Endzeitvorstellung nur noch von Christus her verstanden werden kann. Am Tag des Christus ereignet sich die sog. Parusie, also die Rückkehr Jesu (Mk 13,26; 14,62) aus dem Himmel zurück auf die Erde.

Damit ändert sich jedoch der Grundcharakter des Endes der Zeit: Aus der Vorstellung der gerichtlichen Scheidung von Gut und Böse (und der entsprechenden Belohnung bzw. Bestrafung) wird die Vollendung des Reiches Gottes, wie es Jesus gebracht und gelebt hat. In seiner großen Endzeitschilderung in 1Kor 15,50–58 verzichtet Paulus ganz auf die Gerichtsvorstellung, sondern legt die Betonung auf die Unterwerfung der bösartigen Mächte unter die Herrschaft des Christus. Auch in Phil 1,6 fehlt diese Gerichtsvorstellung, was jedoch nicht heißt, dass sie nicht stillschweigend vorausgesetzt würde. Da jedoch Gott als derjenige dargestellt wird, der das Gute wirkt und es auch vollendet, liegt der Schwerpunkt auch hier auf der vollendenden Kraft des Christus, der am Ende der Welt den Anfang seiner definitiven Königsherrschaft antritt. Wie die Philipper Christus schon jetzt in ihrer Gemeinschaft wirken sehen, so wird er dereinst ihre Gemeinschaft zur Vollendung führen. Der, der ihnen dann entgegentritt, wird kein Fremder und auch sein Wirken ihnen nicht unbekannt sein.

Die Vollendung findet jedoch nicht *am* Tag des Herrn, sondern *bis zum* Tag des Herrn statt, sodass bereits die Gegenwart als Endzeit verstanden werden darf. Mit der Auferweckung Jesu haben das Ende der Welt und der Anfang der Herrschaft Gottes bereits begonnen. Was sich jetzt an Geistlichem in der Gemeinde ereignet, wird sich am Ende zur Fülle entfalten. Einmal mehr zeigt sich, wie Paulus die vorgegebene Tradition aufnimmt und aufgrund des Christusereignisses radikal umgestaltet. Die Scheidung von Gut und Böse wird ersetzt durch die Vorstellung einer allumfassenden Vollendung der Liebe Gottes, wie sie sich exemplarisch im Leben, Sterben und Auferstehen Jesu gezeigt hat. Aus Abgrenzung wird Umfassung, aus Angst Vertrauen, aus Gericht Gnade.

Mit V. 7 *(Es ist ja nichts als recht, dass ich so von euch allen denke, denn ich trage euch im Herzen. Sowohl bei mir im Gefängnis als auch vor Gericht bei der Verteidigung und der Beweisführung für das Evangelium seid ihr alle teilhaftig an der Gnade, die ich erfahre)* beginnt die zweite Hälfte der Begrüßung, in der Paulus zunächst von sich spricht (V. 7.8.9a), um dann wieder auf die Philipper zurückzukommen (V. 9b–11). Er begründet die überschwengliche Freude und Liebe, die in der Einleitung zur Sprache gekommen sind, mit dem speziellen Platz, den die Philipper in seinem Leben einnehmen. Das Herz ist in der griechischen Vorstellung nicht lediglich Sitz der Emotionen, sondern der Lebenskraft ganz allgemein und hat zentrale Bedeutung. Dementsprechend haben für Paulus auch die Philipper eine zentrale Bedeutung inne, sie sind ihm sozusagen ein Herzensanliegen. Obwohl er im Gefängnis sitzt, vergewissert er sich nicht ihrer Sympathie für sich, sondern hebt seine Freundschaft für sie hervor, er beklagt sich nicht und bittet auch nicht um Hilfe. Nicht Paulus also steht im Vordergrund, sondern die Philipper (und dies selbst dann noch, wenn er von sich spricht). Entsprechend soll nicht seine Sache thematisiert werden, sondern die des Evangeliums.

Was die konkrete Situation des Paulus betrifft, gehe ich im Folgenden davon aus, dass er in Rom gefangen gehalten wird, nachdem er in Jerusalem verhaftet, eingesperrt, nach Caesarea verlegt und schließlich nach Rom überführt worden ist, wo er dank seines Rechts als römischer Bürger direkt an den Kaiser appellieren will, um die Freiheit wiederzuerlangen (für weitere Details s. die Einleitung oben S. 14). Obwohl die Römer generell wenig Verständnis für innerjüdischen Auseinandersetzungen aufbrachten, scheinen Paulus ein faires Verfahren und auch angemessene Haftbedingungen gewährt zu werden: Er kann Besuche empfangen und sich mit seinen Mitarbeitern treffen, um Briefe zu verfassen und die Mission weiter voranzutreiben. Die Angaben der Apostelgeschichte, wonach er in Rom in einer Art Halbgefangenschaft lebte, scheinen verbürgt zu sein, auch wenn er eher in einer Zelle saß und kaum unter Hausarrest stand (Apg 28,16).

In dieser Situation weiß sich Paulus getragen von der Gemeinschaft der Philipper, auf deren Hilfe und Gebet er sich im Gefängnis und auch im Verlauf des Gerichtsverfahrens (darauf deuten *Verteidigung* und *Beweisführung)* verlassen kann. Er bezeichnet die Gemeinde jedoch nicht, wie es zu erwarten wäre, als seinen Trost in großer Not, sondern als solche, denen die Gnade, die er erfährt, ebenfalls gilt. Von Gnade im Zusammenhang der Gefangenschaft zu sprechen scheint paradox zu sein. Für Paulus jedoch ist die Inhaftierung eben nicht die Verhinderung der Mission, sondern Teilstück ihres Weges, den Gott zum guten Ende bringen wird (vgl. V. 6). Darum sind die Philipper nicht letzte Hoffnung, sondern Teilhaber der Entfaltung der Gnade Gottes in der Zelle des Paulus. Sie werden dankbar zur Kenntnis nehmen, dass Paulus auch dank ihrer materiellen und geistlichen Unterstützung wohlauf ist und dem Evangelium dienen kann, und das Voranschreiten dieser Mission wird auch sie in ihrem Glauben stärken. Auf diese doppelte Art haben sie Anteil an seiner Gnade.

Trotz aller Stärke und Gelassenheit schimmert auch bei Paulus immer wieder das Menschliche durch, und so gibt er in V. **8** seiner Sehnsucht Raum: *Gott nämlich ist mein Zeuge, wie ich mich nach euch allen sehne mit der Liebe von Christus Jesus.* Die Anrufung Gottes ist sicher nicht nötig, um die Philipper von der Echtheit seiner Sehnsucht zu überzeugen, aber sie drückt die große Emotionalität aus, mit der Paulus schreibt. Seine Situation ist trotz aller Hoffnung und trotz der Nähe der Mitarbeiter prekär, und auch ein Apostel mit jahrzehntelanger Erfahrung wird sich in Anbetracht des baldigen (möglichen) Endes einer gewissen Verzweiflung und Einsamkeit nicht erwehren können. Die *Liebe von Christus* (wörtlich: »die Eingeweide von Christus«, also etwas, das ihn zuinnerst bewegt) unterstreicht die Intensität der Sehnsucht und verleiht ihr einen geistlichen Charakter: Paulus sehnt sich nicht einfach nur nach den einzelnen Gemeindegliedern (wiederum wendet er sich persönlich an *euch alle* und nicht nur an die Leiter oder das Gemeindekollektiv), sondern auch nach dem, was sie durch und mit Christus verbindet, nämlich dem miteinander geteilten Leben und Glauben. Im Raum des Christus, der Paulus und auch die Gemeinde umschließt, verschmelzen soziale und spirituelle Aspekte, denn er ist wesentlich geprägt von der Liebe, die alles umfasst und alles verbindet. Das Geheimnis Gottes, so wird uns hier nahegelegt, liegt nicht primär in seiner übernatürlichen Kraft, sondern in seiner Liebe.

Überraschenderweise fordert Paulus in V. **9** *(Und dafür bete ich: dass eure Liebe noch mehr und mehr übervoll werde an Erkenntnis und ganzheitlichem Verständnis)* nun nicht zur Stärkung dieser Liebe auf, wie man es erwarten könnte, sondern betet für mehr Erkenntnis, die der Liebe entspringt. Den Philippern fehlt es also nicht am Glauben, sondern am Denken. Denken jedoch, wie es Paulus fordert, orientiert sich nicht einfach an der rationalen Analyse, sondern an der Liebe zwischen der Gemeinde, Christus und den einzelnen Mitgliedern. Solches Denken denkt dem nach, was die Liebe zu denken und auch zu tun aufgibt. Ziel dieses Denkens ist ein *Verständnis*, das die Situation des Einzelnen, der Gemeinde und der Gesellschaft *ganzheitlich* erfasst und sie miteinander verbindet. Was die Liebe in ethisch-sozialer Hinsicht leistet, danach strebt das auch Denken, indem es die Situation analysiert und erkenntnismäßig erfasst. Glauben und Denken sind also keine Gegensätze, sondern in fruchtbarer Weise aufeinander bezogen, solange die Reihenfolge gewahrt bleibt: Das Denken folgt dem Glauben, der sich seinerseits aus der Liebe zu Gott ergibt. Auch der Glaubende muss unterscheiden und entscheiden, denn er ist in besonderer Weise darauf angewiesen, dass sein Handeln in der Welt nicht beliebig wird, sondern seinem Glauben und damit der Liebe, die er von Christus empfängt, entspricht. Charismatische Begeisterung allein, wie sie in den Gottesdiensten erlebt wird, reicht für ein Leben, das sich konsequent an der Liebe Gottes ausrichtet, nicht aus, wie dies Paulus im ersten Korintherbrief eindrücklich verdeutlicht (vgl. dazu die Diskussionen in 1Kor 5.6.7.8 und die paulinische »Disziplinierung« der charismatischen Hyperaktivität in 1Kor 12 und 14), sie bedarf immer auch der begleitenden rationalen Reflexion. Solange die Rationalität der Liebe dient, besteht keine Gefahr, dass sie sich verselbständigt und zum Instrument destruktiver Glaubenskritik mutiert. Hätte Paulus nicht von Anfang an die Sinnhaftigkeit und auch die Notwendigkeit des kritischen Nachdenkens über das, was der Glauben zu denken und die Liebe zu tun aufgibt, betont, so wäre das frühe Christentum wohl bald zu einer Mythenreligion um einen geheimnisvollen Gründer geworden, die sich in der nüchternen römisch-griechischen Kultur kaum hätte behaupten können. Diese Verknüpfung von Glauben und Denken ist ebenso typisch wie wesentlich für Paulus, und dass er beides hinter das Vorzeichen des Gebets stellt (*dafür bete ich*, V. 9a), verweist erneut auf den ganzheitlichen Charakter seiner Spiritualität. Glaube beschränkt sich bei ihm nie auf emotionale Aspekte oder »Herzensangelegenheiten«, sondern ist immer verbunden mit seinem Denken und Handeln.

V. **10** führt das Ziel der Erkenntnis an: *sodass ihr die wesentlichen Unterschiede richtig gewichten könnt, damit ihr rein und ohne Tadel seid für den Tag des Christus*. Es ist also eine praktische Erkenntnis, auf die das kritische Nachdenken zielt, denn sie soll die Philipper ermächtigen, sich als Christen auch im Alltag richtig zu verhalten und sich zu bewähren. Natürlich sind auch theoretisch-theologische Überlegungen miteingeschlossen, stellt die sich allmählich entwickelnde Glaubenslehre die frühen Christen doch vor zahlreiche Herausforderungen (so z.B. die Trinität, das Wesen des Christus, die Taufe usw.). Doch wird dies nur nebenher gemeint sein, denn der Verweis auf die Reinheit und den Tag des Christus (vgl. dazu auch V. 5) zeigt, dass es primär um ethisch-moralische Fragen geht, die nun eben nicht mehr traditionell, sondern christlich zu beantworten sind. Der 1. Korintherbrief (vor allem die Kap. 5–8) listet eine ganze Reihe solcher Fragen auf, und sie betreffen vor allem die Sexualethik, die Konfliktlösung, den Gehorsam gegenüber der heidnischen Obrigkeit bzw. Gerichtsbarkeit und das Miteinander als sozial durchmischte Gemeinschaft (was für römisch-griechische Verhältnisse sehr unüblich war, da die eigene Sozialgemeinschaft höchsten nach oben hin durchlässig war). Die Fragen in Philippi werden nicht wesentlich anders gewesen sein, und darum betet Paulus für ein Denken, das sich an der Liebe von Christus und für die Geschwister orientiert.

Nach V. 6 mag die erneute Erwähnung der Endzeit und die dafür notwendige Reinheit etwas erstaunen: Wirkt nun Gott das Gute oder doch der Mensch? Die Antwort fällt differenziert aus: Paulus vertritt nicht, wie ihm seine Kritiker gerne vorwerfen (vgl. Röm 6,1–11), eine billige Gnade, die das menschliche Tun im Angesicht der Rettung durch Christus für belanglos erklärt, sondern nimmt die Moral sehr ernst und mahnt darum immer wieder zu richtigem Verhalten. Solches Verhalten sucht nicht den Lohn des gesetzlichen Gehorsams, sodass der Vorwurf, Paulus predige hier Werkgerechtigkeit, zu kurz greift. Wer sich im konkreten Alltag an Christus orientiert, weiß, dass christliche Existenz nie selbstverständlich ist, sondern die Ausnahme bildet, für die man sich bewusst zu entscheiden hat. Es ist ein Leben, das die Kraft der Auferstehung ernst und das Evangelium nicht als Vorwand für ein gleichgültiges Leben nimmt, sondern sich schlicht den praktischen Konsequenzen des Geglaubten stellt. Wenn sich der Glaube nämlich nicht in der Praxis der Liebe konkretisiert, ist er umsonst (1Kor 13,2b).

Der *Tag des Christus* ist darum keine Gerichtsdrohung, sondern ein Hinweis, dass das neue Leben im Glauben sich nicht primär in der persönlichen Gebetsstärke (oder anderen charismatischen Begabungen), sondern im öffentlichen, vom Glauben und damit der Liebe geprägten Handeln zu bewähren hat. Zugleich aber gilt immer auch, dass diese Bewährung, so wichtig sie für den Glaubenden ist, das rettenden Handeln Gottes in Christus nicht in Frage zu stellen vermag. Denn am Tag des Christus sind die Gläubigen *erfüllt von der Frucht der Gerechtigkeit, die durch Jesus Christus wächst* (**11a.b**).

Die passive Verbform *erfüllt* (eine mögliche Übersetzung wäre auch *gefüllt)* zeigt, dass die *Gerechtigkeit* weder Werk noch Verdienst des Menschen ist, sondern Gabe des Christus. Paulus verwendet wie in Gal 5,22–24 das Bild der Frucht, da diese nicht aufgrund eines Willensentscheides oder einer besonderen Anstrengung wächst, sondern wegen ihrer Verbundenheit mit dem Baum bzw. der Wurzel. Ohne diese Verbindung kann sie nicht wachsen, wo sie jedoch besteht, wächst sie automatisch. Und solange sie mit der Wurzel verbunden bleibt, wächst sie weiter und bleibt lebendig. So ist auch die Gerechtigkeit nicht ein einmaliger Richtspruch, der die Sünden des Glaubenden ausradiert, um sie dann doch wieder neu aufzulisten, sondern ein prozesshaftes Geschehen im Leben des Menschen, das seine Gültigkeit und Lebendigkeit aus der Beziehung zu Christus bezieht. Es begegnet uns hier der Kern der paulinischen Rechtfertigungslehre: Gerecht, d.h. recht vor Gott, seinem Willen entsprechend, ist der Mensch aufgrund dessen, was Gott ihm gibt, und nicht aufgrund dessen, was er selbst tut oder getan hat.

Diese Gerechtigkeit Gottes wird nun zusätzlich doppelt bestimmt: Sie geschieht durch Christus und *zur Ehre und zum Lob Gottes* (**11c**). Gerechtigkeit ist keine dem Menschen einfach so zugesprochene, quasi-juristische Größe, sondern ein in Tod und Auferweckung von Christus erschaffenes Rettungshandeln (das ist mit der Abkürzung *durch Christus* gemeint), das einen Beziehungsprozess voraussetzt (nämlich zwischen dem Vater und dem Sohn als Vertrauen) und entfaltet (zwischen Christus und dem Menschen als Glauben). Und wie das Vertrauen des Sohnes den Vater ehrt, so ehrt ihn auch der Glaube des Menschen, weil der Mensch im Glauben zu der Lebensweise gefunden hat, für die er geschaffen worden ist. Das Sein in Christus ist die schöpfungsmäßige Bestimmung des Menschen, die Erneuerung des Urbundes, die Wiederherstellung der paradiesischen Unmittelbarkeit zwischen dem Schöpfer und seinem Geschöpf. Die Aufgabe des Menschen ist die Akzeptanz dieser Bestimmung, das Sich-Einlassen auf die in Christus angebotene Beziehung im Glauben. Glaube ist demnach nie nur ein Für-wahr-Halten eines so oder so gearteten Sachverhaltes, sondern ein Beziehungsgeschehen zwischen Gott als Subjekt und Mensch als Objekt, jenem als Geber und diesem als Empfänger. Damit ist der Mensch weder in die Passivität entlassen noch zu ihr verdammt, denn im Glaubensgeschehen entsteht eine Spannung zwischen der bedingungslosen Rettung Gottes und seinem Anspruch auf ein der Gabe entsprechendes Leben, d.h. auf die soziale Verantwortung des Menschen im Dienst für das Gute, nicht für Gott oder wegen Gott, sondern aus Gott und für die Welt. Und wo dies geschieht, breitet sich die Herrlichkeit Gottes aus.

Mit dem Verweis auf die Herrlichkeit Gottes endet die Begrüßung des Philipperbriefes mit denselben Worten wie das Vaterunser (Mt 6,13b); Paulus beginnt mit sich selbst (V. 1), wendet sich an die Philipper (V. 2–10) und schließt mit dem Lob Gottes in Jesus Christus (V. 11). In diesen ersten Versen demonstriert er eindrücklich, wie er traditionelle Formeln zu variieren, auszubauen, umzudeuten und mit immer neuen Ideen zu verbinden weiß. Seinem Einfallsreichtum scheinen keine Grenzen gesetzt zu sein, wenn es darum geht, die Tiefe seines Glaubens und seiner Liebe für Gott und die Gemeinde zur Sprache zu bringen.

Es bedarf einer ganz speziellen, genauer: speziell tiefen Spiritualität, um selbst im Gefängnis in Anbetracht des bald möglichen Todes nicht zu verzweifeln oder sich in Klagen zu ergehen, sondern zu danken und fürbittend an andere zu denken. Paulus begehrt nicht gegen sein Schicksal auf, sondern fügt sich, denn er weiß, dass auch sein Anfang und sein Ende nicht in den eigenen Händen liegt. Das ist kein billiger Fatalismus, sondern ein Glaube, der mehr sieht als nur das Offensichtliche, der aus dem Erlebten Hoffnung und Zuversicht schöpft für das Kommende. Bei allem Respekt für spektakuläre charismatische Erscheinungen in den Gemeinden der Gegenwart bleibt doch die Frage, ob solche Phänomene je eine Tiefe erreichen, wie sie Paulus noch im Gefängnis behält. Ein wesentliches Element dieser Tiefe ist die Gemeinschaft mit anderen, die Paulus auch über weite Distanzen und Unfreiheit hinweg pflegt. So weitet sich sein Erfahrungshorizont über sein persönliches Ergehen hinweg zu all den Geschwistern, die ihm bekannt sind – und nahe, weil die Mitte ihres Lebens auch die seine ist. Kirche ist wesentlich Beziehungsgeschehen, und Glaube lebt von der Dynamik zwischen Mensch und Gott, aber auch zwischen den Menschen selbst. Kirche ist also nicht einfach äußere Struktur eines inneren Glaubens und als solche immer auch ersetzbar oder beliebig formbar, sondern sie ist der – zugegebenermaßen unvollkommene – Ort, an dem Gott wirkt und als wirksam erfahrbar ist. Darum ist Paulus auch im Gefängnis nie alleine, und darum kann sein Glaube im Erleben ferner Geschwister gestärkt werden, selbst wenn ihn aufgrund seiner misslichen Situation mehr Zweifel befallen, als ihm lieb ist.

Gerade aber, weil die Gemeinde dieser einmalige Ort ist, kann es nicht gleichgültig sein, wie sie konkret lebt, und darum ermahnt und erinnert Paulus sie immer wieder daran, dass spirituelles Leben gelehrt, gelernt und gepflegt werden muss, damit es dynamisch bleibt und in die Tiefe wachsen kann. Rigide Gesetzlichkeit, die immer alles weiß bzw. besser zu wissen meint, ist diesem Wachstum ebenso abträglich wie gleichgültiger Libertinismus, der sich aus lauter Angst vor persönlicher Verbindlichkeit in eine oberflächliche Unverbundenheit flüchtet und damit jegliches Tiefenwachstum im Keim erstickt.

I

1,12–26
Die Situation des Paulus

1,12–18
Die Haft des Paulus als Chance für das Evangelium

[12]Ich will aber, dass ihr wisst, liebe Brüder und Schwestern, dass meine Widerfahrnisse sehr zum Vorteil des Evangeliums geworden sind. [13]So ist es im ganzen Prätorium und überall sonst offensichtlich geworden, dass ich wegen Christus im Gefängnis sitze. [14]Und die meisten der Brüder und Schwestern haben durch meine Fesseln Vertrauen zum Herrn gefasst und wagen nun noch mehr, ohne Furcht das Wort zu verkündigen. [15]Die einen zwar verkündigen Christus aus Neid und Streitsucht, die anderen jedoch aus Überzeugung. [16]Diejenigen, die es aus Liebe tun, wissen nämlich, dass ich zur Verteidigung des Evangeliums im Gefängnis sitze. [17]Diejenigen jedoch, die Christus aus Eigennutz verkündigen, aus unlauteren Motiven also, glauben mir dadurch im Gefängnis schaden zu können. [18]Was soll's? So oder so wird Christus verkündigt, sei es zum Vorwand oder aus Wahrheit. Und darüber freue ich mich.

Der Abschnitt 1,12–18, der der Begrüßung unmittelbar folgt, schildert detailliert die momentane Situation des Paulus, sodass wir Einblick erhalten in sein alltägliches Leben und die ihn umgebenden Umstände. Dies ist innerhalb der paulinischen Schriften einzigartig; zwar stehen uns die Berichte der Apostelgeschichte zur Verfügung, diese sind jedoch aufgrund ihrer langen zeitlichen Distanz mit einer gewissen Vorsicht bezüglich ihrer Zuverlässigkeit zu lesen und berichten zudem eher von seinen Reisen als von seinem Alltag. Im folgenden Abschnitt erfahren wir vom Gefängnisaufenthalt des Paulus (12–14), von der innerkirchlichen Diskussion, die diese Gefangenschaft ausgelöst hat (15–18), und schließlich von der Ambivalenz der Gefühle, die Paulus hinsichtlich der Frage nach seiner Zukunft hegt (19–26; vgl. dazu den nächsten Abschnitt).

Mit einem Ausdruck der Entschlossenheit wechselt Paulus in V. **12** die Perspektive von den Philippern hin zu sich selbst *(Ich will aber, dass ihr wisst, liebe Brüder und Schwestern, dass meine Wi-*

derfahrnisse sehr zum Vorteil des Evangeliums geworden sind), und dies nicht etwa, um ihr Erbarmen wegen seiner Situation zu erhaschen, zumal sie ja schon lange darum wissen. Ihm geht es um die Pflege der familiären Bande, die zwischen Apostel und Gemeinde bestehen, indem er versucht, seinen Geschwistern die Sorge um sein Ergehen zu nehmen. Darum ist es kaum Zufall, dass er sie gerade jetzt so anspricht. Denn trotz oder eben gerade wegen seiner leidvollen Situation gedeiht die Sache des Evangeliums. Wir erhalten auch jetzt keine weiteren Angaben zu der Art der Haft, denn sie werden den Philippern bekannt sein.

Das griechische Wort *adelphoi* bezeichnet nicht nur die Brüder, wie dies eine wörtliche Übersetzung vermuten ließe, sondern auch die Geschwister, also Frauen in gleicher Weise wie Männer. Darum sind auch jene in die Übersetzung eingeflossen, nicht als Konzession der sozialen Verhältnisse des 21. Jahrhunderts, sondern gleichsam als konsequente Interpretation dessen, was der Urtext bereits vorgibt.

Vor allem aber will es Paulus vermeiden, sich in den Vordergrund zu setzen, denn es geht ihm wesentlich um das Evangelium, dem er dient (vgl. 1,1), und nicht um seine eigene Person. Er selbst ist in großer Not, aber bezüglich der Sache Gottes ist das Gegenteil der Fall. Beides ist miteinander verknüpft, nicht jedoch, weil Paulus ein Leidensmystiker wäre, der einzig als Leidender Gott dienen könnte. Solche Vorstellungen sind Paulus fremd. Der Zusammenhang besteht vielmehr aufgrund der scheinbar widersprüchlichen Überzeugung des christlichen Glaubens, wonach Gott in der Schwäche des Menschen stark ist (2Kor 12,9f). Gottes Stärke zeigt sich nicht in den überragenden Taten des glaubenden Menschen, sondern darin, dass er sein Werk auch und gerade in der Hilflosigkeit des Glaubenden vollführt.

Für Paulus bedeutet dies konkret, dass das Gefängnis als Ort der Ohnmacht und Hoffnungslosigkeit keine Verhinderung der Sache Gottes ist, sondern eine außerordentliche Gelegenheit, weil die Worte der Freiheit und Erlösung, von denen seine Evangeliumsverkündigung handelt, hier auf besonders guten Boden fallen. Wenn er schon an der Weiterreise gehindert wird, so lässt sich Paulus die Verkündigung nicht verbieten. Die Kraft und Hoffnung nämlich, die er im Gefängnis lebt und ausstrahlt, sind mehr als nur beredte Zeichen oder Hinweise auf Gott, sie sind Gottes konkretes Wirken: Kraft den Schwachen, Hoffnung den Betrübten, (innere) Freiheit den Gefangenen – das ist die Frucht der Gerechtigkeit (vgl. 1,11). Dass die Kirche damals trotz aller Verfolgung rasant gewachsen ist und dass auch heute noch die weltweite Kirche dort am meisten Zulauf erfährt, wo sie, wie z.B. in China, am ärgsten unterdrückt und misshandelt wird, ist das Paradox Gottes: Unser Ende ist erst gerade sein Anfang.

Die Standhaftigkeit des Paulus muss so außerordentlich gewesen sein, dass sie in der ganzen Gefängnisanlage zum Thema wurde (**13a**: *So ist es im ganzen Prätorium und überall sonst offensichtlich geworden*). Römische Gefängnisse waren nicht für übertriebenen Komfort bekannt, und die Römer waren nicht wählerisch bei der Inhaftierung, so wie es ihnen auch egal war, ob Paulus als gewöhnlicher Dieb oder aus Gewissensgründen eingesperrt war. Trotzdem aber erregt er offenbar ihr Interesse, und dies nicht nur im Gefängnis selbst, sondern auch in dessen weiterer Umgebung. Das Prätorium ist die Kaserne der Prätorianer in Rom, also der Leibwache der Kaisers, und dort wurden sinnigerweise auch die Gefangenen festgehalten. Es ist allerdings auch möglich, dass die lokale Polizeistation bzw. die Residenz des Statthalters in einer Provinz gemeint ist; aufgrund der zahlreichen anderen Hinweise bleibt Rom als Ort der Gefangenschaft dennoch am wahrscheinlichsten.

Wie weit sich der Einflussbereich des Paulus erstreckt, ist unklar, und dafür sorgt auch seine Bescheidenheit: Statt sich für seinen Erfolg zu brüsten, verweist er auf Christus (**13b**: *dass ich wegen Christus im Gefängnis sitze*). Im griechischen Urtext heißt es wörtlich nicht: »wegen Christus«, sondern: »in Christus«, und diese oft und gerne verwendete Formulierung (vgl. 1,1) wirft ein besonderes Licht nicht nur auf die Begründung der Gefangenschaft, sondern vor allem auf deren Umstände. Paulus bleibt auch im Gefängnis in Christus und darum nicht in Auflehnung oder Verbitterung, sondern voller Hoffnung und Gewissheit, dass auch diese Zeit von Christus getragen ist. Die Fröhlichkeit und Zuversicht, die weite Teile des Briefes dominieren, die Sorge, die nicht die eigene Person betrifft, sondern die anderen, und das Vertrauen, einander wieder in Freiheit zu sehen (vgl. 1,25f), weisen allesamt auf die intakte geistlich-psychische Verfassung des Paulus hin, die nicht aus einem naiven Zweckoptimismus resultiert, sondern aus seinem tiefen Glauben an Christus. Solcher Glaube nämlich lässt auch schwierige Zeiten aufrechten Hauptes ertragen, ohne dabei die persönliche Würde und Integrität zu verlieren.

Wohl mehr noch als seine Verkündigung ist es eben diese Standhaftigkeit und die daraus folgende Wahrung seiner Integrität gewesen, die Eindruck gemacht haben, nicht nur im Gefängnis, sondern auch in der römischen Gemeinde (**14**: *Und die meisten der Brüder und Schwestern haben durch meine Fesseln Vertrauen zum Herrn gefasst und wagen nun noch mehr, ohne Furcht das Wort zu verkündigen*). Der Glaube des Paulus, der auch in der

Not des Gefängnisses nicht zerbricht, wirkt inspirierend, denn er ist ein lebendiges Zeugnis der Kraft Gottes, die im Schwachen stark wird, selbst wenn sie die äußeren Fesseln nicht sprengt – wohl aber die inneren, und gerade das macht seine Ausstrahlung aus. Allerdings will Paulus gar nicht Idol sein, sondern höchstens Hinweis, nämlich auf den Grund des Glaubens. Ziel ist nicht die Imitation seiner Person, sondern die Verkündigung des Evangeliums; so haben die Geschwister in Rom denn auch nicht Vertrauen in ihn, sondern *in Christus* gefasst, denn er allein ist sowohl Quelle wie Inhalt des Glaubens. Christen lassen sich zur Nachfolge inspirieren und werden darum füreinander inspirierend.

Aufgrund dieser Inspiration entfacht die Gemeinde in Rom offenbar eine große missionarische Begeisterung (wörtl.: »das Wort [herum]reden«), unter der man sich eher die Evangelisation im Freundes- und Bekanntenkreis vorzustellen hat als die Verkündigung auf öffentlichen Plätzen, denn die christliche Gemeinde ist auch in Rom noch immer verhältnismäßig klein und den Römern suspekt (Verfolgungen stehen noch aus, werden aber in wenigen Jahren einsetzen). Dennoch tritt die Gemeinde furchtlos auf, denn sie hat am Beispiel des Paulus Mut gefasst, und an seinem persönlichen Schicksal erläutert sie die Kraft Gottes, die auch in Kerkerverließen nicht verzweifeln lässt. Den Freien und Gebildeten unter den Römern wird dies töricht erscheinen (vgl. dazu 1Kor 1,18–25), unter den Tausenden von Unfreien und Sklaven jedoch große Resonanz hervorrufen, leben sie doch in einer Paulus ziemlich vergleichbaren Situation. Christlicher Glaube ist eben keine theoretische Lebensphilosophie für alle Fälle, sondern existenzbestimmende und -verändernde Rettung. Mit dem gemeinrömischen Schicksalsglauben und seiner ängstlichen Verehrung der Götter, die unnahbar in ihren Marmortempeln hausen und argwöhnisch das Glück der Menschen beobachten, hat er nichts zu tun – und gerade darum ist er so attraktiv und erfolgreich, und dies nicht zufällig auch in Zeiten ärgster Verfolgung. Das römische Volk, das so gerne auf die Kraft seiner Waffen vertraut, muss dieses Vertrauen auf die Kraft Gottes in aller persönlicher Schwachheit besonders beeindruckt haben.

Nüchtern und beinahe objektiv beschreibt Paulus die alternativen Reaktionen, die seine Gefangenschaft ausgelöst hat (**15**): *Die einen zwar verkündigen Christus aus Neid und Streitsucht, die anderen jedoch aus Überzeugung.* Gewisse Leute (offenbar aus der Gemeinde bzw. deren Umfeld) erachten seine Gefangenschaft nicht als Zeichen der Kraft Gottes, sondern der Schuld des Paulus. Denn, so lässt sich zwischen den Zeilen der Verse 15–17 herauslesen, wäre Paulus ein echter Apostel des Gottes der Kraft und der

Freiheit, so wäre er auch frei und mächtig. So klein die christliche Welt damals auch gewesen sein mag, Raum für Neid und Streit findet sich allemal. Worum es sich bei diesem Abgrenzungsverhalten handelt, lässt Paulus im Dunkeln, wahrscheinlich jedoch ist es eine Mischung aus theologischen Differenzen und persönlicher Missgunst seiner Person gegenüber – beides Tendenzen, mit denen er zeitlebens zu kämpfen hatte. Paulus verzichtet bewusst darauf, den christlichen Glauben an eine Volkstradition zu binden (wie z.B. im Judentum mit der Vorstellung der Auserwähltheit Israels) oder an die mythische Sagenwelt preiszugeben (wie in der römisch-griechischen Religion), sondern konzentriert sich ganz auf die existentielle Beziehung aufgrund persönlicher Offenbarung. So einleuchtend und persönlich dieser Zugang für den einzelnen Glaubenden auch ist, er birgt in sich immer das Risiko des allzu individualisierten Glaubens, über dessen Wahrheit jeder immer und allezeit selbst bestimmen kann. Und was diesem individuellen Glauben nicht entspricht, wird zwangsläufig falsch. Damit jedoch ist der Glaube der menschlichen Beliebigkeit preisgegeben, und mit genau diesem Problem ist Paulus nun auch in Rom konfrontiert: Die Wahrheit, die er vertritt und für die er im Gefängnis sitzt, wird von seinen Gegnern nicht nur abgelehnt, sondern auch bekämpft. Inwiefern der Konflikt eskaliert ist und inwiefern es sich lediglich um persönliche Rivalitäten handelt, ist nicht mehr klar zu eruieren. Paulus erachtet es als Versuch, ihm zu schaden, was eine nicht geringe Meinungsverschiedenheit vermuten lässt; dass er nicht schärfer reagiert, zeigt jedoch, dass es vielleicht doch nur Animositäten zwischen verschiedenen Missionarsgruppen sind. Wir wissen es letztlich nicht.

Allerdings hat Paulus auch in Rom noch immer eine stattliche Mehrheit hinter sich, die die Mission *aus Überzeugung* vorantreibt (V. 15b). Paulus spricht nicht vom richtigen Glauben, der in ihnen sichtbar wird (wie er diesen ja auch seinen Gegnern nicht abspricht!), sondern von ihrer Urteilskraft; die Geschwister in Rom sind also nicht neuerdings von Christus überzeugt (das waren sie ja schon vorher), sondern davon, dass die Inhaftierung des Paulus kein Fehler ist und darum einer weiter reichenden göttlichen Absicht dient (**16**): *Diejenigen, die es aus Liebe tun, wissen nämlich, dass ich zur Verteidigung des Evangeliums im Gefängnis sitze.* Zum intellektuellen Aspekt der Überzeugung (und des Wissens) gesellt sich der emotionale der Liebe, die sowohl Gott als auch Paulus gegenüber gilt und beiden auch jetzt die Treue hält. Denn die Liebe betrachtet die Verhältnisse mit anderen Augen und sieht in der Gefangenschaft die Schuldlosigkeit des Paulus und zugleich die Kraft Gottes. Im Falle des Paulus wird diese Liebe so selbstlos, dass sie sogar Inhaftierung in Kauf nimmt, weil auch dies die Möglichkeit ihrer Verbreitung bietet. Die Gefangenschaft im Kerker ist Gottes konkreter Weg zu den Ärmsten und Verlorenen, denen sich sonst niemand annimmt, vergleichbar dem Weg Jesu ans Kreuz in dic Gottesverlassenheit, um auch dort die Liebe Gottes spürbar werden zu lassen. Die *Verteidigung des Evangeliums,* die Paulus betreibt, wäre dann nicht nur eine argumentative Angelegenheit im noch ausstehenden Gerichtsprozess, sondern ein Praxisbeweis: Das Wort vom Kreuz erweist sich als wahr, weil es hält, was es verspricht, nämlich die Nähe Gottes den Unnahbaren und Verstoßenen zu bringen.

Vielleicht sind es gerade dieses unerwartete Ansehen, das Paulus im Gefängnis genießt, und die erfolgreiche Verkündigung des Evangeliums selbst noch an diesem Ort, die seine Gegner Stellung gegen ihn beziehen lassen (**17**): *Diejenigen jedoch, die Christus aus Eigennutz verkündigen, aus unlauteren Motiven also, glauben mir dadurch im Gefängnis schaden zu können.* Auch jetzt noch wird nicht klar, worum und um wen es sich bei diesem Konflikt handelt. Paulus wirft seinen Gegnern vor, eigennützig zu handeln und damit nicht im Sinne der Liebe, die sich, wie sein eigenes Beispiel zeigt, für andere hingibt. Stattdessen scheinen sie ihn und seine Gefangenschaft lächerlich machen zu wollen und versuchen, sich selbst durch klare Abgrenzung von ihm in ein besseres Licht zu stellen. Ob sie sich nur vor der Gemeinde gegen ihn stellen und hoffen, dort sein Ansehen zu schmälern, oder ob dies auch in der römischen Öffentlichkeit geschieht und darum Einfluss auf das Prozessgeschehen haben könnte, lässt sich nicht mit Bestimmtheit sagen. Sind es erbitterte Gegner des Paulus oder lediglich Trittbrettfahrer, die in seiner Gefangenschaft ihre Chance wittern? Oder einfach nur arme Seelen, denen Paulus zu lange in der Sonne gestanden hat und die sich nun dafür rächen wollen?

Alles Mögliche ist hier denkbar, selbst die etwas abwegige Frage, ob nicht sogar eine jüngere Generation von Aposteln die Gründerväter abzulösen gedenkt – immerhin ist Paulus schon alt, und seit dem Tod Jesu ist eine erste Generation herangewachsen, die bereits als Christen geboren wurde und nun das Ruder übernehmen will. Solche Gedanken sind interessant, zugleich aber auch sehr spekulativ.

Paulus bezeichnet ihre Motivation jedenfalls als unlauter und egoistisch, weil es ihnen nur oberflächlich um Christus geht, im Grunde aber um sich selbst. Diese aggressive Auseinandersetzung mit seiner eigenen Person ist ihm so zuwider, dass er nicht einmal die Namen der Gegner nennt, denn selbst im Disput soll nicht er, sondern Christus das Thema sein. Deshalb sitzt er ja im Gefängnis: Damit Christus auch dort zum Thema werde. Wäre dem nicht so, hätte er sich durch Bestechung schon lange aus dem Staub gemacht. Eine Gemeinde wie die römische verfügt über genügend Mittel und Möglichkeiten, einen derart harmlosen und unpolitischen Gefangenen wie Paulus freizukaufen. Aber Paulus bleibt dort, weil er sich von Gott dazu berufen weiß.

Dass sein ganzes Interesse wirklich Christus gilt, zeigen die erstaunlich versöhnlichen Töne in V. **18**: *Was soll's? So oder so wird Christus verkündigt, sei es zum Vorwand oder aus Wahrheit. Und darüber freue ich mich.* Paulus verurteilt die Gegner trotz ihrer persönlichen Attacken nicht, er wirft ihnen auch nicht falschen Glauben vor, sondern attestiert ihnen, Christus (richtig) zu verkündigen, und wenn sie dabei Erfolg haben sollten, freut er sich darüber, obgleich ihr Erfolg zu Lasten seiner Authentizität ausfällt. So bescheiden, so kampfesunlustig, so tolerant erleben wir Paulus sonst nie, im Gegenteil. Weshalb? Zum einen hat nicht Paulus die Gemeinde gegründet und ist darum nur Gast und nicht Gemeindeleiter, sodass er sich auch in Konfliktsituationen zurückhält; zum anderen spielt sicher die zermürbende Situation im Gefängnis eine Rolle, die ihn einiges an Kraft gekostet haben wird, zudem sind ihm die Angriffe auf die eigene Person wirklich gleichgültig, und schließlich haben die Gegner Recht, wenn sie Christus in Abgrenzung von Paulus als den Gott der Kraft und der Freiheit verkündigen, denn das ist er wahrhaft, auch wenn damit noch lange nicht alles gesagt ist. Offenbar aber genug, um an ihn zu glauben und ihm vertrauen zu können, und darüber freut sich Paulus so sehr, dass er die menschliche Kleinlichkeit der Gegner getrost übergeht. Ihr wahres Motiv jedoch ist die verlogene Gier nach apostolischem Ruhm und Ansehen, aber selbst das macht ihre Verkündigung noch nicht unwahr; und darüber freut sich Paulus, denn er vertraut darauf, dass Gott selbst solche Worte noch zu den seinen machen kann.

Die ebenso berühmte wie zentrale und auch schwer verständliche Aussage in 2Kor 12,9, wonach Gottes Kraft im Schwachen zur Geltung komme, erhält im Gefängnis von Rom eine ganz eindeutige Konkretisierung: Paulus sind die Hände gebunden, und dies im wörtlichen Sinn, aber gerade dadurch verkündigt er das Evangelium mit aller Kraft, und zwar denen, die alle Hoffnung aufgegeben haben: Kerkerwärtern, Mitgefangenen, zum Tode Verurteilten. Für Paulus ist dies nicht nur ein günstiger Nebeneffekt seiner Gefangenschaft, sondern ihr eigentlicher Zweck, und darum begehrt er nicht gegen seine Lage auf, sondern nutzt als wahrer Diener Christi seine Chance – nicht, weil er sich dazu verpflichtet fühlt, sondern weil er die Gegenwart Gottes in seiner Schwäche so intensiv wahrnimmt, dass sie ihm neue Kraft und Motivation verleiht. Schwäche zuzulassen und so neue Stärke von Gott zu gewinnen ist für die meisten Menschen ein schwieriges Unterfangen, das als Trockenübung, also ohne den Druck einer bedrängenden Situation, kaum je gelingen mag. Wer aber in eine solche Situation gerät, wird erfahren, was Paulus erfahren hat: Die leeren Hände werden gefüllt. Aber es geschieht erst dann, wenn sie wirklich leer sind, denn Gottes Fülle hat keinen Platz im menschlichen Vollsein.

Der Neid, den Paulus aufgrund seiner weltlich gesehen misslichen, geistliche betrachtet jedoch erfüllten Situation erfährt, ist eine traurige, aber auch in der Kirche verbreitete Realität. Die Gelassenheit, mit der er darauf reagiert, lässt das Maß der Ausgeglichenheit seiner Spiritualität erahnen. Wo Gott gibt, gibt er immer genug, und er gibt jedem und jeder, wie sie es nötig haben. Einander wegen der Vielfalt, der Verschiedenheit und dem verschiedenen Maß der Gaben in die Quere zu geraten, ist nicht nur unnötig, sondern geradezu kontraproduktiv, weil jedem vernünftigen Menschen außerhalb der Kirche ein solches Verhalten unattraktiv, wenn nicht sogar abstoßend erscheinen muss.

1,19–26
Leben und Sterben für Christus und für die Gemeinde

**[19]Aber auch darüber will ich mich freuen: Ich weiß nämlich, dass
selbst dies meiner Rettung dient, weil ihr für mich betet und der
Geist Jesu Christi mir beisteht. [20]Das ist meine Sehnsucht und meine
Hoffnung: In nichts werde ich bloßgestellt werden, sondern in aller
Freiheit, wie immer und so auch jetzt, wird Christus verherrlicht
durch meinen Leib, sei es im Leben oder im Sterben. [21]Mir ist klar:
Leben bedeutet Christus, und sterben bedeutet Gewinn. [22]Bleibt
mir denn das Leben, so wird es Frucht bringende Arbeit sein, und
ich weiß nicht, was ich wählen soll. [23]Ich bin hin und her gerissen –
und doch: Ich habe Lust, aufzubrechen und mit Christus zu sein; das
wäre sehr viel besser! [24]Hier am Leben zu bleiben jedoch ist
dringender: wegen euch! [25]Das aber weiß ich ganz sicher: Ich bleibe
am Leben und bleibe euch allen erhalten, zu eurem Fortschritt und
zur Freude im Glauben, [26]damit euer Ruhm in Christus Jesus durch
mich noch größer wird, wenn ich wieder bei euch sein werde.**

In den folgenden Versen 19–26 ringt Paulus intensiv mit sich selbst und schreibt in ernster und zugleich auch hoffnungsvoller Weise über seine Zukunft, insbesondere aber über seinen Tod. Solche Gedanken sind aus anderen Briefen bekannt (vgl. z.B. 2Kor 5,8), hier jedoch haben sie eine Ernsthaftigkeit, die alles Bisherige in den Schatten stellt, weil sie von einer großen inneren Spannung geprägt sind. Es sind nicht die momentanen Seufzer eines Ermatteten und über den Lauf der Dinge Enttäuschten, sondern tiefgründige Gedanken über den Sinn seines verbleibenden Lebens, in denen das baldige Ende als durchaus denkbare, wenn nicht sogar wünschenswerte Option zur Sprache kommt.

V. **19a** *(Aber auch darüber will ich mich freuen: Ich weiß nämlich, dass selbst dies meiner Rettung dient)* schließt nahtlos an die Auseinandersetzung mit den Gegnern an und dreht den Fokus auf das Schicksal des Paulus. Jahrzehntelanges Vertrauen und stetige Erfahrung der Hilfe trotz vieler Notsituationen (vgl. z.B. 2Kor 11, 23–33) verleihen seinen Worten eine große Gelassenheit, sodass sogar die Gefangenschaft zum Grund zur Freude wird, da sie der Ort der nächsten Gotteserfahrung ist. Darauf vertraut Paulus nicht nur, dies weiß er ganz sicher, und darum spricht er auch nicht von Hilfe oder Befreiung, sondern von Rettung. Es ist dasselbe Wort, das auch Jesus verwendet, wenn er Kranke heilt: »Dein Glaube hat dich gerettet!« (z.B. Mk 5,34). Rettung ist endzeitliches Heilshandeln Gottes, das den Menschen nicht lediglich frei oder gesund macht, sondern ihn ganzheitlich und definitiv neu schafft als das, wozu er gedacht ist. Für Paulus bleibt bewusst offen, ob dies Leben oder Sterben bedeutet (vgl. V. 21), denn nur das zählt: in Christus sein. Das ist nicht Resignation, sondern die vertrauensvolle Bereitschaft, auch ein gewaltsames Ende als das Wirken Gottes zum endgültig Guten zu verstehen.

Dass Paulus kein Glaubensheld ist, der auch das Ärgste aus eigener Kraft treu und ohne Klage bewältigt, zeigt der Hinweis auf das Gebet der Gemeinde und den Heiligen Geist (**19b**: *weil ihr für mich betet und der Geist Jesu Christi mir beisteht)*. Paulus ist nicht allein, sondern äußerlich getragen von Menschen, die ihm Gutes wollen, und innerlich gestärkt vom Geist, der ihn nicht am Rettungswillen Gottes zweifeln lässt. Diese beiden Faktoren sind wesentlich daran beteiligt, dass er nicht verzweifelt, und seine Gelassenheit kommt daher, dass er sich auf den Beistand des Geistes verlassen kann, den er konkret im Gebet der Geschwister wahrnimmt. Irdisches Gebet und himmlische Antwort, menschliche Realität und göttliche Perspektive verschmelzen in der konkreten Glaubenssituation des Paulus.

Trotz aller Gewissheit werden – zumindest zwischen den Zeilen – auch Töne des Zweifels deutlich (**20a**): *Das ist meine Sehn-*

sucht und meine Hoffnung: In nichts werde ich bloßgestellt werden. Die Bloßstellung (wörtlich: zur Schande werden) bezieht sich wohl kaum auf den Rufmord, den seine Gegner in Rom betreiben. Dafür sind sie ihm zu unbedeutend. Viel eher bezieht sie sich auf die Ungewissheit des Gefangenschafts- und Prozessverlaufs, und zwar nicht aus Angst vor dem eigenen Tod, den er ja nicht scheut, sondern aus Furcht, seiner Berufung als Apostels jetzt nicht mehr gerecht werden zu können. Eine Schande für Christus zu werden, ihn also unter dem Eindruck von Folter, Zermürbung und Verzweiflung im Gefängnis zu verleugnen, ist seine größte Sorge, der er allerdings nicht blind begegnet, sondern mit Hoffnung und Sehnsucht, die sich auf seine bisherigen Glaubens- und Rettungserfahrungen beziehen (**20b**): *sondern in aller Freiheit, wie immer und so auch jetzt, wird Christus verherrlicht durch meinen Leib, sei es im Leben oder im Sterben.* Die Freiheit von Sorge und Zweifel, die ihn bisher geprägt hat, steht auf dem Spiel, und sie ist nicht nebensächlich, denn seit seiner radikalen Bekehrung vom zwanghaft im Gesetzesgehorsam gefangenen Pharisäer zum gnädig befreiten Christen und Apostel ist Paulus stets unabhängig und frei geblieben, auch von der Meinung derer, die sich mit seiner Theologie nicht einverstanden erklärt haben. Diese innere Haltung der Unabhängigkeit ist nun bedroht, und mit ihr seine Hingabe an Christus und dessen Evangelium. Darum sehnt er sich nach nichts mehr als danach, sein Leben so zu beenden, wie er es gelebt hat, zur Verherrlichung nicht seiner selbst, sondern des Christus.

Das Aufsehen, das seine Haft bereits erregt, ist ihm Zeichen dafür, dass er auch in Ketten – und sogar im Tod – Christus dienen kann, weil gerade in seiner Schwäche dessen Macht deutlich wird. Die Vorstellung, mit dem eigenen Tod Christus zu dienen bzw. sogar zu verherrlichen, ist uns heute fremd geworden; denken wir jedoch an die Märtyrer gerade des 20. Jahrhunderts (Menschen wie Maximilian Kolbe, Dietrich Bonhoeffer und Martin Luther King), dann sehen wir, wie gerade ihr gewaltsamer Tod der Kirche Mut und Kraft gegeben hat, sich im Namen Jesu gegen das Böse zur Wehr zu setzen. Ihr Schicksal ist ein klares Zeichen für ihren Mut, ihre Hoffnung und ihr Vertrauen auf Christus, der selbst den Tod überwindet. Diesen Weg will Paulus gehen, allen inneren Widerständen und Zweifeln zum Trotz. Etwas kritisch ließe sich fragen, weshalb sich Paulus so sehr sorgt um einen allfälligen Verlust seiner Standhaftigkeit. Wäre dies tatsächlich ein Verrat an Christus, eine Schande? Gelten denn für Paulus die eigenen Worte nicht, wonach Christus in unserer Schwachheit stark ist (2Kor 12,9f)?

Paulus denkt aber nicht nur an den Tod, sondern sehnt sich richtiggehend nach ihm (**21**): *Mir ist klar: Leben bedeutet Chris-*

tus, und sterben bedeutet Gewinn. Mit nie dagewesener Klarheit spricht er von seinem Ende: Der Tod wäre für ihn Gewinn, wertvoller noch als das Leben mit Christus. Die Gegenüberstellung von Leben und Christus sowie Sterben und Gewinn ist etwas seltsam; Paulus meint wohl, dass sein ganzes bisheriges Leben (zumindest seit seiner Bekehrung) im Zeichen des Christus gestanden hat und damit zur sinnvollen und erfüllten Existenz wurde. Kann man da im Tod noch etwas gewinnen? Für Paulus wäre er die Erlösung von der Ungewissheit seiner Gefangenschaft und von seiner Sorge um die eigene Standhaftigkeit. In der Begegnung mit Christus »von Auge zu Auge« (1Kor 13,12) könnte er seine Schwäche und seine Fehlbarkeit ablegen und endlich ganz in Christus sein, was im irdischen Dasein immer nur fragmentarisch möglich ist. Der Vorteil des Todes gegenüber dem Leben besteht also nicht darin, dass Paulus Christus gewinnt, denn ihn hat er schon lange gewonnen, sondern darin, dass er sich selbst verliert und in Christus aufgeht. Das hat durchaus mystischen Charakter, ist aber für Paulus nichts Neues (vgl. z.B. Gal 2,20f).

Ist sich Paulus bewusst, dass er mit solchen Worten die Gemeinde in Philippi verängstigt, wenn nicht gar schockiert? Zwar sind sie authentisch und entsprechen seiner Situation, wie er ja auch immer nur von sich selbst spricht *(Mir ist klar)* und diese Todessehnsucht niemand anderem empfiehlt. Aber so tiefgründig dieser Vers ist, so zurückhaltend sollte er auf andere übertragen werden. Auch wenn der christliche Glauben letztlich weiß, dass der Tod unser Ende, aber immer Gottes Anfang ist, so bezeugt das biblische Zeugnis doch eindeutig, dass das Leben Geschenk Gottes und als solches sinnvoll ist und auf keinen Fall leichtsinnig dahingegeben werden soll. Märtyrer gab es immer und wird es immer wieder geben, gefragt sind allerdings nicht die, die sich selbst dazu ernennen. Sollte es aber tatsächlich zum Martyrium kommen, so ist es gerade der paulinischen Rechtfertigungstheologie zu verdanken, dass Christinnen und Christen nicht mit Furcht und Zittern das Gericht zu erwarten haben, sondern die offenen Arme des Christus, der für sie den Tod überwunden hat.

Trotz aller Todessehnsucht sinniert Paulus auch über eine mögliche Zukunft (**22a**): *Bleibt mir denn das Leben, so wird es Frucht bringende Arbeit sein.* Er gibt sich unbescheiden und erwartet missionarischen Erfolg. Die Aussage wäre jedoch falsch verstanden, sähe man in ihr lediglich simple Prahlerei. Denn am Leben zu bleiben wäre ja nicht seine Entscheidung, sondern die Gabe des Christus, die er als Verpflichtung zu weiterer Mission versteht – wozu sonst sollte er ihn am Leben lassen? Eine Existenz im Ruhestand oder als Lokalbischof kann sich Paulus nicht vorstellen. Und mit Gelingen rechnet er aufgrund seiner bisherigen Arbeit sicherlich nicht zu unrecht. Allerdings spricht er gar nicht von Erfolg, sondern von Arbeit, die *Frucht* bringt, und »Frucht« steht bei Paulus immer als Metapher für das Wirken des Geistes im Menschen bzw. durch den Menschen (vgl. Gal 5,16–24). Gelingen ist also nicht von der Erfahrung oder dem Können des Paulus abhängig, sondern von Christus, der die Frucht durch die Arbeit des Paulus wachsen lässt. Aber gerade weil er sich so sehr bewusst ist, dass es eine sinnvolle Alternative zum ersehnten Tod und der damit verbundenen Unmittelbarkeit mit Christus gibt, beginnt er am eigenen Wunsch nach einem baldigen Ende zu zweifeln: *»Ich weiss nicht, was ich wählen soll«* (**22b**). Die Aussage zur Wahl seines Schicksals ist ernst gemeint: Paulus kann sich tatsächlich nicht entscheiden. Aber sie ist trotzdem rhetorischer Natur, denn solche Entscheide fällt nicht der Mensch, sondern Gott allein.

Und dies ist gut so, denn die Versuchung, alles aufzugeben und auf die Vollendung in Christus aktiv hinzuarbeiten, ist groß (**23**): *Ich bin hin und her gerissen – und doch: Ich habe Lust, aufzubrechen und mit Christus zu sein; das wäre sehr viel besser!* Paulus weiß ganz genau, dass seine Arbeit zwar Frucht bringend sein würde, zugleich aber auch hart und schwer. Für einen Mann seines Alters und seiner Konstitution ist der Plan, nach Rom in Richtung Spanien und damit ans Ende der damaligen Welt aufzubrechen (vgl. Röm 15,24), eher waghalsig, zumal er dort nicht auf eine vom Hellenismus geprägte und ihm bekannte Kultur stoßen wird. Die Spannung zwischen seinem Sehnen und Gottes möglichem Plan, was seine Mission betrifft, scheint ihm schwer zuzusetzen; es ist durchaus denkbar, dass die vielen Stimmungsschwankungen im weiteren Verlauf des Briefes ein äußerer Ausdruck dieser inneren Zerrissenheit darstellen.

Paulus schreibt wenig Konkretes über seine Vorstellung vom Jenseits (vgl. z.B. 1Kor 15,35; 2Kor 5,1–10), dennoch scheint es ihm ganz eindeutig zu sein, dass er sich dort in intimer Gemeinschaft in bzw. mit Christus vorfinden wird. Damit ist zugleich wenig und doch bereits alles gesagt: Ein Leben, das ganz von Christus geprägt ist, braucht keine weitere Charakterisierung, denn es entspricht ganz dem Sein in Christus, das weltlich bereits erfahrbar ist, mit dem wichtigen Unterschied allerdings, dass es nichts Trennendes mehr gibt und dass das, was jetzt allenfalls als Angeld (Röm 8,23; 2Kor 1,22) oder als Sehen durch einen Spiegel (1Kor 13,12) erlebt wird, dann in Unmittelbarkeit geschieht. Das ist *sehr viel besser*, und damit ist genug gesagt, alles andere wäre Spekulation. Trotz aller Emotionalität bleibt Paulus gerade bei den zentralen Themen sehr nüchtern.

Mit einem Mal hat sich die innere Spannung gelöst, und Paulus sieht den Weg, den er zu gehen hat, ganz klar (**24**): *Hier am Leben zu bleiben jedoch ist dringender: wegen euch!* Rhetorisch geschickt, wenn auch mit einem gewissen Pathos, begründet er seinen Entschluss zum Leben nicht mit subjektiver Befindlichkeit oder Hoffnung, sondern mit der objektiven Notwendigkeit der Gemeindesituation. Im Griechischen unüblich steht der Beweggrund am Schluss (»wegen euch«) und wird so stark betont. Paulus weiß um seine Verantwortung und das Gewicht seines Wortes und seines Rates in der Gemeinde, und diese Verantwortung will er wahrnehmen, auch wenn sie seinen persönlichen Wünschen entgegensteht. Ob eine solche Betonung viel zur Dankbarkeit der Philipper beiträgt oder ihnen im Gegenteil ein schlechtes Gewissen beschert, muss offen bleiben. Es ist Paulus jedoch zugute zu halten, dass sein Pathos ernst gemeint ist und er sich dieser Gemeinde stärker verbunden weiß als irgendeiner anderen. Er ist sich dessen bewusst, dass er gebraucht wird und dass die Frucht bringende Arbeit nicht nur neuen Gemeinden gilt, sondern auch den bisherigen.

Doch als ob er nie Zweifel am Ausgang seines Prozesses gehegt hätte, ist Paulus aufgrund dieser Notwendigkeit nun plötzlich sicher, dass er freikommen wird (**25a**): *Das aber weiß ich ganz sicher: Ich bleibe am Leben und bleibe euch allen erhalten.* Hat Paulus seine alte Kampfkraft wiedergefunden, nachdem nicht mehr er selbst (V. 20–23) im Mittelpunkt steht, sondern die Gemeinde in den Blick (V. 24–26) getreten ist? Bereits in V. 19 hatte er die Quelle seiner Kraft genannt: die Gemeinschaft der Gemeinde und der Beistand des Geistes. Beides spielt auch hier eine Rolle: Die Liebe für die Brüder und Schwestern in Philippi lassen ihn erstarken, denn der Geist tröstet ihn offenbar weniger bei seinen einsamen Grübeleien, sondern im Zusammenhang mit der sozialen Verantwortung, die auf ihm liegt. Dass sich der Geist bevorzugt in der Gemeindesituation manifestiert und eher selten in Privatoffenbarungen, ist für Paulus keine Überraschung: In seinen Ausführungen zur Gemeinde als Leib in 1Kor 12.14 spielt der Geist die wesentliche Rolle bei der Begründung der Gemeinde und auch ihrem täglichen Miteinander. Kirche ist wesentlich Gemeinschaft und eben nicht isolierte Vergeistigung, eine Einsicht, zu der wir schon anlässlich der Reisebegleitung des Paulus gelangt sind (1,1). Ebenso gilt für den Geist: Er ist nicht Mittel der Machtsteigerung des Einzelnen, sondern lebendig machende Kraft der Gemeinschaft, die dort hervortritt, wo der Einzelne zugunsten der Vielen von sich absieht.

Dass die Einschätzung des Paulus nicht sehr realistisch gewesen ist, wissen wir heute: Er hat den Prozess nicht überlebt und auch die Philipper nicht wiedergesehen. War sie von Anfang an nur seinem Temperament geschuldet und sollte den Adressaten Kummer und Sorge vertreiben? Immerhin ändert Paulus mit einem Schlag auch seine Reisepläne und spricht vom nächsten Besuch in Philippi, obwohl er doch von Rom aus Richtung Spanien reisen wollte. Allerdings ist dieser Stimmungsumschwung nicht der einzige (vgl. z.B. 3,1–2), und so wird man wohl davon ausgehen können, dass es Paulus ernst ist, obwohl er gleichzeitig auch anderes äußert.

Wenn Paulus am Leben bleibt, dann *zu eurem Fortschritt und zur Freude im Glauben* (**25b**). Während der Fortschritt nur die Philipper betrifft, ist die Freude gegenseitig. Fortschritt erwartet Paulus selbstverständlich in geistlicher Hinsicht, wenn er die Philipper besucht und ihnen mit Unterweisung, Predigt, Lob und Ermahnung zur Seite steht – all dies ist Teil der »fruchtbaren Arbeit«, von der er bereits in 1,22 sprach und die sich eben nicht nur auf die Mission neuer Gebiete, sondern auch auf die Beziehungen zu bestehenden Gemeinden bezieht. Zugleich erwartet Paulus Fortschritt bei den Philippern in ähnlicher Art wie bei den Römern, wo seine standfeste Haltung im Gefängnis zu missionarischer Begeisterung geführt hat. Für die Philipper wäre seine Freilassung ein bekräftigendes Moment, weil sie dadurch erkennen, wie Gott ihre Hoffnung und Gebete für Paulus konkret erfüllt. Dadurch wächst der Glaube und führt zu stärkerer Hoffnung und vertrauensvollerem Gebet, und es entsteht ein Kreislauf, der aus Glauben zu Glauben (Röm 1,17) führt und sich von den konkreten Erfahrungen nährt. Ein solcher Fortschritt ist Grund zur Freude, und dies beiderseits, beim Lehrer wie beim Schüler, aber es ist nicht einfach eine pädagogische Freude, sondern die geistliche Freude derer, die ihr Leben in der Gemeinschaft mit Christus verankert wissen und dafür dankbar sind (vgl. dazu auch die Liste der Frucht des Geistes in Gal 6,22f und die prominente Nennung der Freude an zweiter Stelle). Erneut wird deutlich: Die Gemeinschaft ist der zentrale Ort des Wirkens des Geistes und darum der Ort, an dem sich Christen mit Vorteil aufhalten.

Den Schluss des Abschnitts bildet V. **26**: *damit euer Ruhm in Christus Jesus durch mich noch größer wird, wenn ich wieder bei euch sein werde.* Was auf den ersten Blick recht unbescheiden daherkommt, entpuppt sich bei genauerer Betrachtung als paulinische Kernaussage. Das griechische Wort, das dem »Ruhm« zugrunde liegt, meint wörtlich »klaffen, auseinanderreißen«, auch »das Maul aufreißen«, d.h. sich rühmen. Die entscheidende Stelle zum paulinischen Verständnis dieses Ruhmes ist 1Kor 1,31: »Wer sich (d.h. wegen seines Glaubens oder seiner Taten) rühmt, rühme sich des Herrn«. Der Ruhm gebührt also nicht den Christen aufgrund ihres Leistungsausweises, sondern er gebührt Christus aufgrund seines Gnadenerweises. Ruhm in Christus ist darum nichts anderes als der Lobpreis des Christus, und der Ruhm der Philipper ist dementsprechend das, wofür sie Christus dankbar loben sollen und können. Konkret: die Rettung des Paulus vor dem sicheren Tod und die Freude über das Wiedersehen in erstarkter Gemeinschaft. Es geht Paulus nicht um seine Person und sein Ansehen (vgl. dazu 1,18f.21f), es geht ihm um die Sache des Christus, auch wenn er sich zweifelsohne bewusst ist, welchen Anteil er an der Entwicklung der Gemeinde in Philippi und anderswo hat. Allerdings ist er sich eben auch bewusst, dass er wie alle anderen letztlich nur von dem lebt und zehrt, was auch ihnen gegeben wurde. »Aus Glauben zu Glauben« hat dann nicht nur eine geistliche, sondern auch eine ganz praktisch-pragmatische Seite: Was der eine aus Glauben an Gabe empfängt, gibt er dem Nächsten weiter, damit sie auch bei ihm zum Glauben beitrage.

In der Geschichte des Christentums ist die Leidensmystik, in der das persönliche Leiden als besonders intensive Nachfolge gelebt wird, keine Unbekannte. Immer aber steht sie in Gefahr, selbst wieder zu einer Leistung zu werden, die Gott voller Stolz präsentiert wird. Wenn Paulus sich nach dem Tod sehnt, dann ist er einer solchen Tradition nicht fern. Denn um Suizidgedanken wird es sich kaum handeln; das ist sowohl der Zeit, dem Judentum und auch dem frühen Christentum fremd. Wie bei Jesus ist jedoch auch bei Paulus festzuhalten, dass er das Leiden nicht aktiv sucht. Es ist sein persönlicher, zugegebenermaßen äußerst radikaler Weg der Nachfolge, der selbst die Leiden Jesu als persönliche Erfahrung mit einschließt. Es ist ein Weg, der in seiner Radikalität zu Paulus passt – und auch zu Jesus, der ihn vorausgegangen ist. Und ein solcher Weg stellt alle, die ihn kreuzen, vor die Frage nach ihrer Lebensperspektive.

Im Angesicht der Todessehnsucht, die Paulus so unverhohlen formuliert, muss immer wieder die Frage gestellt werden, inwiefern der christliche Glaube die Welt nur als Trauerspiel interpretiert, den Himmel hingegen als Ort der Erlösung und der ewigen Heimat. Mit der Vertröstung auf das Jenseits wird das Diesseits als Ort der guten Schöpfung Gottes in Abrede gestellt. Oft und konstant durch alle Jahrhunderte hindurch ist dies in Theologie und Kirche praktiziert worden. Auch Paulus hegt solche Gedanken – jedoch als alter Mann, der lebenssatt nach immenser Arbeit im Gefängnis sitzt. Diese Situation gilt es nicht zu vergessen, denn sie verbietet jegliche Verallgemeinerung seiner Sehnsucht. Und ebenso gilt es zu bedenken, dass Paulus mit dem Gedanken an den Tod nur spielt, sich am Ende dann aber für das Leben entscheidet, weil ihm seine Aufgaben und vor allem die Philipper wichtiger sind als die persönliche Sehnsucht. Solange Gott in Menschen wie Paulus oder den Philippern auf der Erde am Werk bleibt, gibt es keinen Grund, sie allzu schnell verlassen zu wollen. Todessehnsucht mag situativ verständlich sein, der Ort Gottes unter den Menschen bleibt aber diese Welt, so zerrissen sie auch sein mag. Und darum ist sie auch der Ort der Christen und Christinnen.

II

1,27 – 2,18
Leben, wie es Christus entspricht

1,27–30
Leben in Standhaftigkeit

27Nur eins noch: Lebt als Bürger der Stadt, wie es dem Evangelium
von Christus entspricht, damit ich von euch höre, ob ich nun
komme und euch sehe oder ob ich fern bleibe, dass ihr feststeht in
einem Geist und in einem Sinn für den Glauben an das Evangelium
kämpft. 28Lasst euch auf keinen Fall einschüchtern von denen, die
gegen euch sind, denn das wird ihnen ein Hinweis sein auf ihr Ver-
derben und auf eure Rettung. Und zwar von Gott her. 29Euch näm-
lich ist es gnädig zuteil geworden, für Christus einzustehen: nicht
nur an ihn zu glauben, sondern auch für ihn zu leiden. 30Ihr führt
denselben Kampf, den ihr mich habt kämpfen sehen und von dem
ihr nun von mir hört.

Mit V. 27 beginnt ein neuer Abschnitt, der sich inhaltlich zwar eng an den vorangehenden anlehnt, die Perspektive aber auf die Philipper selbst richtet: Wie Paulus in Rom zu kämpfen hat, so müssen sich auch die Geschwister in Philippi gegen Einschüchterungsversuche zur Wehr setzen. Ob es sich dabei wie in Rom ebenso um innerkirchliche Konflikte handelt, werden wir noch sehen. Diese Mahnungen zur Standhaftigkeit und Einheit bilden den Übergang zum folgenden Abschnitt (2,1–18), sodass 1,27–30 Brückencharakter zukommt: Abschluss des alten Themas und Einleitung ins neue Thema.

In V. 27–30 kommt eine Situation zur Sprache, wie sie sich in der paulinischen Briefliteratur öfter ereignet: Absender und Adressaten wissen um die Details des Konfliktes, sodass sie gar nicht erst genannt zu werden brauchen – sehr zu unserem Bedauern, denn wir müssen den Fall allein aus den Anspielungen rekonstruieren, um ihn zu verstehen. Offenbar befinden sich die Philipper in einer Konfliktsituation mit Personen, die sich gegen sie stellen und ihre innere Einheit bedrohen. Um wen handelt es sich? Wohl kaum um Menschen außerhalb der Gemeinde, denn die Androhung ihres Verderbens *von Gott her* (V. 28) würde Heiden nicht im geringsten beeindrucken. Jüdische Stadtbewohner kommen auch nicht in Frage, weil Paulus bei solchen Auseinandersetzungen ganz anders reagiert (vgl. Gal 5,7–12; 6,12–16; 1Thess 2,13–16) und zudem Schlüsselbegriffe wie »Gesetz«, »Beschneidung«, »Sabbat« u.a. erwartet werden könnten. Da Paulus betont, die Philipper kämpften denselben Kampf wie er (V. 30), ist anzunehmen, dass auch in Philippi der Streit innerhalb der Gemeinde ausgefochten wird, was wiederum die vielen Appelle zur Einheit erklärt.

Christlicher Glaube ist immer auch mit einem bestimmten Verhalten verbunden: innerhalb der Gemeinde mit der geschwisterlichen Liebe, außerhalb der Gemeinde mit einem Auftreten, das *dem Evangelium von Christus entspricht* (wörtlich: würdig ist, **27a**). Christen leben immer auch *als Bürger der Stadt,* und selbst eine mittelgroße Gemeinde wie die in Philippi erregt ein gewisses Aufsehen. Als bekennende Christen werden sie in der Öffentlichkeit daran gemessen, ob ihr Verhalten als Bürger der Stadt auch ihrem Glauben entspricht. Es ist zu vermuten, dass die internen Streitigkeiten an die Öffentlichkeit geraten sind (bzw. bewusst dorthin getragen worden sind) und dem heidnischen Umfeld nun Anlass geben zu Spott und Kritik. Darum ruft Paulus zur Ordnung, nicht aber, indem er etwa einen Moralkodex zitiert, sondern indem er auf das Zentrum der Moral hinweist, auf Christus. Mit anderen Worten: Christliche Ethik, also das Verhalten in der Gemeinde und der Öffentlichkeit, besteht nie in der gehorsamen Einhaltung eines Regelwerkes, sondern ist – wie schon der Glaube – immer ein Beziehungsgeschehen. Christen sollen sich nicht verhalten, wie »es sich gehört«, sondern entsprechend ihrer Beziehung zu Christus. Was hier gilt und wichtig ist, soll auch dort gelten und entsprechend umgesetzt werden. Dieser sehr persönliche Charakter der Ethik ist typisch für Paulus (vgl. auch Gal 5,1.7.13.25) und bildet den entscheidenden Unterschied zu jeder gesetzlichen Ethik.

Der Hinweis auf die Überprüfung ihres Lebenswandels durch einen Besuch oder durch mündliche Kunde (**27b**) kontrastiert das eben gemachte Konzept einer persönlichen, auf Mündigkeit beruhenden Ethik, und im Grunde droht Paulus der Gemeinde, bewusst oder unbewusst, wobei der Erfolg einer solchen Strategie immer fraglich bleiben muss. Sieht Paulus seine Autorität am Schwinden? Vertraut er seiner liebevollen Beziehung zur Gemeinde nicht mehr, sodass er mit Druck nachhelfen muss? Eine konsequent personale Ethik würde es der Mündigkeit des Einzelnen überlassen, sich von ihrer Richtigkeit zu überzeugen und sie dann auch zu praktizieren. Druck und Kontrolle wirken in der Regel kontraproduktiv. Allerdings ist Paulus zugutezuhalten, dass im Konzept personaler

Ethik die Mündigkeit und die Selbständigkeit die Schwachstellen sind, denn wer garantiert, dass das, was als richtig erkannt und in Christus als richtig erlebt wird, dann auch tatsächlich gelebt wird? Fallen der Druck des Gesetzes und die Kontrolle durch ein engmaschiges Sozialnetz, ist der Einzelne in der Lebensgestaltung seiner eigenen Motivation und Kraft und damit auch seiner Willkür ausgeliefert. Positiv interpretiert könnte man den Hinweis auf die Kontrolle als die Sorge des Vaters verstehen, der um die Schwierigkeit dessen weiß, was er von seinen Kindern verlangt, und sie darum nicht sich selbst überlässt, sondern sie liebevoll anleitet, begleitet und, wenn nötig, auch korrigiert.

Was Paulus von den Philippern fordert, ist ihre Standhaftigkeit (**27c**: *dass ihr feststeht in einem Geist und in einem Sinn für den Glauben an das Evangelium kämpft)*, dass sie also nicht lavieren und ihren Glauben der jeweiligen Wetterlage anpassen, sondern bei Christus bleiben, wie sie das bisher gelernt und auch gelebt haben. Dabei spielt die Einheit im Geist (griech. *pneuma,* gemeint ist der Heilige Geist Gottes) und im Sinn (griech. *psyche,* gemeint ist der Geist bzw. der Sinn des Menschen) eine zentrale Rolle. Die beiden Begriffe widerspiegeln nicht nur zwei Aspekte der Einheit, sondern ihre Entstehungsweise: Gottes Geist ist eins und macht eins, sodass der menschliche Geist, in dem auch dessen Wille liegt, sich für diese Einheit entscheiden und sie praktizieren kann. Da es jedoch immer verschiedene Interpretationen dessen gibt, was der Geist ist und gibt, ist das Sinnen des Menschen auf ein einheitliches Verständnis besonders wichtig. Paulus spricht geradezu von einem Kampf (im Sinne einer sportlichen, nicht militärischen Auseinandersetzung) um Einheit und den richtigen Glauben, denn er weiß, dass eine Gemeinde ihre Einmütigkeit verliert, wenn sie ihre Glaubensanschauung bis zum äußersten differenziert, weil sie dann fast zwangsläufig ihre gemeinsame Mitte verliert. Und so wird sie dem Druck von außen oder innen nicht standhalten können. Damit ist keiner »unité de doctrine« das Wort geredet, sondern einer klaren Unterscheidung dessen, was der Heilige Geist dem Menschen an Glaubenswahrheit gibt und wie der menschliche Geist diese Gabe interpretiert. Hier fallen die objektive und die subjektive Seite des Glaubens zusammen, die zwangsläufig zu einer je eigenen Glaubenspraxis führen. Solange diese verschiedenen Zugänge auf dieselbe Mitte bezogen sind (nämlich auf das, was *Christus entspricht),* wird es gelingen, sie in ein fruchtbares Gespräch zu bringen, das trotz aller Unterschiedlichkeiten im Detail zur Einheit im Glauben führt.

Dass der Konflikt (noch) nicht handgreiflich geworden ist, zeigt die Fortsetzung: *Lasst euch auf keinen Fall einschüchtern von de-*

nen, die gegen euch sind (**28a**). Zwar besteht offene Gegnerschaft (die auch der Öffentlichkeit nicht verborgen geblieben ist, darum der Hinweis auf das Leben als *Bürger der Stadt,* V. 27a), aber der Konflikt scheint sich auf der argumentativen Droh- und Einschüchterungsebene abzuspielen. Vielleicht sind die Gegner in der Gemeinde wortgewaltige Intellektuelle oder moralisch Rigide, die mit Wort und Tat die Philipper auf ihre Seite ziehen wollen. Solche Zwietracht innerhalb der christlichen Gemeinde ist ein verbreitetes Phänomen, und nicht selten führt sie zur Spaltung. Sich auf das Grundlegende zu einigen und die restlichen Differenzen im Sinne einer toleranten Ökumene in der Liebe von Christus zu leben, ist eine durchaus ernstzunehmende und anspruchsvolle Angelegenheit, und dies gilt schon seit den Anfängen der christlichen Kirche. Die viele Bekenntnisse, die in den Jahrhunderten der Kirchengeschichte entstanden sind (Apostolisches Bekenntnis, Augsburger Bekenntnis, Leuenberger Konkordie u.a.), zeugen davon, dass es trotzdem immer wieder gelingt, das Wesentliche und Einende hervorzuheben und ihm den Vorrang zu geben gegenüber den (unvermeidlichen) Differenzen.

In dieser angespannten Situation fordert Paulus die angefeindeten Philipper nun gerade nicht zur Gegenoffensive auf, sei sie argumentativer oder kämpferischer Natur, sondern allein zur Einheit, denn er ist davon überzeugt, dass einheitlicher Glaube und einmütige Liebe gegen innen wie auch gegen außen die beste Verteidigung sind. Sie lassen nämlich jede Form von Entzweiung ins Leere laufen und machen dem Gegner deutlich, dass sein Kampf aussichtslos ist (**28b**: *das wird ihnen ein Hinweis sein auf ihr Verderben und auf eure Rettung).* Ob mit *Verderben* und *Rettung* nur der Ausgang des Konflikts gemeint ist oder ob auch endzeitliche Motive eine Rolle spielen, dass also der Angriff der Gegner ihre Verdammnis und der Widerstand der Gemeinde ihre ewige Rettung bedeuten, muss offenbleiben. Sprachlich ist es möglich, inhaltlich jedoch schenkt Paulus dem Gerichtsgedanken auch sonst im Philipperbrief kaum Beachtung, und es wäre ein ziemlich hartes Urteil, aufgrund eines internen Konfliktes die Höllenstrafe auszusprechen. Wichtiger ist der Zusatz **28c**: *Und zwar von Gott her,* weil er einmal mehr das Wirken Gottes im menschlichen Zusammenhang beschreibt: Von Gott stammt der Geist der Einheit, von Gott der Wille zur Einheit, von ihm die Standhaftigkeit und die Gewissheit, dass der Kampf um die Wahrheit des Evangeliums nicht umsonst und auch nicht ohne Sieg ist. Und von ihm stammt auch die Einsicht der Feinde, dass ihr Tun zwecklos ist – ob es sich bei Letzterem um eine Tatsachenerfahrung handelt oder doch eher um die Hoffnung des Paulus, dass auch Feinde einsichtig sein können, bleibt offen. Sollte es jedoch tatsächlich dazu kommen, so ist auch dies ganz gewiss ein Werk Gottes.

Der Preis der Einheit wird in V. **29** angesprochen: *Euch nämlich ist es gnädig zuteil geworden, für Christus einzustehen: Nicht nur an ihn zu glauben, sondern auch für ihn zu leiden*. Dass der Glaube an Christus ein Zeichen der Gnade Gottes ist, steht nicht zur Diskussion, dass Paulus aber auch das Leiden für Christus ganz selbstverständlich als eine Gnadegabe erachtet, ist erstaunlich. Er interpretiert spirituelles Leben als bewusste Entscheidung für Christus und damit auch als Anteilnahme an dessen Schicksal, persönliches Leiden mit eingeschlossen (vgl. dazu auch Röm 6,3–7; Gal 2,19–21). Im Ertragen des Leidens wird dem Glaubenden bewusst, dass selbst dies nicht seine Leistung ist, sondern auch hier Erfahrung der Gnade Gottes. V. 29 ist also keine Aufforderung, das Leiden aktiv zu suchen, um die Treue Christus gegenüber unter Beweis zu stellen, sondern der Zuspruch, dass in der Kraft, die das Leiden erträgt, Gnade Gottes wirksam und erfahrbar ist. Damit wird das Leiden nicht zwangsläufig sinnvoll, aber diese Perspektive erlaubt es, selbst die Not als einen Ort zu verstehen, an dem Gott wirksam ist. Paulus als oft geschundener Missionar weiß aus eigener Erfahrung nur zu gut, wovon er spricht.

Worin aber besteht das Leiden in Falle der Philipper? Da wir nichts Konkretes erfahren, müssen wir zwischen den Zeilen suchen. Die Thematik der bedrohten Einheit ist dabei zentral: Leiden entsteht, weil die Einheit überhaupt in Frage gestellt wird und die Gemeinde offenbar nicht in der Lage ist, einmütig und friedlich zusammenzuleben. Ein Gott, ein Geist – aber viele Meinungen. Gerade eine relativ junge Gemeinde wird es besonders grämen, wenn der Enthusiasmus der Gründertage bald schon der Realität des Allzumenschlichen weichen muss, in der die eigene Anschauung grundsätzlich über die der anderen gestellt wird, selbst wenn es dabei zur Spaltung kommt. Leiden entsteht des Weiteren durch den öffentlichen Charakter des Konflikts, der die Gemeinde lehrt, dass sie ständig unter Beobachtung steht von einer Welt, der Einheit immer dann verdächtig wird, wenn sie ihren eigenen Wertvorstellungen und Erklärungsmustern derart widerspricht wie eben die Einheit des Geistes. Und Leiden entsteht ganz grundsätzlich, wenn aus Geschwistern Gegner werden, und dies auch noch im Namen der Wahrheit des Glaubens.

Um es nochmals zu betonen: Paulus ruft nicht dazu auf, das Leiden zu suchen, sondern es im Vertrauen auf die überwindende Kraft Gottes auszuhalten. In der konkreten Situation der Philipper ist vom Leiden an Leib und Leben noch nicht die Rede. Aber bereits das persönliche Beispiel des Paulus zeigt, dass die Frage der Einheit der Gemeinde schon bald der viel dringlicheren Frage weicht, ob der Glaube auch dann noch überzeugend ist und die nötige Kraft verleiht, wenn das eigene Leben wegen des Bekenntnisses auf dem Spiel steht. Hier gibt es keine allgemeinen Regeln mehr, sondern nur noch das Zeugnis derer, die diesen Weg aufrechten Hauptes gegangen sind, weil ihnen gerade dann der Glaube die Kraft dazu gegeben hat.

Den Schluss des Abschnitts bildet der Hinweis auf die Gleichartigkeit des Konfliktes (**30**: *Ihr führt denselben Kampf, den ihr mich habt kämpfen sehen und von dem ihr nun von mir hört)*, von der bereits die Rede war. Interessant ist die Vergangenheitsform *habt kämpfen sehen*: Offenbar hat sich Ähnliches wie jetzt in Rom schon damals in Philippi zugetragen. Worum es sich auch immer handelt: An der Person des Paulus und der radikalen Weise, wie er die Wahrheit des Evangeliums vertritt, scheiden sich seit jeher die Geister. Und dies darum, weil er stets auf eine Entscheidung drängt und dem Gegenüber die Möglichkeit nimmt, die eigenen Position in gleichgültiger Schwebe zu lassen. In dieser Hinsicht ist Paulus mit Jesus identisch: In der Begegnung mit beiden muss der Mensch eine Entscheidung treffen, die sein Leben grundsätzlich verändern wird. Wer jedoch wie Jesus und auch Paulus Gott als den radikal Liebenden und nicht als den Fordernden verkündigt, muss damit rechnen, dass diese Liebe abgelehnt wird. Ohne die Forderung des Gesetzes ist Gott nicht mehr absolut notwendig – es lässt sich auch ohne Liebe, Gnade und Vergebung leben. Wer sich aber für diese Liebe entscheidet, erfährt sie als Bereicherung seines Lebens, ohne die er nicht mehr leben will.

Vielleicht fällt es auf, dass Paulus die Bischöfe und Diakone auch im Zusammenhang des Konflikts nicht nennt, obwohl sie im Briefeingang ja namentlich begrüßt worden sind. Ihre Funktion als Leiter der Gemeinde wird dementsprechend eher als gering einzustufen sein; vielmehr ist es das Gemeindekollektiv, das Paulus stets anspricht, das die Organisation und die Leitung der Gemeinde in Händen hält (wie dies ja in allen Gemeinden, die Paulus gegründet hat, der Fall zu sein scheint). Noch ist die Kirche also basisdemokratisch: Ein Herr – viele Geschwister, die unteeinander gleichberechtigt sind – und ein Gemeindegründer, der von fern die Geschicke beobachtet und kommentiert. An dieser Organisationsform wird deutlich, wie intensiv die ersten Christen die Gegenwart von Christus wahrgenommen haben, so sehr nämlich, dass sie neben dem einen Herrn, obgleich als Person abwesend, keine weiteren Leiter zu bestimmen brauchen. Dass dies auch zu intensiven Diskussionen führt, ist selbstverständlich und wird eindrücklich durch die Mahnungen nach Einheit unterstrichen (2,1–4).

Das Leben einer Gemeinde ist jederzeit zahlreichen Einflüssen ausgesetzt, gleich, ob sie von außen oder von innen stammen. Eine Gemeinde, die sich des Evangeliums nicht schämt, wird Aufmerksamkeit in der Öffentlichkeit erregen und muss mit einem kritischen Echo auf ihr Tun rechnen. Ebenso gibt es auch innerhalb einer Gemeinde immer verschiedene Strömungen, Traditionen und Bedürfnisse. Beides, öffentliches Echo und interne Verschiedenheit, führt zwangsläufig zu Situationen, in denen »das Richtige« nicht mehr offensichtlich ist und darum erst wieder gefunden werden muss. Das Richtige ist immer das, was Christus entspricht, auch wenn die Lehre Jesu nicht selten zu Gelächter oder Bedrohung von außerhalb und zu Streit innerhalb der Gemeinde führt. Dann ist der Kampf um die Wahrheit angesagt. Dass Paulus in der Folge (vgl. den Christushymnus 2,6–11) nicht theologische Leitsätze aufstellt, die zu gelten haben, sondern die Geschichte vom Weg des Christus vom Himmel herab auf die Erde, bis in den Tod und zurück in den Himmel erzählt, deutet darauf hin, dass sich die Wahrheit nicht in der Abstraktion der Lehre, sondern im konkreten Handeln Gottes finden lässt. Die Geschichte Gottes, der sich in Christus allen Menschen liebend und vergebend zuwendet, ist der narrative Kern des Evangeliums, den es unter allen Umständen festzuhalten gilt. Diese Geschichte ist ebenso einfach zu verstehen wie in der Praxis umzusetzen. Davon handelt die Missionspredigt des Paulus. Alles andere sind Nebensächlichkeiten, denen eine Gemeinde weder auf äußeren noch auf inneren Druck hin viel Gewicht beizumessen hat. Diesen Kern zu verteidigen und dem Rest mit Gleichmut als mögliche oder unmögliche Interpretation zu begegnen, ist ein Kampf, der zuweilen leidvoll ist, weil er gar nicht nötig wäre, trotzdem aber viel Energie verbraucht und Widerstandskraft erfordert. Es ist ein Kampf, den Paulus der Gemeinde zumutet. Er selbst steht ein Leben lang ein für die Geschichte Gottes mit Jesus, wie er sie im Hymnus darstellt, weil es die Geschichte der Befreiung ist; und dafür lohnt es sich immer zu kämpfen.

2,1–11
Leben füreinander

**2,1Wenn es denn (unter euch) Ermahnung gibt in Christus, wenn
Zuspruch der Liebe, wenn Gemeinschaft des Geistes, wenn Zuwendung und Mitleid, 2dann macht meine Freude vollkommen, indem
ihr auf dasselbe aus seid, die gleiche Liebe habt füreinander und
einmütig nach dem einen strebt. 3Tut nichts um des eigenen Vorteils willen noch aus Prahlsucht, sondern in Demut erachtet einander höher als euch selbst. 4Nicht auf das eigene Wohl soll ein jeder**

**schauen, sondern jeder auf das der anderen. [5]Trachtet untereinan-
der nach dem, was auch in Christus Jesus gilt. [6]Er, der von Gottes
Wesen war, hielt nicht wie an einer Beute daran fest, Gott gleich zu
sein, [7]sondern gab sich preis, indem er das Wesen eines Knechts
annahm und den Menschen gleich wurde, und er sah aus wie ein
Mensch. [8]Er erniedrigte sich und war gehorsam bis in den Tod, bis in
den Tod am Kreuz. [9]Deshalb hat Gott ihn über alles erhöht und ihm
den Namen verliehen, der über jedem Namen steht, [10]damit im Namen Jesu jedes Knie sich beuge derer im Himmel, auf der Erde und
unter der Erde [11]und jeder Mund bekenne, dass Jesus Christus der
Herr ist, zur Herrlichkeit Gottes, des Vaters.**

Die Verse 2,1–5 schließen thematisch an den Abschnitt davor an und konkretisieren die Forderung nach Einheit, indem sie die Frage nach dem Wie klären. Zugleich stehen sie im größeren Zusammenhang von 1,27 – 2,18, wo die Einheit der Gemeinde ausführlich behandelt wird: 1,27–30 setzt das Thema, 2,1–4 vertieft und konkretisiert, 2,6–11 legt die Grundlage in Christus, 2,12–18 schließt mit den Konsequenzen ab. Bereits 2,1–4 weist ein gewisses sprachliches Pathos auf, das dann in 2,6–11 in einem vorpaulinischen Hymnus fortgesetzt wird (d.h. einem liturgischen Lied, das Paulus übernommen und leicht modifiziert hat). Das Gewicht der Thematik – Einheit als Kern der Gemeinde – findet also auch in der sprachlichen Form seinen Ausdruck.

Die Satzkonstruktion in V. **1** und vor allem der Übergang zu V. 2 ist etwas verwirrend. Ihr Sinn ergibt sich, wenn man den stark rhetorischen Charakter von V. 1 berücksichtigt und im Deutschen »unter euch« einfügt. Dann wird die Aufzählung zum Lob für die Gemeinde: »Da ihr doch schon so viel an Ermahnung, Zuspruch usw. untereinander habt, fehlt euch zur Vollendung nur noch die Einheit.« In der Tat scheinen die Philipper alle wesentlichen geistlichen Tugenden einer christlichen Gemeinde zu praktizieren, allerdings etwas ziel- und planlos, weshalb Paulus so deutlich auf die Einheit hinweist. *Ermahnung* ist in jedem menschlichen Zusammensein, das sich an gewissen Normen orientiert, notwendig, auch in der christlichen Gemeinde. Der wesentliche Unterschied etwa zur schulischen oder politischen Ermahnung besteht darin, dass sie in der Gemeinde *in Christus* geschieht. Die Bedeutung dieser paulinischen Lieblingsformel ist auch hier am besten als Ortsangabe verständlich: *In Christus* ist der Raum, wo Christus ist und wo darum auch die Christen sind. Ermahnung in Christus ist Ermahnung, die auf das Miteinander an diesem Ort zielt, sozusagen die Spielregeln festlegt, die für den Ort des Christus gelten.

Dann aber ist es immer auch Ermahnung, die von Christus (durch den Geist gewirkt) ausgeht und auf Christus als Mitte des Lebens zielt. Es sind also nicht einfach Benimmregeln der Gemeinde, sondern Hinweise auf ein Verhalten, das der Christusbeziehung Sorge trägt, aus der sich dann alle anderen Beziehungen ableiten. Ist dieses Verhalten in geistlicher oder sozialer Hinsicht fehlerhaft, so wird die Ermahnung zur Kritik, die zu christuskonformem Leben zurückführen will. Ermahnung ist also nicht Sittengericht, sondern die Verantwortung der ganzen Gemeinde für ein konsequentes Leben in, mit und durch Christus. Einmal mehr wird deutlich, wie christliche Existenz nicht einfach nur »Tun des Guten« ist, sondern ganzheitliche Ausrichtung auf Christus als Mitte des Lebens. Ermahnung darf nicht moralisierend missverstanden werden, sie ist immer auch als Ermutigung zu verstehen.

Der *Zuspruch der Liebe* ist mit der Ermahnung verwandt, da er den Geschwistern sowohl *aus Liebe* zugesprochen wird (genitivus subjectivus) wie auch *die Liebe Gottes* und der *Menschen* vermittelt (genitivus objectivus). Mit der Liebe ist das Stichwort gegeben, das den Raum des Christus bestimmt – und damit auch der Gemeinde, was für die römische Gesellschaft sehr überraschend ist, da sie auf Klassenunterschied und sozial-politische Hierarchie aufbaut. Die Liebe jedoch stellt beides nicht nur in Frage, sondern verzichtet bewusst auf alle Unterschiede. Dies dürfte einer der wesentlichen Gründe für den großen Erfolg des Christentums in der ganzen römischen Welt sein, da es in Wort und Tat eine Alternative bietet. »Seht, wie sie sich lieben« spottet der Philosoph Celsus, bringt damit aber genau das auf den Punkt, was die Christen ausmacht und was sie von allen anderen unterscheidet.

Mit Liebe ist hier im Gegensatz zur freundschaftlichen (griech. *philia*) oder erotischen (griechr. *eros*) Liebe die Nächstenliebe (griech. *agape*) gemeint. Der Zuspruch der Liebe ist darum sozusagen der Zwilling der Ermahnung und darf nicht auf positive Emotionen reduziert werden, sondern muss erneut ganzheitlich als Zuspruch von Trost, Hoffnung, Mut und nicht zuletzt auch der liebenden Vergebung Gottes für Menschen in Not und Ratlosigkeit verstanden sein.

Solche Liebe füreinander ist nicht machbar (und darum wurde sie von der heidnischen römischen Gesellschaft auch nicht verstanden), sondern kann nur empfangen werden. Das ist die Funktion der *Gemeinschaft des Geistes*: Sie ist Gemeinschaft mit dem Geist (genitivus objectivus, d.h. die vertikale Beziehung Mensch – Gott), der dem Glaubenden die Gaben Gottes zukommen lässt, also etwa die Liebe füreinander, und sie ist Gemeinschaft durch den Geist (genitivus subjectivus, d.h. die horizontale Beziehung Mensch –

Mensch), die sich im liebevollen Miteinander in der Gemeinde zeigt. Nicht zufällig steht diese Gemeinschaft in der Mitte der Aufzählung, denn sowohl Ermahnung und Liebe als auch Zuwendung und Mitleid werden erst durch sie ermöglicht. Menschliches Handeln innerhalb oder auch außerhalb der Gemeinde verdankt sich also immer dem zuvorkommenden Handeln Gottes am Menschen. Das ist der springende Punkt der paulinischen Ethik: Was der Mensch tut, ist stets Echo auf das, was Gott bereits für den Menschen getan hat (vgl. dazu auch Gal 5,25). Allerdings gibt Paulus nirgends Hinweise für den konkreten Empfang des Geistes und seiner Gaben, und dies wohl darum, weil es sie gar nicht gibt. Der Geist weht, wo und wie er will (vgl. Joh 3,8), er bleibt dem Menschen unverfügbar, auch einem überzeugten Charismatiker wie Paulus. Verfügbar ist dem Menschen der Umgang mit der Gabe: zur eigenen Erfüllung oder zum Dienst am Nächsten. Nicht zufällig weisen alle Worte des Paulus stets auf das Zweite (vgl. 1Kor 12.14; Röm 12; Gal 5): Der Geist bewirkt die Diakonie Gottes am Menschen für den Menschen.

Zuwendung und Mitleid schließlich sind die beiden Elemente mit dem größten emotionalen Gehalt. Zuwendung (wörtl.: »Eingeweide«) weist auf Situationen, die kühle Analyse und professionelle Distanz überschreiten und den beteiligten Menschen innerlich so ergreifen, dass er zum spontan Handelnden wird (vgl. dasselbe Wort als Verb in Mt 14,14; 15,32; Mk 1,41). Mitleid bezieht sich demgegenüber weniger auf den Aspekt des Handelns, sondern auf die persönliche Betroffenheit im Angesicht des Elends. Beide Elemente sind der römisch-griechischen Ethik nicht unbekannt, werden im Grunde aber als Zeichen der Schwäche und darum eines freien Menschen nicht würdig angesehen. Paulus hingegen deutet sie im Einklang mit der christlichen Tradition als äußerst positive Werte, die gerade auch wegen ihrer hohen emotionalen Komponente das Wirken des Geistes im Menschen verdeutlichen.

Alle fünf Elemente zeigen, wie Menschen, die von Gott berührt sind, transparent werden für sein Heilswirken nicht nur an ihnen, sondern durch sie auch an anderen. Diese fünf Elemente sind immer mehr als nur gute Gaben für die Armen, sondern konkreter Ausdruck dessen, dass in Christus Gott zum Heil der ganzen Welt wirken will. Der christlichen Gemeinde, die hier ja stets als Kollektiv und nicht als Ansammlung von Einzelnen angesprochen wird, kommt damit nicht nur einfach organisatorische oder soziale Bedeutung zu, sondern sie wird zur Trägerin des Versöhnungshandeln Gottes für die Welt (2Kor 5,18–21).

Nach dem ausführlichen Kompliment für das ethische Verhalten untereinander folgt die Forderung, die überraschenderweise nicht die Form eines Befehls, sondern einer umschriebenen Bitte hat (**2**): *macht meine Freude vollkommen, indem ihr auf dasselbe aus seid, die gleiche Liebe habt füreinander und einmütig nach dem einen strebt.* Rhetorisch geschickt betont Paulus seine Freude über das Miteinander der Philipper, um im gleichen Atemzug das zu nennen, was noch fehlt: die Einheit. Vollkommenheit wird hier nicht verlangt, sondern erbeten, denn die Bitte ist die Form der Aufforderung, die dem Evangelium der Liebe entspricht. Sie gibt den Inhalt deutlich an, überlässt ihre Erfüllung aber ganz dem Adressaten, der nicht unter Druck gesetzt werden, sondern sich frei dafür entscheiden soll. Eine solche Formulierung nimmt die Mündigkeit des Gegenübers ernst und ist deutlicher Ausdruck dessen, was mit der Ethik der Freiheit gemeint ist (vgl. Gal 5,1.13 und auch 2Kor 5,20, wo Paulus ebenfalls eine Bitte formuliert).

Der Inhalt der Bitte, die Einheit, wird gleich vierfach ausgedrückt *(auf dasselbe aus sein, die gleiche Liebe haben, einmütig sein, nach dem einen streben)*, sodass kein Zweifel bestehen kann, worum es geht – und dass es Paulus ernst damit ist. Die fünf in V. 1 aufgezählten Elemente ethischen Verhaltens bleiben letztlich zwar gut gemeinte, aber vereinzelte Aktionen, solange sie kein gemeinsames Ziel haben. Die Vision allen Handelns ist die Einheit der Gemeinschaft: Füreinander handeln – miteinander handeln. Erst so wird aus gemeinsamen Interessen der Leib des Christus (1Kor 12,12–30). Das deutsche Verb »aus sein auf etwas« bzw. »streben« hat im Griechischen den Charakter einer Gesinnung, die sich in einer entsprechenden Tat äußert (dasselbe gilt in etwas abgeschwächter Form für die beiden anderen Begriffe). Damit ist das Kernproblem der Einheit angesprochen: Oft mangelt es nicht an der Gesinnung oder der Tat, sondern an der Verbindung der beiden. Gesinnung ohne praktische Konsequenz ist nicht authentisch, und Tat ohne die Vision der Einheit tendiert zum isolierten, selbstbezogenen Aktivismus.

Wie sich Paulus solche in die Praxis mündende Einheit vorstellt, zeigen die V. 3f: *Tut nichts um des eigenen Vorteils willen noch aus Prahlsucht, sondern in Demut erachtet einander höher als euch selbst. Nicht auf das eigene Wohl soll ein jeder schauen, sondern jeder auf das der anderen.* Der Weg zur Einheit ist nicht ein identischer Glaube, sondern eine Gesinnung, deren Ziel das Wohl des Nächsten ist.

V. **3** nennt die inneren Aspekte (Demut, Gesinnung), V. 4 die praktischen Konsequenzen. Zum *eigenen Vorteil* (V. 3) dürfte diejenigen Dinge betreffen, aus denen Status, Besitz und Macht des Einzelnen offensichtlich werden und die in einer Gemeinschaft oft zu Streitigkeiten führen (entsprechend ist das griech. Wort für

»Vorteil« mit dem für »Streit« verwandt). Solange materielle Vorteile oder Machtansprüche Ziele des Handelns sind, sind weder Friede noch Einheit in einer Gemeinde möglich. Nicht zuletzt darum lebt Paulus – wie auch Jesus – in Armut, damit sich zumindest in materieller Hinsicht an seiner Person kein Streit entzündet. Mit scharfem Blick nimmt Paulus aber auch jenes Handeln ins Visier *(aus Prahlsucht)*, das vordergründig diakonisch oder karitativ erscheint, sich in Wirklichkeit aber als sehr eigennützig erweist. Konkret ist damit ein Tun gemeint, das das Gute nicht um des Guten oder um des Empfängers willen tut, sondern um das eigene Ansehen als Wohltäter zu steigern. Zu Recht prangert Paulus diese Haltung an – sie ist »leerer Ruhm«, wie die wörtliche Übersetzung lautet. Auch Diakonie und selbstloses Handeln müssen immer nach ihrer wahren Motivation befragt werden.

Das Gegenteil einer solchen Prahlsucht ist die *Demut*, wörtlich das »Streben nach Niedrigkeit«, die sich selbst kleiner macht als das Gegenüber, um ihm zu dienen (vgl. dazu das Wort Jesu Mk 9,35). Ein solches Verhalten ist außerhalb der eigenen Familie nicht natürlich, denn es widerspricht dem menschlichen Selbsterhaltungstrieb, und es wird manchen neubekehrten Römern oder Griechen sehr schwer gefallen sein, als freie Bürger nicht nur den Tisch zu teilen mit Sklaven, sondern ihnen auch noch zu Diensten zu sein (1Kor 11,17–22 erläutert eine solche konfliktreiche Situation in Korinth). Damit dies ohne Hintergedanken möglich ist, müssen bestimmte Voraussetzungen erfüllt sein: zum einen die Sicht des anderen als von Gott geschaffenes und von Christus erlöstes Gegenüber, das einem selbst in nichts nachsteht, und zum anderen die Befreiung von der Sorge um den eigenen Besitz und das eigene Wohlergehen. Solche Voraussetzungen sind materiell kaum herzustellen (das würde bedeuten, dass alles allen gehört und es von allem für alle genug hat), sondern sie sind eine Frage der Einstellung und des Vertrauens auf den Schöpfer und Erlöser, der seine Hand nicht zurückzieht, sondern jedem gewährt, wessen er bedarf. Erst wenn solches Vertrauen gegeben ist, kann der Mensch sich von seinen Existenzängsten befreien lassen und sich ohne Sorge dem Nächsten zuwenden. Erneut ein Hinweis auf die personale Struktur der paulinischen Ethik: Nur der kann geben, dem zuvor bereits gegeben worden ist.

V. **4** konkretisiert in praktischer Hinsicht: Den anderen höher als sich selbst einzuschätzen heißt, aktiv auf dessen Wohl aus zu sein. Das Verb »schauen« bedeutet wörtlich »spähen« und meint eine intensive Beobachtung der Umstände mit dem Ziel, entsprechend zu handeln. Es ist also weder passive Haltung, die allenfalls Hilfegesuche an sich heranlässt, noch eine Frage der aufmerksamen Wahrnehmung alleine, sondern immer des Beobachtens *und* des Handelns. Jedes Mitglied der Gemeinde ist persönlich angesprochen, das Wohl des Ganzen nicht den anderen oder der Leiterschaft zu überlassen, sondern sich selbst darum zu bemühen. Das Gleichnis vom Samaritaner (Lk 10,25–37) illustriert die Unausweichlichkeit der Not und den daraus entstehenden Anspruch an jeden Einzelnen, und um genau diese Gesinnung geht es Paulus. Schon im Gleichnis vom Leib des Christus (1Kor 12,12–30) macht Paulus klar, dass das Bemühen um Einheit dort beginnt, wo sich jeder Einzelne bewusst wird, dass jeder andere wichtig ist. Es gibt kein kollektives, unpersönliches Ganzes, dem die Arbeit zugewiesen werden könnte. Und selbst wenn dies möglich wäre, so bestünde das Resultat nur in der Erledigung der Aufgabe, nicht aber in der gewünschten Einheit, denn dazu braucht es den Willen und die Tat all jener, die eins werden wollen. Ein von solchem Willen geprägtes Verhalten jedoch führt, wenn es gelingt, zu einem fruchtbaren Kreislauf: Weil jemand für mich sorgt, kann ich mich um andere sorgen, die sich wiederum um ihre Nächsten sorgen, sodass am Ende für alle gesorgt ist. Der Antrieb zu diesem Handeln findet sich in den seltensten Fällen im Menschen selbst. Sondern, und gerade das macht die Ethik des Christentums so speziell und auch so attraktiv, der Anstoß erfolgt von außen, indem Christus Menschen frei macht von der Sorge um sich selbst und so die Initialzündung ethischen Handelns bereitstellt, die sich im Einzelnen immer wieder wiederholt bzw. wiederholen muss, damit der Reibungsverlust menschlicher Selbstbezogenheit überwunden werden kann. Das Konzept ist eigentlich ganz einfach und wurde gerade in klösterlichen Gemeinschaften über Jahrhunderte umgesetzt. Weshalb es allerdings im 21. Jahrhundert zunehmend scheitert, ist eine noch zu diskutierende Frage.

Demut und das daraus resultierende diakonische Handeln, nicht aber ein künstlich erzeugter Einheitsglaube sind nach Paulus der Schlüssel zur Einheit. Paulus zieht also die Glaubenspraxis der Glaubenstheorie vor. Inwiefern sich dieser Schlüssel aus dem Handeln Gottes in Christus ableiten lässt, zeigt der vorpaulinische Hymnus 2,6–11, den V. **5** einleitet *(Trachtet untereinander nach dem, was auch in Christus Jesus gilt)*. Zum vierten Mal in vier Versen verwendet Paulus dasselbe Verb *(trachten, sinnen auf, aus sein auf* usw.) und ergänzt es jetzt mit »untereinander«, wörtlich: »in euch«, sodass eine deutliche Parallele zu »in Christus« entsteht: Der Raum der Gemeinde soll also zum Abbild des Raumes des Christus werden. Was die Gemeinde in Christus erlebt, kann klar bezeichnet und beschrieben werden (Vergebung, Geborgenheit, Sorglosigkeit, Trost, Mut u.a.), und darum soll all dies zum konkreten Vorbild für die Gestaltung auch der sozialen Realität miteinander werden. Das bedeutet nicht, dass sich die Philipper darum bemühen müssten, den Raum des Christus herzustellen, denn das ist weder möglich noch nötig: Die Philipper sind bereits in Christus (1,1; 2,1). Ihr Sinnen soll vielmehr darauf ausgerichtet sein, ihrem von Gott geschaffenen Glauben eine Form zu verleihen, die weltlich sichtbar und erlebbar wird, damit der Glaube nicht auf ein rein innerliches, subjektives Empfinden reduziert wird. Das heißt, von dem zu leben, wovon man bereits lebt, jedoch so, dass es sich konkretisiert im spürbaren Vorteil der anderen und damit in der gelebten Einheit. Das bezieht sich auf materielle Güter, soziale Beziehungen, aber auch auf Aspekte wie Hoffnung, Vergebung, Trost und Stärkung. Wer solches in Christus erlebt, soll es auch für andere leben, nicht weil er es muss, sondern weil er es kann.

Überraschenderweise vertieft Paulus die christologische Begründung von V. 5 in der Folge (**6–11**) nicht argumentativ, sondern poetisch, indem er ein ihm bekanntes Lied anfügt, das ursprünglich in liturgischen Zusammenhängen (als Lobpreis, Gebet oder Bekenntnis im Gottesdienst) verwendet wurde. Die Forschung ist sich einig, dass sich dieser Hymnus von V. 6 bis V. 11 erstreckt und nicht von Paulus selbst, sondern von unbekannter Hand verfasst worden ist, und dies wahrscheinlich schon einige Zeit vor dessen Wirken. Die Gründe, die zur Annahme einer vorpaulinischen Verfasserschaft des Hymnus führen, sind im Wesentlichen folgende: 1. Es werden viele Wörter verwendet, die Paulus sonst nicht gebraucht, obwohl sie auch in anderen Briefen in den Zusammenhang passen würden (z.B. *Wesen, Beute, Preisgabe* u.a.). 2. Die V. 6–11 heben sich stilistisch markant vom Kontext ab: Der argumentative Charakter der V. 1–5 wird unterbrochen, und in V. 12 setzt Paulus in der ihm eigentümlichen Redeweise mit einer direkten Anrede an die Philipper neu ein. 3. Der Hymnus insgesamt könnte aus dem Zusammenhang entfernt werden, ohne dass dies auffallen würde: V. 12 wäre durchaus eine mögliche Forsetzung von V. 5. 4. Der Text ist rhythmisch gegliedert (was allerdings nur im griechischen Original sichtbar wird), Paulus jedoch schreibt durchwegs Prosa, wie es für die Briefliteratur üblich ist. Die Summe dieser Argumente deutet auf ein vorformuliertes Traditionsstück hin.

Paulus nimmt öfter traditionelle Elemente auf und fügt sie mit oder ohne Hinweis auf ihren Ursprung in seine Briefe ein (vgl. dazu auch die Traditionsstücke in 1Kor 11,23–26; Röm 3,21–26; 2Kor 5,18–21 u.a.). In fast allen Fällen nimmt er sich die Freiheit, die Überlieferung abzuändern oder zu ergänzen, um sie seiner

Theologie im Allgemeinen und dem Briefzusammenhang im Speziellen anzupassen (so auch in Phil 2,8c; vgl. dazu die Auslegung zur Stelle).

Für die Charakterisierung als »Lied« sprechen die bereits erwähnte Rhythmisierung, die typisch poetische Wortwahl und die Satzstruktur (sehr komplexe Konstruktion und auffällige Wiederholungen, wie dies z.B. in den Psalmen üblich ist).

Der Hymnus ist in zwei Teile geteilt, die den Weg Jesu vom Himmel in den Tod (1. Teil: V. 6–8, wobei 8c eine paulinische Einfügung ist; mehr dazu bei der Versauslegung) und vom Tod in den Himmel zurück (2. Teil: V. 9–11) beschreiben. Der erste Teil gliedert sich in vier Doppelelemente, der zweite in drei Dreiergruppen (andere Einteilungen sind durchaus denkbar):

1. Teil: Vier Doppelelemente

6a Er, der von Gottes Wesen war,
6b hielt nicht wie an einer Beute daran fest, Gott gleich zu sein,

7a sondern gab sich preis,
7b indem er das Wesen eines Knechts annahm

7c und den Menschen gleich wurde,
7d und er sah aus wie ein Mensch.

8a Er erniedrigte sich
8b und war gehorsam bis in den Tod,
8c bis in den Tod am Kreuz.

2. Teil: Drei Dreiergruppen

9a Deshalb hat Gott ihn über alles erhöht
9b und ihm den Namen verliehen,
9c der über jedem Namen steht,

10a damit im Namen Jesu
10b jedes Knie sich beuge
10c derer im Himmel, auf der Erde und unter der Erde

11a und jeder Mund bekenne,
11b dass Jesus Christus der Herr ist,
11c zur Herrlichkeit Gottes, des Vaters.

Ob und in welcher Form der Hymnus gesungen, gebetet oder rezitiert wurde, lässt sich nicht mehr bestimmen, ebensowenig die Frage, ob er den Philippern vorher bereits bekannt war. Allerdings spricht die Tatsache, dass Paulus ein derart komplexes Stück Literatur ohne Einleitung oder Begründung einfügt, eher dafür, dass es die Adressaten bereits kannten. Vielleicht ist es eines jener Lieder, die die Philipper mit Paulus zusammen in ihren Gottesdiensten sangen oder beteten, vielleicht ist es ein Bekenntnis, das im Zentrum des Gottesdienstes stand oder von denen aufgesagt wurde, die sich taufen ließen. Den genauen Verwendungszweck kennen wir nicht mehr.

Woher aber stammen die Bilder und Vorstellungen dieses Liedes, wenn es nicht von Paulus komponiert wurde? Die Tatsache, dass er es zitiert, zeigt, dass ihm die Vorstellungen vertraut sind und er ihnen inhaltlich zustimmt, sonst würde er sie (noch mehr) bearbeiten. Dass der Hymnus das geniale Werk eines Einzelnen ist, der von niemandem beeinflusst gedichtet hat, ist eher unwahrscheinlich, denn wie heute waren auch damals Autoren gebildet, kannten wichtige Texte, interessierten sich für unbekannte Ideen usw. Es ist also davon auszugehen, dass der Autor in irgendeiner Weise von dem, was vor ihm gedacht, geglaubt und geschrieben wurde, beeinflusst war.

Bei einer traditionsgeschichtlichen Rekonstruktion ohne eindeutige Quellentexte, wie dies hier der Fall ist, bleibt es empfehlenswert, Traditionsstränge im näheren Umfeld des Autoren zu suchen, in unserem Fall also von Paulus bzw. der Gemeinde, in der der Hymnus komponiert wurde. Denn wenn das Feld zu weit gesteckt ist, besteht immer die Gefahr, dass man zwar fündig wird (d.h. eine mögliche, inhaltlich sehr nahe Quelle findet), dass es aber praktisch unmöglich ist, dass diese dem Autor bekannt war (das gilt z.B. für Texte aus dem Alten Ägypten oder Persien u.a.). Die Forschung beschäftigt sich seit Generationen mit der Frage dieser Herleitung und hat, wie es zu erwarten war, eine ganze Reihe sich zum Teil deutlich widersprechender Vorschläge ausgearbeitet. Drei davon scheinen mir zumindest bedenkenswert:

1. Zum einen ist da die Tradition des Gottesknechtes aus Deuterojesaja (Jes 42,1–4; 49,1–6; 50,4–9; 52,13 – 53,12), wobei vor allem das vierte Lied über den für das Volk leidenden Gottesknecht eine Rolle spielt. Die Motive der Erniedrigung und der anschließenden Erhöhung finden ihre inhaltliche Entsprechung im Philipperhymnus. Obwohl die Gottesknechtslieder im Neuen Testament nur geringen Widerhall finden, was aufgrund ihrer inhaltlichen Nähe zur Geschichte Jesu erstaunt, ist es wahrscheinlich, dass der Verfasser des Philipperhymnus diese Texte gekannt und verwendet hat.

2. Das Motiv der Präexistenz, also des Seins im Himmel vor dem Sein auf der Erde, fehlt jedoch in den Gottesknechtsliedern, sodass ein weiterer Vorschlag ins Spiel gebracht worden ist: die Rolle der Weisheit, wie sie in Spr 7–9 beschrieben wird: Als Erstling der Schöpfung ist sie sozusagen das Lieblingskind Gottes, das in enger Verbundenheit mit ihm schöpferisch tätig ist (Spr 8,22–36). Die Weihsheitstheologie ist eine wichtige Strömung im Alten Testament und fragt nach den Möglichkeiten und Bedingungen gelingenden Lebens. Was mit relativ einfachen Sprichwörtern und Losungssprüchen begann (vgl. z.B. Spr 26,27), entwickelte sich zu einer sehr kritisch-intellektuellen Analyse des Lebens und Seins an sich (Hiob, Kohelet), wobei die Sprüche zur präexistenten Weisheit, die Gott bei seiner Schöpfung beisteht, eher ein spätes, reflektiertes Stadium darstellt. Auch diese Vorstellung dürfte dem Verfasser des Philipperhymnus nicht unbe-

kannt gewesen sein. Die Funktion des präexistenten Schöpfungsmittlers wird nun Christus zugeschrieben, der sich in der Folge erniedrigt, um seine Weisheit auf die Erde zu bringen. Dieses letzte Element fehlt jedoch in der Weisheitstheologie, ließe sich aber in Kombination mit den Gottesknechtsliedern relativ einfach gestalten.

3. Nun aber findet sich in den apokryphen *Thomasakten* ein Lied bzw. Gedicht (das sog. »Perlenlied«, ActThom 108–113), das vom Herabsteigen und sich Entäußern eines göttlichen Wesens berichtet. Es ist auf der Suche nach einer wertvollen Perle, fällt dabei aber in einen Schlaf des Vergessens und vergisst seinen Auftrag. Erst durch eine himmlische Offenbarung findet es zurück zu seinem wahren Wesen, holt die Perle und kehrt zurück in seine Heimat. Das Lied will den Menschen die Erkenntnis (griech. *gnosis)* in ihrer Seele wachrufen, dass sie gar nicht irdische, sondern himmlische Wesen sind, die durch diese Erkenntnis ihren Weg weg vom Irdischen zurück nach Hause antreten sollen. Die Parallelen zwischen dem Weg des himmlischen Wesens und dem des Christus, wie er im Philipperhymnus beschrieben wird, sind offensichtlich, ebenso allerdings die Unterschiede. Während es im Perlenlied wesentlich um Erkenntnis geht, betont der Philipperhymnus die Niedrigkeit und den Sklavendienst, den Christus den Menschen erweist. Solche Aspekte spielen im Perlenlied bezeichnenderweise keine Rolle, denn es stammt nicht aus christlicher, sondern gnostischer Tradition. Die Gnosis (griech. *gnôsis* = dt. Erkenntnis) ist eine Strömung, die etwa zeitgleich mit dem frühen Christentum existierte und, wie im Perlenlied beschrieben, die Erkenntnis der himmlischen Heimat und dementsprechend der irdischen, zu überwindenden Heimatlosigkeit lehrte. Weisheitliche Lehrer wie Jesus konnten einfach als Boten des Himmels verstanden werden, wobei sein Tod keine weitere Heilsbedeutung innehatte, er diente lediglich der Rückkehr in den Himmel. Inwiefern nun die Gnosis vom Christentum beeinflusst wurde oder umgekehrt, ist noch nicht mit letzter Sicherheit bestimmt. Sicher ist, dass die beiden Strömungen lange neben- und miteinander existierten. Zahlreiche christliche Apologeten und Kirchenväter haben sich sehr kritisch zur Gnosis geäußert. Und gerade diese Unklarheit in den zeitlichen Abhängigkeitsverhältnissen macht es schwer, den Einfluss des Perlenliedes auf den Philipperhymnus zu bestimmen: Ist es seine Quelle? Ist es eine gnostische Interpretation des ihm zeitlich vorausgehenden Hymnus? Hat sich der Hymnus vom Lied formal inspirieren lassen, inhaltlich aber andere Schwerpunkte gesetzt? Wir können es nicht mit letzter Sicherheit sagen. Die vielen und wesentlichen Unterschiede jedoch legen den Schluss nahe, dass es sich nicht um eine direkte Verbindung handeln kann.

Wahrscheinlich ist es so, dass der Philipperhymnus nicht nur eine Quelle hatte, sondern sich von mehreren gleichzeitig inspirieren ließ. Eine Person (oder ein Kollektiv), die imstande ist, einen derart dichten und theologisch hochstehenden Hymnus zu formulieren, wird über eine gute Ausbildung verfügt haben und dürfte in Literatur und Theologie interessiert und belesen gewesen sein, sodass anzunehmen ist, dass ihr alle genannten Quellen (und wahrscheinlich noch einige mehr) bekannt waren. Welche sie am meisten inspiriert hat, lässt sich nicht mehr sagen. Die folgende Auslegung wird der Traditionsgeschichte, wie sie eben dargestellt wurde, bei Bedarf Rechnung tragen, im Wesentlichen jedoch versuchen, den Text als solchen auszulegen, wobei der Bezug zum Kontext des Briefes wie auch der Situation der Philipper einen Schwerpunkt bildet. Wichtiger als die historische Rekonstruktion der Ideen scheint mir die konkrete Verwendung im Philipperbrief zu sein.

Vor der Auslegung des Textes sollen noch einige Aspekte zu seiner Form besprochen werden: Weshalb zitiert Paulus ausgerechnet ein Lied? Und weshalb gerade jetzt, da er die Einheit der Gemeinde intensiv abhandelt?

Zum einen greift ein Lied im Vergleich zur logischen Argumentation auf freiere, offenere und emotional ansprechendere Sprache zurück und verwendet darum oft sprachliche Bilder, wie sie in dieser Dichte der Argumentation verwehrt bleiben, da diese auf klare und eindeutige Formulierungen zielt. Das sprachliche Bild lässt dem Hörer Raum zur gedanklichen Entfaltung und dazu, das Gehörte mit eigenen Erfahrungen zu verweben. So kann es bis in seelische Tiefenschichten vordringen, was bei begrifflicher Sprache nur selten der Fall ist, da sie das Denken und Analysieren der Vernunft anvisiert. Damit allerdings verzichtet der Hymnus auf die begriffliche Schärfe und Genauigkeit, die ihn inhaltlich ganz genau festlegen könnte. Auf der anderen Seite jedoch vermag sich die bildlich-poetische Sprache des Liedes dem Geheimnisvollen der Person und des Weges Jesu Christi in besonderer Weise zu nähern, weil sie inhaltlich offen bleibt und Hinweise gibt anstelle zwar präziser, die Phantasie aber einengender Sachargumente. So gerät der Hymnus von Anfang an nicht in Versuchung, dem letztlich Unsagbaren eine eindeutige, dingfeste Sprache aufzuzwingen und so das Unverfügbare sprachlich fassbar zu machen. Er lädt ein, sich auf das Gesagte einzulassen, es mit dem eigenen Leben zu verbinden und so verändernd am eigenen Sein wirken zu lassen.

Zum anderen ist ein Hymnus nicht einfach nur gedichtete bzw. verdichtete Sprache, sondern in seiner Funktion ein Lobpreis, dessen Ziel die Verherrlichung Gottes ist. Er wird also nicht zur Beweisführung verwendet, sondern als persönliches Gebet. Insofern gleicht der Hymnus den Psalmen (vgl. z.B. Ps 23; 103; 105 u.a.), und darum ist sein Zweck primär ein spiritueller und nicht ein theologischer. Dass Paulus gerade hier einen Hymnus einfügt, lässt darauf schließen, dass es ihm nicht um weitere Argumentation geht, sondern um ein geistliches Beispiel, das die Philipper zur Nachahmung bewegen soll. Das wahre Wesen der Einheit (davon handelt ja der Kontext) liegt im Weg Jesu Christi verborgen, wie er im Hymnus beschrieben wird; und wer sich diesem singend, betend oder meditierend nähert, wird selbst zu einem Weg der Demut und der Diakonie bewegt – und damit zum Kern der Einheit. Der Hymnus als Lobpreis liefert keine messerscharfe Detailanalyse, aber eine Hinführung in die Tiefen des Christusmysteriums, das nur dem Glauben zugänglich ist.

Und *schließlich* animiert ein Lied zum Mitsingen. Mehr noch: Was ist ein Lied, wenn es nicht *miteinander* gesungen wird? Paulus plädiert für Einheit und bietet mit dem zitierten Lied die Möglichkeit, einen ersten Schritt praktisch zu vollziehen. Beim Singen sind nicht die Solostimmen von zentraler Bedeutung, sondern die Harmonie der vielen Stimmen, und jeder Sänger muss sich selbst in das Ganze einfügen, indem er sich zurücknimmt, sich den anderen Stimmen anpasst und sich ihrem Rhythmus unterordnet. Wer den Gesang des Chores höher schätzt als das persönliche Brillieren als Solist, trägt zur Einheit bei und damit zum Wohl des Ganzen sowie jedes Einzelnen. Auch darum zitiert Paulus einen Hymnus: weil mit dem Singen des Liedes Demut und Diakonie als Grundlage der Einheit bereits erfahren werden.

Nun zur Auslegung: Der Hymnus besingt ein Drama kosmischen Ausmaßes: Von ganz oben im Himmel bis in die tiefste Tiefe des Todes führt der Weg Jesu, und er beginnt vor aller Zeit mit dem präexistenten Sohn, um in der Vollendung der Zeit mit dem über alle und allem erhöhten Christus zu enden. Innerhalb dieses Weges wird die Wesensveränderung vom Göttlichen zum Menschlichen und wieder zurück vollzogen sowie die soziale Differenzierung zwischen dem Herrn über alle und dem Sklaven von allen erläutert. Es kommen also zugleich vier Ebenen zur Sprache: Himmel – Tod; Anfang – Ende; Gott – Mensch; Herr – Knecht; und dies alles in Form eines Lobpreises.

Der Hymnus beginnt in V. **6a** mit einem Relativsatz (griech. »der« statt dt. »er«: *Er, der von Gottes Wesen war)* und knüpft damit unmittelbar an V. 5 an *(was auch in Christus Jesus gilt). Gottes Wesen,* das Jesus eigen ist, beschreibt nach alter griechisch-philosophischer Tradition den unveränderbaren, essentiellen Kern der Persönlichkeit, das also, was die Existenz letztlich ausmacht und von der äußeren Form unabhängig ist. Dabei wird bewusst von *Gottes* Wesen gesprochen und nicht etwa von *göttlichem* Wesen, sodass Jesus, was seinen Personenkern betrifft, in unmittelbare Nähe zu Gott rückt – im Grunde genommen sogar noch mehr: mit Gott identifiziert wird. Und doch wird er im ganzen Hymnus nie als Gott bezeichnet. Das hängt damit zusammen, dass das Lied die Spannung zwischen Jesu Gottsein und seinem Menschsein nicht allzu schnell preisgeben will. Bei der Frage der Menschlichkeit Jesu werden wir derselben Tendenz begegnen (vgl. V. 7). Das griech. Verb (dt. mit einfachem *war* wiedergegeben) erscheint als Partizip, das Dauerhaftigkeit ausdrückt, und bezeichnet inhaltlich ein Vorhandensein, von dem weder Anfang noch Ende von Belang sind. Das Sein Jesu in göttlichem Wesen wird damit vor den Anbeginn der Zeit gestellt, es ist ewig, genau so, wie auch Gottes Sein ewig ist. Der Beginn des Hymnus beschreibt Jesus als den ewigen, präexistenten Sohn Gottes, der mit diesem im Kern seines Wesens identisch ist. Oder einfacher gesagt: Jesus ist Gott.

Beschrieb das erste Verb den unendlich dauernden Zustand, so fokussiert das zweite auf einen speziellen Punkt auf der Zeitachse (was allerdings nur anhand der Tempuswahl im griechischen Urtext sichtbar wird): Jesus *hielt nicht wie an einer Beute daran fest, Gott gleich zu sein* (**6b**). Gott entscheidet sich, zu handeln und sich persönlich in die Geschichte der Welt einzufügen, sodass das Ewige unwiderruflich anders wird. Selbst im zweiten Teil des Hymnus, der von der Erhöhung handelt, wird diese Wesensänderung nicht explizit rückgängig gemacht. *Nicht wie an einer Beute festhalten* ist der Versuch einer deutschen Übersetzung für eine im Grunde nicht übersetzbare griechische Formulierung. *Beute* ist wörtlich ein *Raub* bzw. etwas, *das geraubt werden* soll. Gemeint ist damit, dass man ein Gut unbedingt haben oder behalten will und also auf keinen Fall aufzugeben oder loszulassen bereit ist. Genau das aber hat Jesus nicht getan: Er *hielt nicht … daran fest, Gott gleich zu sein,* wie begehrenswert auch immer dies war. Noch immer wird die direkte Identifikation mit Gott vermieden (»Gott zu sein«). Das Resultat ist zwar dasselbe, und doch wird so der Vorstellungskraft mehr Raum gegeben, über die Gottgleichheit und die Wesensveränderung nachzudenken. Während sich der Hymnus theologisch vor jeglicher Spekulation bezüglich einer direkten Identifikation Jesu mit Gott absichert, ermöglicht er zugleich, sich spirituell in persönlicher Weise auf diese Identitätsbeschreibung einzulassen. Nicht die theologische Definition, sondern der Zugang des Glaubens entscheidet also über die Wahrhaftigkeit einer These.

Ist es jedoch überhaupt möglich, sein Wesen zu verändern, besonders dann, wenn es sich um ein vollkommenes und ewiges Wesen handelt? Darüber denkt der Hymnus nicht nach, sondern stellt es einfach fest: Offenbar war es möglich, die Menschwerdung Jesu hat es gezeigt. Das Christentum (mit Ausnahme weniger sektiererischer Splittergruppen) ist nie der Versuchung erlegen, Jesu Menschheit nur als weltliche Verkleidung eines göttlichen Kerns zu verstehen, wie dies etwa in den Mythen antiker Religionen oft der Fall ist (vgl. dazu die Geschichten der Besuche des als Mensch oder Tier verkleideten Göttervaters Zeus auf der Erde). Wenn sich jedoch der Grund allen Seins und aller Ordnung verändert, dann ist davon auch die von ihm bestimmte Ordnung selbst betroffen. Wenn Gott sich ändert, kann sich alles ändern. Das ist für griechisch-römisches Denkens eine Bedrohung, denn die Veränderung des Seins an sich stellt die Existenz des ganzen Kosmos in Frage. Für die Christen jedoch war es die Kampfansage an einen in der Antike weit verbreiteten Schicksalsglauben, der das Leben der Menschen von Anbeginn an unveränderlich vorherbestimmt erachtet oder es zumindest gelenkt sieht von einer fernen, unbarmherzigen und oft auch missgünstigen Gottheit. In Christus jedoch muss nichts bleiben, wie es ist – alles kann anders werden.

Und doch: Zeugt nicht die Umständlichkeit in Wortwahl und Formulierung in V. 6b.c von dem inneren Konflikt, der dem Entscheid vorausgegangen war? So sehr es Gott möglich ist, sein unveränderliches Wesen zu verändern, so schwer und auch schmerzhaft muss diese Entscheidung trotz allem gewesen sein, bedeutet sie doch nichts anderes als einen fatalen Riss in der Schöpfungsordnung des Universums. Christus hätte mit gutem Grund sehr wohl an seinem göttlichen Wesen festhalten können, und dies nicht einmal nur wie an einer Beute, denn schließlich hat er sie nicht geraubt, sondern geerbt: Sie war sein Besitz.

Doch Christus verzichtete und gab sich preis (7: *sondern gab sich preis, indem er das Wesen eines Knechts annahm und den Menschen gleich wurde, und er sah aus wie ein Mensch)*. Das Verb bedeutet wörtlich: »sich entleeren, sich leer machen« und Schließt den Aspekt der völligen Entäußerung ein. Die Übersetzung als »Preisgabe« soll die Dimension der Schwäche, Niedrigkeit und Verletzlichkeit, in die hinein sich Jesus begibt, besonders gut zur Sprache bringen. Wichtig ist, dass Jesus nicht als Objekt entleert wird, sondern sich als Subjekt aktiv entäußert – er handelt aus eigener Initiative und ist nicht wehrloser Spielball übergeordneter Mächte. Insofern ist die Vorstellung, dass Christus etwa der Welt (oder dem Teufel) ausgeliefert wurde, falsch. Vielmehr stellt er sich ihr, allerdings nicht als mächtiger Gottessohn, sondern als Mensch auf Augenhöhe mit anderen Menschen, insbesondere den niedrigsten, den Knechten.

Diese Preisgabe betrifft sein ganzes Sein, denn er nimmt nicht lediglich die *Gestalt* oder die *Form* eines Knechts an, sondern dessen *Wesen*. Wie in V. 6 ist damit der Kern der Person gemeint. Christus ist also nicht als Knecht verkleidet oder getarnt, er weilt auch nicht als Gast auf der Erde, sondern wird vollständig Teil von ihr. Zu allem Überfluss wählt er nicht eine Position der Macht, sondern im Gegenteil die tiefstmögliche als *Knecht*, wörtlich: als

Sklave. Dieser ist durch seine soziale Stellung so definiert, dass er fremdbestimmt, besitzlos und ohne eigenen Willen ist bzw. zu sein hat. Er gehört nicht sich selbst, sondern seinem Herrn und lebt für ihn, aus ihm und durch ihn. Im Falle Jesu heißt dies, dass er seine göttliche Kraft verloren hat; was übrig bleibt, ist allein sein Glaube und sein Gottesverhältnis: Er bleibt der Sohn des Vaters, der Knecht des Herrn. Das Bild des Knechts gibt also nicht nur die Niedrigkeit Jesu wieder, sondern auch seine intensive Gottesbeziehung.

Genauso zurückhaltend, wie in V. 6 von der Göttlichkeit Jesu gesprochen wurde, ist nun auch seine Menschlichkeit beschrieben: Er nimmt zwar das Wesen der Menschen an, wird ihnen gleich und sieht auch aus wie sie, er wird jedoch nicht als Mensch identifiziert (»er war Mensch«). Das sind zwar kleine, aber nicht zu vernachlässigende Unterschiede. Es ist kaum so, dass der Verfasser des Hymnus sich nicht im Klaren war über die Identität Jesu oder es nicht wagte, klare Aussagen zu machen, vielmehr scheint bereits hier, in einem der vielleicht ersten christlichen Texte überhaupt, das durch, was viel später im Bekenntnis der Konzile von Nicäa und Konstantinopel (325 bzw. 381 n.Chr.) als bis heute gültige Aussage zum Wesen Jesu beschlossen wurde: Jesus ist zugleich ganz Mensch und ganz Gott. Mit anderen Worten: Das Verhältnis zwischen dem menschlichen und göttlichen Wesen Jesu lässt sich nicht eindeutig bestimmen, es muss als Paradox ausgesagt werden, weil seine beiden Naturen unvermischt (ganz Mensch *oder* ganz Gott) und zugleich ungetrennt (ganz Mensch *und* ganz Gott) sind. Die zögerlichen Aussagen des Hymnus wollen genau dies betonen: Eine eindeutige Wesensbestimmung entweder als Mensch oder als Gott ist nicht möglich und wird dem Geheimnis seiner Entäußerung nicht gerecht. Jesus wird Teil der irdischen Schöpfung und als solcher deren Knecht, bleibt zugleich aber als Sohn des Vaters der Herr über sie. Gott und Mensch, Herr und Knecht, Schöpfer und Geschöpf – Widersprüche, die zugleich immer auch keine sind.

Das Thema der Menschwerdung Jesu findet in V. **8** seine Fortsetzung, indem die Preisgabe als Erniedrigung konkretisiert wird und mit dem Tod am Kreuz ihren Tiefpunkt erreicht *(Er erniedrigte sich und war gehorsam bis in den Tod, bis in den Tod am Kreuz)*. Wie schon in den letzten beiden Versen liegt auch hier die Aktivität bei Jesus, denn er erniedrigt sich selbst. Damit ist zunächst einmal die Abwärtsbewegung in die Niederungen des Menschlichen und des Weltlichen gemeint, dann aber auch die Annahme des Sklavenloses als Ausdruck sozialer Niedrigkeit und schließlich der Tod als letzte und äußerste Erniedrigung. Während in V. 7 die Entäußerung einen Vorgang darstellte, der im Wesentlichen auf dem Ablegen der göttlichen Macht und dem Annehmen der menschlichen Beschränktheit beruht, geht V. 8 einen Schritt weiter und verweist mit dem Begriff der Erniedrigung auf den emotional stärker befrachteten inneren Bereich des Weges Jesu, der ihm nicht nur alles nimmt, sondern ihn auch noch der Gottverlassenheit und dem Gespött der Menschen ausliefert (vgl. Mk 15,29f.33f). Es bleibt ihm nichts erspart, aber er fügt sich und bleibt gehorsam.

Gehorsam ist er in dreierlei Hinsicht: *erstens* seiner menschlichen Natur gegenüber, die ihn auch Hunger und Durst (Mt 4,2), Aggression (Mk 11,15) und Depression (Joh 11,35), Liebe (Mk 10,21) und Verzweiflung (Mt 26,36–46) empfinden lässt. Diesen menschlichen Gegebenheiten kann er sich nicht entziehen, er hat sich ihnen wie jeder Mensch unterzuordnen. *Zweitens* muss er den weltlichen Sozialformen gegenüber gehorsam sein, denn Gesetze, Machtverhältnisse und Herrschaftsstrukturen gelten auch für ihn. Dass er letztlich gerade an jenen scheitert, entbehrt nicht einer gewissen Ironie: Die Welt entledigt sich per Gerichtsbeschluss ihres Schöpfers. *Drittens* bleibt er dem Willen des Vaters gegenüber gehorsam und geht den Weg, für den er bestimmt ist: bis in den Tod am Kreuz. Mit der Betonung des Gehorsams zeichnet sich bereits eine Deutungsmöglichkeit für den Tod Jesu ab: Er ist nicht Zufall, sondern Wille Gottes, und darum hat dieses Sterben auch einen bestimmten Zweck. Dieser allerdings wird nicht explizit genannt, weder hier noch in den folgenden Versen, was jedoch nicht bedeutet, dass der Hymnus diese wichtige Frage ganz im Dunklen lässt (vgl. dazu unten zu V. 9).

Menschwerdung ist also nicht nur Preisgabe von Wesen und Macht, sondern bittere Demütigung, und dies bis in den schmählichen Tod. Wahrscheinlich wollte Paulus verhindern, dass der Tod Jesu lediglich als Etappe auf dem Weg zurück in den Himmel verstanden und darum verharmlost wird, und darum fügt er *bis in den Tod am Kreuz* in den Hymnus ein. Darüber, dass es sich tatsächlich um einen paulinischen Einschub handelt, ist sich die Forschung einig. Gründe dafür sind (a) das Ausbleiben solcher wörtlichen Wiederholungen in den anderen Versen, (b) die Störung des Rhythmus und der Gliederung durch ein »überschüssiges« Element und schließlich (c) das Wort »Kreuz« (griech. *stauros*), das zu den wichtigsten theologischen Begriffen des Paulus gehört. »Kreuz« weist nämlich genau auf diese Art der schmählichen Erniedrigung hin, ist die Kreuzigung doch die schmerzhafteste, am längsten dauernde und durch die explizite Zurschaustellung des Gequälten in seiner Nacktheit und Hilflosigkeit die demütigendste

Hinrichtungsart der Antike. All dies betont Paulus mit seinem Einschub, und damit ist der dramaturgische Tiefpunkt des Weges Jesu erreicht.

Zugleich aber auch der Wendepunkt, denn das Kreuz Jesu ist für Paulus immer der paradoxe Ort der größten Erniedrigung und zugleich der größten Rettung. Am Kreuz wird sichtbar, dass das, was für die Welt sinnlos und wertlos ist, für Gott höchste Bedeutung hat. Der scheinbare Untergang Gottes auf Golgatha ist in Wirklichkeit der Untergang der selbstgefälligen und selbstbezogenen Welt, weil hier Gottes Heilswirken definitiv Gestalt annimmt, sodass es von jetzt an nicht mehr aufzuhalten ist. Am Kreuz scheiden sich die Geister, und was für die einen als Ausdruck größter menschlicher Schwäche gilt, ist für die anderen Zeichen größter Nähe und Stärke Gottes (vgl. dazu auch 1Kor 1,18–25).

Die Wende am Kreuz führt zum Wiederaufstieg Jesu, der jetzt jedoch nicht mehr selbst handelt, sondern zum Objekt des göttlichen Handelns wird (**9a**): *Deshalb hat Gott ihn über alles erhöht.* Die Erhöhung über alles hat doppelte Bedeutung: Jesus wird dem Abgrund des Todes entrissen und zugleich so hoch erhöht, dass er nun über allem anderen steht. Was mit einem einzigen Verb kurz geschildert wird, ist nichts anderes als der Einbruch der Endzeit in die Gegenwart. Die Auferweckung Jesu ist beispiellos in der Religionsgeschichte und sprengt jegliche Form oder Vorstellung von der Wiederbelebung eines Toten. Es ist ja nicht nur so, dass Jesus die Endgültigkeit des Todes zerbricht – eine an sich schon unmögliche Möglichkeit, beruht doch das ganze Universum auf dem ehernen Gesetz von Werden – Sein – Vergehen –, sondern er übernimmt als auferweckter Gekreuzigter gleichzeitig die Herrschaft über alles und damit eben auch über den Tod. Das ist der springende Punkt der Erhöhung: Erst jetzt, wo auch der Tod, also das Nicht-Sein, das dem lebendigen Gott diametral entgegensteht, auch von Gott eingenommen und überwunden worden ist, erst jetzt ist Gott wahrlich alles *in* allem (1Kor 15,28) und darum Christus alles *über* allem. Nichts ist höher als er, nichts könnte seinem Anspruch noch widerstehen, nicht einmal mehr das Ende des Lebens.

Das Vergangenheitstempus des Verbs signalisiert einen abgeschlossenen Vorgang: Jesus *wurde* erhöht, sodass der Tod definitiv überwunden *ist.* Wird die Endgültigkeit erkannt, mit der der Weg Jesu die Herrschaft des Todes beendet, dann lässt sich auch verstehen, inwiefern Jesus jetzt tatsächlich sowohl qualitativ (die Überwindung des Todes als noch nie dagewesenes Ereignis) wie auch quantitativ (erst jetzt ist Gott alles unterworfen) höher bzw. mehr ist als vor seinem Abstieg, obgleich er schon damals Gott gleich war. Mit dem Weg Jesu über den Tod hinaus ist etwas dazugekommen, das die Macht Gottes noch größer werden lässt – auch dies eine unmögliche Möglichkeit, ein Paradox. Uns so lässt sich dieses *Deshalb* am Versanfang verstehen: Es ist nicht Ausdruck einer Belohnung für den Gehorsam Jesu, der den Tod nicht scheute und daher erhöht wurde. Vielmehr drückt es aus, dass der Weg Jesu in den Tod die unabdingbare Voraussetzung für dessen Überwindung ist. Erst jetzt also, nachdem Jesus seinen Weg zu Ende gegangen ist, war es Gott überhaupt möglich, ihn aus dem Tod zu reißen, sodass er ihn über alles andere erhöhen konnte. Der Tod Jesu wird im Hymnus nicht explizit interpretiert geschweige denn erklärt, aber anhand der Wegmetapher, die am Kreuz ihren Höhepunkt erreicht, wird deutlich, dass der Tod Jesu letztlich der Überwindung des Todes dient. Er soll das Leben Gottes auch dorthin bringen, wo bisher kein Leben möglich war. Der Hymnus versteht es, ohne die klassischen Begriffe wie »Sünde, Vergebung, Sühne, Gericht« usw. das Heilswerk Gottes konkret, lebensnah und verständlich zur Sprache zu bringen.

In der Verleihung des neuen Namens (**9b**: *und ihm den Namen verliehen, der über jedem Namen steht)* wird das Gnadenwirken Gottes expliziert, denn im Verb »verleihen« steckt das griech. *charis* (dt. Gnade) – erneut ein Hinweis darauf, dass die Erhöhung keine Belohnung ist. Wer bei diesem Vorgang an eine feierliche Namensgebung (etwa im Sinne eines Thronnames für den neuen König) denkt, wird enttäuscht, denn der Name wird gar nicht genannt. Dies ist auch nicht nötig, da Jesus bereits einen Namen und auch einen Titel (Christus, der Gesalbte, also der erwartete Messias) hat. Vor allem aber ist der Name in alt- und neutestamentlicher Vorstellung nicht einfach die Benennung der Person, sondern ihr Machtbereich (zu vergleichen etwa mit der Vorstellung, die hinter der Aussage »im Namen des Gesetzes« steht). Am deutlichsten wird dies bei der Taufe, wo der Täufling auf den Namen des dreieinigen Gottes (und keineswegs, wie es oft fälschlicherweise geschieht, »im« Namen) getauft wird, was bedeutet, dass er in dessen Machtbereich hinein versetzt wird. Gott also hat Jesus einen Machtbereich verliehen, der über allen Machtbereichen steht, weil ihm jetzt auch noch das Letzte, das Endgültige, das Unfassbare, nämlich der Tod, einverleibt ist. Welche Konsequenzen die Ausdehnung der göttlichen Macht über alle Grenzen hinaus hat, erläutern die V. 10 und 11.

Dass Gott von Anfang an ein Ziel vor Augen hatte, zeigt sich im Finalsatz in V. **10**: *damit im Namen Jesu jedes Knie sich beuge derer im Himmel, auf der Erde und unter der Erde.* Gott will alles in allem sein, und dazu bedarf es einer Veränderung, die auch ihn selbst betrifft, denn die Menschwerdung verändert zuerst einmal das Wesen Gottes, bevor sie in die Überwindung des Todes führt. Aber weil Gott in sich selbst dynamisch und nicht statisch ist (was sich ja schon in der Dreieinigkeit an sich zeigt), wird Veränderung möglich, und durch den Tod und die Auferweckung Jesu ist sie für alle Zeiten an diese eine historische Person und ihr Schicksal gebunden. Gottes Machtbereich, der sich im Namen Jesu manifestiert, ist zugleich universell (was seine Geltung betrifft) wie auch ganz spezifisch (an die Person Jesu gebunden). Darum ist Christus immer gleichzeitig Herr (universell) und Bruder (speziell), und darum kann man auch nur von Gott sprechen, indem man von Christus spricht (universell), weil in ihm allein der Weg Gottes in den Tod und darüber hinaus führt (speziell).

Diese spezifizierte Universalität wird in V. 10 in Hinsicht auf das Tun und in V. 11 auf den Glauben dargestellt. Die Metapher des Beugens der Knie stammt aus dem Thronzeremoniell: Die Untertanen verneigen sich vor dem König, indem sie das eine Knie bis auf den Boden beugen und ihre Arbeit unterbrechen, um bereit zu werden, auf dessen Weisung zu hören. Jesus wird mit diesem Bild zum Herrscher stilisiert, ohne dessen Befehl nichts geschehen kann. Und dies gilt für alle Kreatur *(jedes Knie)* und für jeden Ort: Himmel, Erde und Unterwelt. Im Himmel leben die Heerscharen Gottes, also die Engelwesen, auf der Erde die Menschen und unter der Erde sowohl die Dämonen als auch die Toten. Diese drei Orte repräsentieren sowohl die drei möglichen Herrschafts*sphären* als auch die drei möglichen Herrscher*typen* (der Mensch als Geschöpf, die Himmlischen als Gott besonders nahe Schöpfung und die Höllischen als Gottes gefallene Schöpfung). Alles, was sich denken lässt, unterwirft sich Christus, weil es seine Macht anerkennen muss. Der Gekreuzigte ist zum Herrscher über alles und alle geworden, eine Zuschreibung, wie sie bisher nur für Gott denkbar war.

Deutlich sind endzeitliche Töne vernehmbar: Die Unterwerfung der ganzen Schöpfung unter den Willen Gottes ist traditionellerweise das zentrale Element der Endzeiterwartung (vgl. dazu 1Kor 15,23). Ist mit der Auferweckung Jesu die Endzeit angebrochen? Unterwirft sich bereits jetzt jede Macht, oder wird dies erst in Zukunft der Fall sein? Das Wesentliche jedenfalls ist bereits geschehen: Gott *hat* Christus erhöht, und er *hat* ihm einen Namen über allen Namen verliehen. Auch die Absicht, die dahinter steht, ist klar ausgedrückt: *damit jedes Knie … sich beuge*. Zeitliche Aspekte und quantitative Unterscheidungen (inwiefern es sich schon erfüllt hat bzw. noch nicht) werden nicht geklärt, denn sie spielen gar keine Rolle.

Das ist erstaunlich, findet in V. **11** aber seine konsequente Fortsetzung: *und jeder Mund bekenne, dass Jesus Christus der Herr ist, zur Herrlichkeit Gottes, des Vaters.* Nach dem äußerlichen Akt des Gehorsams in V. 10 wird nun die innere Dimension des Glaubens angesprochen. Zwar ist nicht explizit vom Glauben die Rede, wohl aber vom Bekennen, das Glauben voraussetzt, denn das Bekenntnis ist nicht bloß eine förmliche Erklärung des Einverständnisses, sondern das bewusste Einstimmen in den Chor derer, die in Christus den Herrn erblicken (wörtl. bedeutet »bekennen« auf Griechisch: »dasselbe sagen«). Im Bekenntnis wird also sowohl das glaubensvolle Vertrauen in ein Gegenüber ausgesprochen (»glauben an«) als auch ein bestimmter Inhalt für verbindlich erklärt (»glauben dass«). Wie schon in den letzten Versen dominiert auch hier der universelle Aspekt *(jede Zunge)*, und dieser zeigt sich auch im Inhalt des Bekannten: Christus ist Herr, die Hauptsache, im Vergleich zu ihm gibt es nichts Größeres, er ist Anfang und Ende von allem. Die Bezeichnung »Herr« (griech. *kyrios)* kommt im Alten Testament nur dem Schöpfer zu, das Neue Testament überträgt sie aber ganz bewusst auf Christus, weil allein in ihm Gott, wie er wirklich ist (d.h. wie er in Wahrheit ist und wie er wirksam ist), deutlich wird.

Christus ist der Herr des Tuns (V. 10) und auch des Glaubens (V. 11), dies jedoch nicht im Sinne eines Vorbildes (»Glauben wie Jesus«), sondern als Inhalt (»Glauben an Jesus«). Höheres kann einer Person nicht zugesprochen werden, und darum wundert es auch nicht, dass die jüdische Gemeinde ein solches Bekenntnis als Blasphemie verstand und die christliche Gruppierung ausschloss, ja sogar bekämpfte. Der irdische Jesus, der durch sein Leben, Sterben und Auferstehen zum Herrn über alle und alles, mit Gott identifiziert und darum sogar zum Inhalt des Glaubens wird, ist der Fokuspunkt des Christentums, an dem sich Glaube und Unglaube scheiden. Inwiefern dieses Bekenntnis aller Geschöpfe bereits jetzt vollzogen ist und inwiefern seine universelle Erfüllung noch aussteht, lässt auch V. 11 offen. Zeit spielt keine Rolle, wichtig bleibt allein, dass das Bekenntnis allein Jesus Christus gilt, mit dessen Leben, Wirken, Sterben und Auferstehen sich Gott ein für allemal verbunden hat.

All dies ist *zur Herrlichkeit Gottes, des Vaters,* geschehen, und mit diesem liturgischen Schluss erinnert der Hymnus an das Ende des Unservaters. Lobpreis ist immer Gebet, inhaltlich und formal. Herrlich ist Gott, weil er sich in Christus rettend der Menschheit zuwendet, und verherrlicht wird er von den Menschen, die an den Sohn glauben, den er gesandt hat. In dieser Bewegung von Gott zu den Menschen und von dort durch den Sohn wieder zurück fehlt zwar der Heilige Geist, denn die explizite Trinität ist zur Zeit des Hymnus (und auch des Paulus) erst im Entstehen, implizit ist er jedoch immer vorhanden, denn dass Gott überhaupt Bewegung ist, verdankt sich alleine der Dynamik des Geistes. Und darum wird auch erst jetzt, ganz am Schluss, Gott als »Vater« bezeichnet, denn erst durch den Sohn wird deutlich, wer der Vater ist, denn nur dem, der sich zum Sohn bekennt, wird der Geist auch den Vater offenbaren.

Der Hymnus des Philipperbriefes steht nicht isoliert, sondern wird von Paulus quasi als Antwort auf die ethische Perspektive des Gemeindealltags in den Kontext eingebettet. Nicht auf das Eigene aus zu sein und sich selbst geringer als den anderen zu achten sind keine einfachen Forderungen, selbst wenn sie in der Gemeinde als ganz zentral bewertet werden. Ein Lied, das zum Mitsingen animiert, erzählt von Gott, der alles Eigene aufgegeben hat, um den niedrigen Menschen höher als sich selbst zu stellen. Und wie er sich auf diesem Weg hinunter nicht beirren ließ, selbst wenn dies seinen Tod bedeutete.

Das poetische Beispiel von Jesus, dem Christus, verdeutlicht ein Doppeltes: Dass *zum einen* christliche Ethik nur dann relevant und auch praktikabel ist, wenn sie direkt mit Christus zu tun hat, seinem Leben, seiner Lehre, seinem Tod und seiner Auferweckung. Dem vermag der Glaubende zu folgen, denn es inspiriert ihn, es betrifft ihn direkt und zentral. Alles andere ist nicht christliche, sondern im besten Fall kirchliche Ethik. Diese aber tendiert immer dazu, die konkrete einfache Nachfolge einem moralischen Leitfaden unterzuordnen, der in sich zwar logisch sein mag, mit Jesus, dem Christus, aber nur noch wenig zu tun hat. Die Rolle der Frau zum Beispiel, die Gewichtung der Sexualität, die Akzeptanz homosexueller Liebe u.a. wird in den Kirchen eifrigst diskutiert – aber geschieht das im Zusammenhang mit dem, der in Niedrigkeit dem Menschen diente? Oder doch eher im Zusammenhang mit dem, was die Kirche in ihren vielen Jahrhunderten an Tradition etabliert hat?

Zum anderen gelingt es Paulus mit dem Hymnus, christliches Leben zu begründen und zu motivieren, ohne dass er dafür argumentieren müsste. Vielmehr erzählt er einfach die Geschichte Jesu, ihr scheinbares Ende und ihre überraschende Vollendung. Wenn Menschen der Gegenwart zum Glauben geführt werden sollen, wird oft ein wohlgeformtes Arsenal an Argumenten zu Rate gezogen, anhand dessen der Noch-nicht-Glaubende eines Besseren belehrt werden soll. Ist diese Form der Überzeugung jedoch wirklich attraktiv und nachhaltig? Wäre eine Erzählung wie die des Hymnus nicht eine echte Alternative, weil sie gar nicht erst begründet, sondern eine Geschichte erzählt, die unter die Haut geht, weil sie mit dem eigenen Leben, Scheitern, Verzweifeln und Hoffen sehr viel gemeinsam hat?

Schließlich gelingt es dem Hymnus des Philipperbriefes eindrücklich, das eschatologisch-kosmische Drama von Jesus, dem Gekreuzigten, zu besingen, der zum Kyrios Christus wird und darum zu allem in allem. Kein Wort ergeht jedoch – trotz der endzeitlichen Perspektive – zum Gericht über die Sünder. Könnte dies ein Hinweis sein, dass es überflüssig geworden ist? Wäre es möglich, dass der Hymnus davon ausgeht, dass irgendwann tatsächlich jedes Knie sich beugen wird und jede Zunge Christus bekennt? Dann nämlich wäre das Schweigen über das Gericht nur konsequent, denn wo jedes Geschöpf sich zum Kyrios bekennt, braucht es in der Tat kein Gericht mehr (vgl. dazu Joh 3,18). Damit wäre die universell-christologische Perspektive ins Unermessliche geweitet. Ist es verwegen, zu behaupten, dass der Hymnus diese Ausweitung ganz bewusst vornimmt, weil er weiß, dass Christus erst dann wirklich der Herr über alles ist, wenn er alle seine Geschöpfe wieder um sich versammelt hat?

2,12–18
Leben vor Gott

12Nun denn, meine Geliebten, wie ihr ja schon immer gehorsam wart, nicht nur, als ich bei euch war, sondern umso mehr auch jetzt, da ich nicht da bin, so bemüht euch mit Furcht und Zittern um eure Rettung. 13Gott nämlich ist es, der in euch sowohl das Wollen als auch das Tun bewirkt, zu seinem Wohlgefallen. 14Tut alles ohne Meckern und lange Diskussionen, 15damit ihr untadelig und rein seid, Kinder Gottes ohne Makel inmitten einer verdrehten und verkehrten Generation, in welche ihr leuchtet als Lichter der Welt.
16Haltet am Wort des Lebens fest, mir zum Ruhm für den Tag des Herrn, weil ich dann nicht umsonst gelaufen bin und mich auch nicht umsonst abgemüht habe. 17Aber selbst wenn ich mein Leben lassen muss beim Opfer und dem Dienst für euren Glauben, so freue ich mich und freue mich mit euch allen. 18Darüber dürft auch ihr euch freuen – freut euch mit mir.

Im Anschluss an den großartigen Hymnus kehrt Paulus thematisch zur Gemeinde zurück, welche er zuvor zur Einheit ermahnt hatte (2,1–5), die aus Demut und Diakonie erwächst, wie es das Beispiel Jesu im Hymnus verdeutlicht. Dieses Thema nimmt er nun explizit nicht mehr auf, auch wenn er es zwischen den Zeilen anklingen lässt. Jetzt geht es um die konkrete Umsetzung, die in verschiedenen Aspekten angesprochen wird: Bemühen um Rettung (V. 12), Tun und Wollen (V. 13), Bereitschaft und Skepsis (V. 14), Untadeligkeit als Vorbild für die Welt (V. 15) und schließlich auch um die Funktion und Bedeutung von Person und Arbeit des Paulus unter den Philippern (V. 16f). Den Schluss bildet eine vierfache Aufforderung zur Freude, die trotz aller Ernsthaftigkeit letztlich den Abschnitt dominiert (V. 18).

V. **12** *(Nun denn, meine Geliebten, wie ihr ja schon immer gehorsam wart, nicht nur, als ich bei euch war, sondern umso mehr auch jetzt, da ich nicht da bin, so bemüht euch mit Furcht und Zittern um eure Rettung)* schließt direkt an den Hymnus an (wörtl.: »So«) und markiert gleichzeitig einen Perspektivenwechsel weg von Jesus Christus zurück (vgl. 2,1–5) zur Gemeinde. Die Anrede als Geliebte ist für moderne Ohren etwas überschwenglich, passt aber zu der schon früher ausgedrückten engen Beziehung zwischen Apostel und Gemeinde (1,7.8.24; vgl. auch dieselbe Anrede in 4,1). Vielleicht hat die spirituelle Tiefe des Hymnus Paulus selbst betroffen gemacht und ihn an die Tiefe seiner Freundschaft, aber auch an den gnadenhaften Charakter der Beziehung zur Gemeinde erinnert. Jedenfalls ist die Anrede gut gewählt in Hinsicht auf den folgenden Appell an den Gehorsam der Philipper (**12a**), der, obwohl nicht explizit, so doch zumindest implizit in Beziehung gesetzt wird zum Gehorsam Jesu im Hymnus (vgl. 2,8). Das ist überraschend, hätte man nach den einleitenden Versen 2,3b.4 und der Betonung der Niedrigkeit Jesu im Hymnus doch eher eine Anknüpfung an die Thematik der Demut erwartet, was auch im Zusammenhang sinnvoll gewesen wäre: Der Grund der Einheit liegt in der Demut des Einzelnen, wie ja auch schon Jesus demütig war und so die Rettung aller vollbrachte. Stattdessen spricht Paulus vom Gehorsam, ohne zu verdeutlichen, wem gegenüber er gelten soll. Gott oder Paulus? Wahrscheinlich meint Paulus beides: Die starke Betonung seiner Person als abwesend oder gegenwärtig deutet auf den Gehorsam ihm gegenüber hin, und der Appell an das Sich-Mühen um die eigene Rettung verweist auf den Gehorsam Gott gegenüber. Letztlich fällt beides zusammen, da Paulus Gehorsam ihm gegenüber nicht auf seine Person bezieht, sondern auf seine Lehre, und die betrifft ja das Gottesverhältnis des Glaubenden. Offenbar sieht Paulus seine Autorität in der Gemeinde nicht als gefährdet an, sonst würde er den Gehorsamsappell nicht in Form eines Lobes formulieren, sondern eher als Tadel oder Mahnung. Überhaupt weist der Brief in keiner Zeile auf eine problematische Beziehung zwischen Gemeinde und Gemeindegründer hin.

Der Anlass der Mahnung zu Gehorsam ist allerdings erstaunlich: Die Philipper sollen sich *mit Furcht und Zittern* um ihr Heil bemühen (**12b**). Das scheint nicht nur der Rechtfertigung des Gottlosen, die Paulus sonst verkündigt, zu widersprechen, sondern auch dem universell-christologischen Fokus des Hymnus. »Furcht und Zittern« ist zwar allgemeingültiger Bestandteil urchristlicher Verkündigung, und dies vor allem in Hinsicht auf das Endgericht, wo die Taten des Menschen bemessen werden. Paulus jedoch verwendet die Formulierung differenzierter, wie 2Kor 7,15 zeigt: Er lobt die Korinther, dass sie seinen Mitarbeiter Titus mit »Furcht und Zittern« bei sich aufgenommen haben. Zweifellos bestand keine Absicht, die Korinther zu ängstigen, vielmehr wird gemeint sein, dass sie Titus mit entsprechender Ehrfurcht empfingen und dem ihm gebührenden Respekt, aufgrund dessen sie sich auch Dinge sagen lassen, die sie innerlich bewegen und zum Teil sogar erschüttern. Dies dürfte die Bedeutung des Zitterns sein: ein inneres Erdbeben, ausgelöst durch vollmächtige Worte des Apostels. Sollte diese Interpretation zutreffen, würde dies für V. 12b bedeuten, dass sich die Philipper mit dem nötigen Respekt und der entsprechenden Ehrfurcht um ihr Heil bemühen sollen (»Furcht«), ganz im Bewusstsein, dass gelebte Spiritualität immer auch Aspekte betrifft, auf deren Enthüllung man lieber verzichten würde (»Zittern«).

Es ist jedoch nicht diese Ernsthaftigkeit hinsichtlich des geistlichen Lebens, die im paulinischen Kontext anstößig wirkt, es ist das Verb »sich bemühen«, das im griechischen Original sowohl mit dem »Werk« (z.B. des Gesetzes) verwandt ist als auch mit »bewirken« in V. 13. Muss der Mensch tatsächlich sein eigenes Heil erwirken? Ist es nicht vielmehr der Glaube, der ihn rettet? Genau dies behauptet V. 13: Gott bewirkt das Wollen und Tun, und gemeint ist, dass dies in der glaubenden Beziehung stattfindet. Was gilt nun? Hat sich Paulus in einem logisch-theologischen Widerspruch verfangen? Das ist nicht zwingend, zumal mit den Versen 12–13 ein Schema beginnt, das den ganzen Abschnitt prägt: konkrete, direkte Aufforderungen, denen relativierende, mäßigende Erklärungen folgen (14–15.16–17). Gerade weil Paulus inhaltlich nicht an der argumentativen Begründung des Heils arbeitet, sondern an seiner konkreten Umsetzung, ist es nicht erstaunlich, dass Forderung und Mahnung gehäuft auftreten. Weil dies aber nicht die einzige Perspektive ist, die es zu berücksichtigen gilt, folgt ihr immer wieder auch die Perspektive Gottes, die die vorgängige menschliche relativiert. Beides aber hat seinen Platz und auch seine Notwendigkeit, denn gerade in der Frage der alltäglichen Konkretion des göttlichen Heils zeigt sich ein existentieller Widerspruch im Sein des Menschen: Er kann dem, was er vor und von Gott aus ist, nicht verlustfrei entsprechen. Das Sein als gerettetes Geschöpf führt nicht automatisch zu einem Tun, das konsequent aus dieser Rettung lebt und handelt. Es ist der grundlegende Widerspruch des Menschen, der sich in Texten wie dem Sündenfall (Gen 3) oder der tiefgründigen Analyse in Röm 7,14–25 immer wieder offenbart. Dieser Widerspruch erscheint auch hier im Philipperbrief, und was auf den ersten Blick logisch nicht zusammenzupassen scheint, ist in existentieller Hinsicht nicht zu trennen. Beides gilt gleichzeitig: Dass der Mensch sich ernsthaft um sein Heil bemühen muss – und dass ihm für seine Rettung alles von Gott bereitet wird.

Diese gnadenhafte Zusage drückt V. **13** aus: *Gott nämlich ist es, der in euch sowohl das Wollen als auch das Tun bewirkt, zu seinem Wohlgefallen.* Diese in bewusster Spannung zu V. 12 gesprochenen Worte entsprechen der gängigen Verkündigung des Paulus, und sie knüpfen inhaltlich an die Aussage in 1,6 an *(Ich bin fest davon überzeugt, dass der, der das gute Werk in euch begonnen hat, es vollenden wird).* Sprach Paulus dort vom Anfang und vom Ende des guten Werkes, so sind es jetzt Wille und Tat, also das, was quasi zwischen Anfang und Ende steht. Wie bereits am Ende des Hymnus (2,10f) beschreiben Wille und Tat auch hier die innere und die äußere Dimension des menschlichen Seins. Beide sind von Gott gegeben, um dem Menschen Rettung zu verschaffen, nicht nur sein Wollen, sondern auch sein Tun. Dies ist insofern wichtig, als es Paulus immer wieder vorgeworfen wurde (und wird), seine Theologie der Gnade disqualifiziere den Wert menschlichen Tuns, weil es ihr nur auf das Wollen und damit auf den Glauben des Menschen ankomme.

Dies ist in keiner Weise der Fall, denn Paulus hat ein differenziertes Verständnis des menschlichen Handelns: Weder ist es eine selbständige, unabhängige Tat des Menschen vor oder für Gott, noch ist es in sich bedeutungslos und bezüglich seines Heils bedeutungslos. Für Paulus ist das Werk des Menschen ein Handeln, das unverzichtbar, immer jedoch mit dem gnädigen Wirken Gottes verschränkt ist. Der Mensch ist also nicht Schöpfer, aber er ist Mitarbeiter Gottes, wie es schon Luther auf den Punkt brachte (vgl. z.B. seine Psalmenvorlesungen). In dieser Bestimmung spiegelt sich die Erfahrung, dass die Gnade Gottes nicht nur anfängliche Motivation ist, sondern eine den ganzen Prozess begleitende und prägende Kraft. Der undifferenzierte Gedanke einer alles vorherbestimmenden Prädestination weicht der Vorstellung eines Beziehungsgeschehens, in dessen Verlauf es immer wieder zu Interaktionen zwischen beiden Beteiligten kommt, also zwischen dem das Gute wirkenden Menschen und dem es erst ermöglichenden Gott. Es wird deutlich, dass gerade darum für Paulus die Gnade Gottes nicht auf ekstatische, wunderhafte Erfahrungen reduziert werden darf (vgl. dazu den sehr eindrücklichen und kritischen Erfahrungsbericht zu den Geistesmanifestationen in 1Kor 12.14), sondern unbedingt auch im alltäglichen Geschehen verortet werden muss. Gott ist nicht nur der Gott der Wunder, sondern auch des gelingenden Alltags.

Dass das Leben gelingen soll, ist Gottes Ziel, über dessen Erfüllung er sich freut *(zu seinem Wohlgefallen,* V. 13b). Und zugleich gefällt es ihm, den Menschen zu gelingendem Leben zu verhelfen, sodass Gott nicht nur Anfang und Ziel, sondern auch die Mitte des Lebens ist: Er wirkt, wie es ihm gefällt, wozu es ihm gefällt und weil es ihm gefällt. Erneut wird deutlich, wie sehr das Wirken Gottes Ausdruck eines fortwährenden Beziehungsgeschehens ist.

Christen wie Paulus, die die Gnade Gottes über alles andere stellen, stehen immer im Verdacht, die Ethik auf die leichte Schulter zu nehmen. Dass dem nicht so ist, weiß jeder, der Paulus kennt, und es wird darum niemanden überraschen, dass sich Paulus immer wieder für die Ernsthaftigkeit der Lebensführung ausspricht. Solche Worte können schnell als gesetzlich missverstanden werden, wie entsprechend die Rede von der Gnade als billig erachtet werden kann. Die Gratwanderung ist schwierig, aber Paulus zeigt gerade in den beiden V. 12 und 13, wie sich eine konsequente Ethik gut mit einer konsequenten Soteriologie (Heilslehre) verträgt.

Die V. **14–15** bilden erneut ein Paar, bei dem der traditionellen direkten Mahnung eine Erklärung folgt. V. **14**: *Tut alles ohne Meckern und lange Diskussionen.* Was mit *alles* gemeint ist, bleibt unklar; da die V. 12–18 jedoch den Abschluss der Thematik der Einheit bilden, dürfte es sich bei *alles* um die Sorge für das Wohl des Nächsten handeln (vgl. 2,4f). Dass es bei dieser Sorge immer wieder zu *Meckern und langen Diskussionen* kommt, ist verständlich, da auch in der Gemeinde immer noch und immer wieder das eigene Wohl dem des anderen übergeordnet wird. *Meckern* (oder Murren) ist Zeichen des Misstrauens gegenüber den Anweisungen der Gemeindeautorität, und die *Diskussionen* werden sich darum drehen, ob Gehorsam in dieser oder jener Hinsicht wirklich nötig ist bzw. ob die Anweisungen tatsächlich dem Wohl aller dienen.

Da kein Adressat des Widerspruchs genannt wird, könnte auch Gott als höchste Gemeindeautorität in Frage kommen. Das Problem solcher Diskussionen ist nicht die Diskussion an sich, sondern die Skepsis, die sich hinter ihr verbirgt. Es erinnert (auch bezüglich der Wortwahl) an die Diskussionen des Volkes Israel in der Wüste, die sich sowohl gegen die Autorität des Mose als auch gegen die Güte Gottes richteten (vgl. Ex 16,2; 17,3). Auch hier standen weniger konstruktive Kritik und berechtigte Meinungsäußerung im Vordergrund als vielmehr selbstbezogene Besserwisserei und mangelndes Vertrauen. So wichtig es ist, dass gerade auch in spiritueller Hinsicht Themen und Entscheidungen diskutiert werden, so wenig fruchtbar ist das Gemeindeleben, wenn eine Gruppe die Vision bzw. die Mission der Mehrheit permanent torpediert und so die ganze Gemeinschaft blockiert. Den anderen höher einzuschätzen als sich selbst heißt eben auch, gerade in der Meinungsbildung die eigenen Position nicht zu hoch zu gewichten. Dies gelingt am besten, wenn das Vertrauen besteht, dass auch das Gegenüber bzw. die anderen sich nicht um sich selbst, sondern um das Ganze bemühen. Schaut jeder auf das Wohl des Nächsten, schließt sich der Kreis, dessen Grund und Mitte Christus ist.

Trotzdem: Die Meinungsfindung ist anspruchsvoll, und ob mit dem Ton des Paulus, der keinen Widerspruch zuzulassen scheint, viel gewonnen ist, bleibt fraglich. Wer apodiktisch befiehlt bzw. Verbote ausspricht, darf sich nicht wundern, wenn er damit vor allem das hervorruft, was er eigentlich verhindern wollte: Widerspruch. Es sei denn, dem Befehl folgt ein Nachsatz, der ihn in differenzierterem Licht erscheinen lässt. Und genau dies ist die Funktion von V. **15**: *damit ihr untadelig und rein seid, Kinder Gottes ohne Makel inmitten einer verdrehten und verkehrten Generation, in welche ihr leuchtet als Lichter der Welt.* Das widerspruchslose Tun, das Paulus der Gemeinde in V. 14 abverlangt, hat weder einen Selbstzweck (Gehorsam um der Stabilisierung der Autorität willen) noch eine Ausrichtung auf Gott (Gehorsam als Treuebeweis), sondern ein missionarisches Ziel: Licht der Welt zu sein. *Untadelig, rein, ohne Makel* sind mehr oder weniger bedeutungsgleich und bezeichnen eine moralisch-ethische Lauterkeit des inneren *(rein)* und äußeren *(untadelig, ohne Makel)* Menschen. Mit der Bezeichnung *Kinder Gottes* stellt Paulus sicher, dass diese ethischen Kategorien nicht im Sinne einer zu vollbringenden Leistung verstanden werden, sondern als Attribute, die der Vater seinen Kindern gnädig verleiht. Damit argumentiert er ganz auf der Linie von V. 13: Was der Mensch ist, will und tut, verdankt er Gott. Dieses Werden, wozu Gott den Menschen geschaffen, berufen und auserwählt hat, schließt ein eigenes Tun nicht aus, wie die V. 12.14 gezeigt haben. Wichtig dabei bleiben Reihenfolge und Verhältnis: Was erfolgt zuerst? Was verdankt sich wem?

Ist der Charakter der Forderung nach Untadeligkeit geklärt, so lässt sich nun auch ihr Ziel bestimmen: als Lichter in einer verkehrten Welt zu leuchten. Die *verdrehte und verkehrte Generation* ist ein nicht als solches gekennzeichnetes Zitat aus der Septuaginta, der griechischen Übersetzung des Alten Testaments (Dtn 32,5), und steht traditionellerweise für eine Welt, in der sich der Mensch bewusst von Gott abgewandt hat. Eine Gesellschaft wie die römisch-griechische, in der Götter in beliebiger Zahl verehrt werden, ohne dass es dabei zu hingebungsvoll-existenziellem Glauben kommt, muss einer jüdisch-christlicher Wahrnehmung durch und durch verdorben erschienen sein. Für Paulus spitzt sich die Situation insofern zu, als er auch das eigene jüdische Volk als verstockt bzw. verkehrt erachtet, weil es den Messias des eigenen Gottes ablehnt.

In dieser Situation, die sich sowohl in moralischer (Heidentum) als auch in religiöser (Judentum) Hinsicht durch Dunkelheit auszeichnet, ist es die Aufgabe der Gemeinde, aufzufallen. Interessanterweise geschieht dies zuerst einmal nicht durch das, was sie tut (Nächstenliebe, Mission, Diakonie usw.), sondern durch das, was sie ist. Denn das Licht fällt auf durch das, was es ist, nämlich hell und darum auch erhellend. Die Gemeinde soll die Familie Gottes sein (er der Vater, sie die Kinder), und zwar authentisch (das ist der tiefere Sinn der verschiedenen Adjektive), indem sie in Demut und Gehorsam die von Christus vorgegebene Einheit lebt und damit bereits einen wohltuenden und nicht zu übersehenden Kontrast zum Rest der Gesellschaft bildet. Die Metapher des Lichts deutet an, dass das Böse, das in der Dunkelheit unerkannt sein Unwesen treiben kann, automatisch verschwindet, sobald das Licht erscheint. Mehr braucht es – zumindest vorerst – gar nicht. Das Bild des Lichts drückt in ethischer Hinsicht aus, was Paulus in existentieller jeweils als »Sein in Christus« bezeichnet: sein, wozu man berufen und befähigt ist. Einheit in der Gemeinde dient also nicht einfach der Gemeinde selbst, sondern gibt der Welt Hoffnung auf eine Alternative ihrer selbst. Wo das gute Werk Gottes erscheint, strahlt es von selbst über sich hinaus.

Dieser Automatismus, mit dem das Licht die Finsternis erhellt, wird in V. **16a** aufgenommen: *Haltet am Wort des Lebens fest …* Das Wort des Lebens ist nämlich nicht ein Wort, das nur vom Leben spricht, sondern es verheißt, mehr noch: es bewirkt. Nicht also ein Wort *über* das Leben, sondern ein Wort *zum* Leben und *ins* Leben. Diese Wirkvorstellung des Wortes Gottes findet sich bereits im Alten Testament, z.B. beim Schöpfungsakt, wo Gott spricht und das Gesagte dann auch geschieht, oder bei den Propheten, die um die unwiderstehliche Kraft des Wortes aus persönlicher Erfahrung wissen (vgl. z.B. Jer 1,6–19; 15,15–21; Jes 55,10). Paulus fordert bezeichnenderweise nicht dazu auf, dieses Wort zu verkündigen, sondern lediglich, sich ihm anzuvertrauen, denn genau wie das Licht wird auch jenes seine Wirksamkeit von selbst entfalten.

Die griechische Sprache kennt zwei Wörter für »Leben«: *bios* im Sinne des Lebens als biologisches Sein, und das hier verwendete *zoä* als Leben im Sinne einer qualitativ-positiven Differenz: Leben, das den Unterschied macht, Leben, das sich zu leben lohnt,

Leben aus Gottes Hand. Dieser Art Leben ist das Wort des Lebens, und aufgrund seiner göttlichen Herkunft (was sowohl das Wort als auch das Leben betrifft) mag auch sein dynamischer Charakter nicht erstaunen. Wie schon in den V. 12.13 begegnet uns auch hier die Spannung zwischen einem Wort, das von sich aus wirkt, und der Aufforderung, an ihm festzuhalten, weil es sonst seine Wirkung nicht entfalten kann. Das scheint sich logisch zu widersprechen, nicht aber in existentieller bzw. spiritueller Weise: Was Gott unter den Menschen wirkt, ist immer auf Resonanz angewiesen, um sein Ziel zu erreichen, ansonsten bleibt es wirkungslos.

Sowohl der *Tag des Herrn* (1,6.10) als auch der *Ruhm* (1,26), die Paulus in V. **16b** nennt *(mir zum Ruhm für den Tag des Herrn)*, wurden bereits thematisiert; hier werden sie nun miteinander verbunden, und diese Verbindung ist heikel, denn es scheint, als wolle Paulus den Glauben und den Gehorsam am jüngsten Tag als seinen Verdienst in die Waagschale werfen. Diese Vermutung wird verstärkt durch die Fortsetzung V. **16c**: *weil ich dann nicht umsonst gelaufen bin und mich auch nicht umsonst abgemüht habe.* Paulus verwendet zur Charakterisierung seiner Arbeit das Bild des Athleten im Wettkampf *(laufen)* und das des Arbeiters (sich abmühen). Sein Leben war ein Kampf, eine Mühsal, die er nicht für sich, sondern für seine Gemeinden erbracht hat.

Und doch stört die Bemerkung *mir zum Ruhm*, denn sie lässt den Verdacht aufkommen, er wolle mit seinen Leistungen vor Christus aufschneiden, nachdem er doch gerade erst in V. 13 betont hat, dass alles Tun des Menschen das Werk Gottes ist? Natürlich kommt Paulus als Gründer und geistiger Vater ein großes Verdienst für das Gedeihen der Gemeinde zu, hier jedoch scheint er seine Leistung undifferenziert, ja geradezu selbstgefällig darzustellen.

Zweifelt er am absehbaren Ende seines Lebens an der Qualität seines Lebenswerkes, sodass er es selbst ins beste Licht rücken müsste? Immerhin konnte (oder wollte) ihm die Gemeinde in Jerusalem nicht aus der Verhaftung helfen, die Gemeinde in Galatien hat sich höchstwahrscheinlich im Konflikt von ihm getrennt, und auch mit den Korinthern musste er so manches harte Wort wechseln. Sorgt er sich nun auch noch um die Philipper, seine Lieblingsgemeinde, zumal er aus der römischen Gefangenschaft nur noch bedingt Einfluss nehmen kann auf ihr Wohlergehen?

Auch wenn Paulus an vielen anderen Stellen die Bedeutung des eigenen Werkes sehr wohl zu differenzieren vermag, und auch wenn gleich der folgende Vers die Aussage wieder relativiert, so erscheint hier doch, selbst wenn es nur für Sekundenbruchteile der Fall ist, ein ganz menschliches Gesicht des Paulus, der sich nach viel Leiden und Mühen ernstlich fragt, ob es am Ende nicht doch umsonst gewesen sein könnte – oder noch schlimmer: ob es in den Augen Gottes doch nicht zu genügen vermag. Solche Hinweise müssen im größeren Zusammenhang der paulinischen Literatur gesehen und verstanden werden, dennoch aber wäre es falsch, die existentielle Note, die sie tragen, theologisch einfach wegzudeuten. Paulus bleibt als Mensch nur dann authentisch, wenn auch sein Leben den Fragmentcharakter und die typisch menschliche Inkonsistenz behält. Alles andere wäre übermenschlich und würde ihm nicht gerecht werden.

Die angedeuteten Zweifel des Paulus lassen sich nicht einfach weginterpretieren, auch dann nicht, wenn *der Ruhm für den Tag des Herrn* gar nicht als Belohnung verstanden wird, sondern als das, wofür Paulus Gott dankend rühmt an dem Tag, an dem alles ans Licht kommt. Dann wird nicht Paulus Ruhm von Gott erwarten, sondern Gott rühmen für das, was jener durch ihn in den Gemeinden zustande gebracht hat (vgl. erneut 2,13). Eine solche Interpretation ist möglich, auch wenn sie nicht zwingend ist.

Und erneut folgt der Aufforderung eine mildernde Erklärung (**17**): *Aber selbst wenn ich mein Leben lassen muss beim Opfer und dem Dienst für euren Glauben, so freue ich mich und freue mich mit euch allen.* Schon das einleitende *Aber* deutet auf die Verlagerung hin, und das etwas schwer verständliche Bild aus dem Opferwesen bestätigt: Letztlich geht es nicht um Paulus und seine Leistung, sondern allein um die Gemeinde, für die Paulus sogar seinen Tod in Kauf nimmt. Das Opferbild ist mehrdeutig: Einerseits ist Paulus selbst das Opfer, andererseits aber auch der Opferdiener (d.h. der Priester). Das Opfer ist für die Gemeinde, aber nicht für sie direkt, sondern für ihren Glauben. Die christliche Theologie hat schon ganz früh die Opferkultmetaphorik für das Leiden und Sterben Jesu übernommen, weil der Kult allen Kulturen und Religionen der damaligen Zeit bekannt und vertraut ist. Zugleich eignet sich die Vorstellung des Opfers besonders gut, das Positive bzw. den theologischen »Überschuss« des Todes Jesu zur Sprache zu bringen. Wie beim Opfer das Tier stirbt auch Jesus nicht umsonst, sondern zum Wohl der Menschen.

Paulus bedient sich dieser Vorstellungen, um seine eigene Situation zu verstehen und den Philippern zu erklären: Sollte er in Rom sein Leben lassen müssen, so wäre dies kein tragisches Schicksal, sondern die Konsequenz seines Dienstes an den Gemeinden. Dass er nämlich trotz ständiger Todesgefahr seine Mission fortgesetzt hat, kommt allen Gemeinden, die er auf den Reisen gegründet oder besucht hat, zugute, und wenn er nun in Rom an sein Ende gerät, dann ist dies die Konsequenz seines Weges, der er durchaus Sinn abgewinnen kann. Denn sein Tod bietet ein eindrückliches Beispiel an Standhaftigkeit und eine Konkretion dafür, was es bedeutet, am Wort des Lebens vertrauensvoll festzuhalten. Sie soll den Gemeinden die Angst vor eigenen Drangsalen nehmen und ihnen Zuversicht und Hoffnung verleihen, weil an seinem Schicksal deutlich wird, wie Christus einen Menschen auch in Anbetracht seines Endes treu zur Seite steht. Insofern bleibt Paulus auch über seinen Tod hinweg gewiss: Sein Leben und sein Werk haben sich gelohnt.

Damit ist die Balance wiederhergestellt: Nicht der Ruhm des Paulus steht im Vordergrund, sondern das Wohl der Gemeinde, auch wenn es für dieses Wohl zugleich immer wieder der konkreten und manchmal sogar harten Ermahnung bedarf. In exemplarischer Weise verkörpert Paulus das, was er von den Philippern erwartet: Er ordnet sich ihren Bedürfnissen unter, indem er sich, wie Christus im Hymnus, zu ihrem Vorteil preisgibt.

Worüber aber freut sich Paulus? Wohl kaum über das immer wahrscheinlicher werdende Sterben, das ihm bevorsteht, auch wenn hier wie schon in 1,23 eine gewisse Todesmystik anklingt. Grund zur Freude ist das Vertrauen, dass Christus zuletzt auch nicht von seiner Seite weicht (vgl. 1,12) und dass deshalb sein Tod im ganzen seiner Missionstätigkeit Sinn ergibt und inspirierend sein kann. Dafür lohnt es sich zu leben und auch zu sterben. Paulus freut sich, wenn auch sein Tod den Glauben der Philipper stärkt, und jetzt übernimmt die Freude die Rolle, die vorher der Ruhm innehatte: Die gemeinsame Freude *(ich freue mich mit euch allen)* ist Paulus Lohn und Bestätigung genug. In 2,2 bat er die Philipper, seine Freude vollkommen zu machen, und es scheint, als ob dies im Verlaufe des Kapitels bereits geschehen ist. Trotz der unguten Zukunft, auf die Paulus zugeht, dominieren weder Angst noch Zorn, sondern tiefe Freude.

Vielleicht ist sich Paulus bewusst, dass nicht alle sich gleichermaßen freuen können, und darum wiederholt er seine Aufforderung noch einmal (**18**): *Darüber dürft auch ihr euch freuen – freut euch mit mir.* Freude kann man allerdings nicht befehlen, man kann sie nur erlauben. Nur aus Pietätsgründen wird den Philippern kaum zum Lachen zumute gewesen sein, und gerade darum ist Paulus bestrebt, sein Schicksal in einen größeren Horizont zu stellen: in den des Planes Gottes, der Anfang und Ende (1,6) und Tun und Wollen (2,13) wirkt, auch im Leben des Paulus. Eine solche Perspektive vermag von Angst und Furcht zu befreien, weil sie über das Sichtbare hinausschaut und sich nicht der weltlichen Sicherheit preisgibt, sondern sich der geistlichen Gewissheit anvertraut.

Damit endet der erste große Teil des Philipperbriefes, wie er auch begonnen hat: mit der Freude (1,4.25; 2,2.17.18). Obwohl Paulus zu Beginn wie auch am Ende auf seine persönliche, schwierige Situation im Gefängnis zu sprechen kommt, ist nicht von Trübsal die Rede. Seine Freude entspringt zum einen der Gewissheit, dass ihn nichts von Christus, der vom Himmel herab bis in die Tiefen des Todes gestiegen ist (2,6–11), trennen kann (vgl. auch Röm 8,38f). Seinen Glauben an die Rettung in Christus verliert er bis zum Schluss nicht, selbst wenn bisweilen auch Zweifel sichtbar werden. Zum anderen resultiert seine Freude aus der Erfahrung der Einheit mit der Gemeinde, die ihm so sehr am Herzen liegt. Dass sich diese Einheit noch nicht vollumfänglich auch auf die Gemeindeglieder untereinander übertragen hat, ist den Mahnungen zu entnehmen. Wie immer in seiner Korrespondenz lässt er es nicht damit bewenden, der Gemeinde gut zuzusprechen oder das persönliche Beispiel der einigenden Freundschaft herauszustreichen. Vielmehr holt er weit aus und begründet die Einheit im Christusgeschehen, deutlicher noch: in dessen Bereitschaft zur Niedrigkeit und Demut, die dazu führt, für das Wohl der Menschen selbstlos das Leben hinzugeben. Nur wer sich wie er ganz von Gott getragen weiß, kann auf das Eigene verzichten. Paulus folgt diesem Beispiel und zeigt durch sein persönliches Beispiel, was eine solche christologisch begründete Existenz bedeutet. Der Einklang zwischen seinem Glauben und seinem Leben führt ihn zwar in den Tod, und trotzdem ist seine ganze Existenz durchdrungen von tief empfundener Freude, die ansteckend wirkt auf alle, die sich wie er auf Christus verlassen.

Wichtig ist und bleibt in jeder theologischen Diskussion und in jeder spirituellen Existenz die Reihenfolge: Nicht Freude bewirkt Vertrauen, sondern Vertrauen bewirkt Freude, nicht Furcht und Zittern bewirken Rettung, sondern die Gewissheit der bereits geschehenen Rettung führt zu dem ernsthaften Versuch, ein dieser Rettung entsprechendes Leben zu führen. Wo immer das Bemühen des Menschen vor der Erfahrung der Gnade zu stehen kommt, wo immer der Mensch aus eigenem Antrieb handelt, wo immer das Tun des Menschen Anspruch an Gott ist und nicht Antwort, ist das Wesentliche preisgegeben: dass der Mensch existenziell von dem lebt, was Gott ihm gibt, und nicht von dem, was er mit seinen eigenen Händen bewirken kann.

III

2,19 – 3,1
Die Situation der Mitarbeiter

2,19–24
Timotheus

19 Ich hoffe im Herrn Jesus, Timotheus bald zu euch zu schicken,
damit auch ich neuen Mut schöpfen kann, wenn ich erfahre, wie es
euch geht. 20 Ich habe nämlich keinen Gleichgesinnten, der so ge-
wissenhaft wie er eure Anliegen vertreten würde. 21 Alle anderen
kümmern sich ja nur um das Ihrige, nicht aber um die Sache von
Christus. 22 Seine Bewährung jedoch kennt ihr: Wie ein Kind dem
Vater hat er mit mir zusammen dem Evangelium gedient. 23 Ihn hof-
fe ich nun zu schicken, sobald ich meine Lage überblicke. 24 Ich bin
jedoch im Herrn überzeugt, dass auch ich bald kommen werde.

Der folgende Abschnitt ist der Situation der Mitarbeiter in Rom gewidmet (19–24: Timotheus; 2,25 – 3,1: Epaphroditus) und gibt einen überraschenden Einblick in das alltägliche Leben christlicher Wandermissionare und deren Verhältnis zu den Gemeinden. In der Antike ist regelmäßiger Kontakt über größere Distanzen hinweg nur schwer möglich, und darum sind Neuigkeiten selten sehr aktuell, dafür aber umso begehrter. Zugleich zeigt der Abschnitt, wie präsent der Tod mitten im Alltag war – schon eine relativ harmlose Infektion oder Grippe konnte unter Umständen schnell zu einer lebensbedrohenden Krankheit werden. Wenn die betroffene Person auf Reisen war, bestand durchaus die Möglichkeit, dass sie ihre Familie nie wiedersah. So weit ist es hier nicht gekommen, Angst und Bange war es den Philippern aber trotzdem. Paulus zeigt sich hier erneut von seiner fürsorglichen und väterlichen Seite und versteht es, auch diese Situation in einen theologischen Hintergrund zu stellen.

Mit V. **19** beginnt ein neuer Teil des Briefes, der (wie der erste Teil) in ungewohnt persönlicher Art vom alltäglichen Leben und Arbeiten des Paulus und seiner Mitarbeiter berichtet (2,19–24: Timotheus; 2,25–30: Epaphroditus): *Ich hoffe im Herrn Jesus, Timotheus bald zu euch zu schicken, damit auch ich neuen Mut schöpfen kann, wenn ich erfahre, wie es euch geht.* Timotheus ist der langjährige und äußerst treue Mitarbeiter des Paulus, den wir auch aus anderen Briefen kennen. Gemäß Apg 15,36–41 ist er nach dem Konflikt und der Trennung von Barnabas zu Paulus dazugestoßen und war auch bei der Gemeindegründung in Philippi anwesend (weitere Informationen s. oben S. 19 zu 1,1). Das erklärt wohl auch die Nähe, die er zur Gemeinde pflegt (vgl. V. 20). Neben der allgemeinen Unterstützung des Paulus wird Timotheus öfter auch als Bote eingesetzt (1Kor 4,17; 16,10; 1Thess 3,6), der die Briefe den Gemeinden überbringt und ihre Antwort Paulus zustellt. Es scheint, als ob er sozusagen die rechte Hand bzw. der Stellvertreter des Paulus geworden ist. Dies umfasst sicherlich auch die theologische Mitarbeit bei der Mission sowie bei der Verfassung der Korrespondenz. Inwiefern er auch beim Philipperbrief als Koautor tätig war, entzieht sich unserer Kenntnis, es ist aber davon auszugehen, dass er nicht nur geschrieben hat, was Paulus diktierte, sondern auch seine Sicht der Dinge hat einfließen lassen können.

Ihn möchte Paulus nach Philippi schicken, jetzt jedoch nicht als Überbringer des Briefes (diese Aufgabe wird Epaphroditus übernehmen, der zuerst nach Philippi aufbricht; vgl. V. 25–30), sondern als offizieller Besucher der Gemeinde. Solche Besuche waren üblich, denn Missionsarbeit beschränkt sich nicht auf die Gemeindegründung, sondern umfasst auch die seelsorgerliche und lehrmäßige Begleitung der Gemeinden. Da jene wahrscheinlich kaum über genügend ausgebildetes Personal verfügten (zur Funktion der Diakone und Bischöfe s. oben S. 20f zu 1,1), ist ein Besuch immer sehr willkommen, selbstredend nicht zu Kontrollzwecken, sondern weil bei solchen Gelegenheiten ein intensiver geistig-geistlicher Austausch mit Belehrung, Ermahnung, Erbauung, Seelsorge und Ermutigung stattfinden konnte. Paulus erachtet seine Arbeit als Dialog, als ein Geben und Nehmen, von dem auch er selbst profitiert. Sein primäres Anliegen in diesem Fall ist tatsächlich nicht die Gabe, sondern der Empfang guter Kunde aus Philippi (V. 19b: *damit auch ich neuen Mut schöpfen kann).* Offenbar sorgt sich Paulus um die Gemeinde, wie dies auch in der langen Passage über die Einheit der Gemeinde deutlich wird (2,1–4). Trotz des hohen Ansehens, das er bei den Philippern genießt, scheut er sich nicht, auch seinem Bedürfnis nach Harmonie und guter Nachricht Ausdruck zu verleihen. Gerade für ihn als heimatlosen Wandermissionar, der alle herkömmlichen familiären Bindungen aufgegeben hat, ist die Beziehung zu den Mitarbeitern, aber eben auch zu den Gemeinden besonders wichtig, nehmen sie in seinem Leben doch den Platz der Familie ein (vgl. 2,22). Dass Paulus solche Bedürfnisse kommuniziert, könnte ihm auch als Schwäche ausgelegt werden. Dass er es trotzdem tut, macht ihn umso authentischer.

In die gleiche Richtung zielt die Hoffnung *im Herrn:* Erneut handelt es sich nicht um eine fromme Floskel, sondern um einen Ausdruck dafür, dass Paulus nicht nur gelegentlich religiös ist, sondern sein ganzes Leben transparent macht für Christus, auch hinsichtlich seiner Beziehung zu den Gemeinden und seiner Hoffnung auf ein baldiges Wiedersehen. Im Herrn *hoffen* bedeutet dann, darauf zu vertrauen, dass dieser auch das Schwere oder sogar das Unmögliche wahr macht. Und zugleich dem Herrn auch dann noch zu vertrauen, wenn sich die konkrete Hoffnung nicht erfüllt hat, weil die Gewissheit bestehen bleibt, dass Christus selbst dann noch einen gangbaren Weg zu führen vermag.

V. **20** erörtert die besondere Stellung des Timotheus: *Ich habe nämlich keinen Gleichgesinnten, der so gewissenhaft wie er eure Anliegen vertreten würde.* »Gleichgesinnter« bedeutet wörtlich: »einer von gleicher Seele«. Das ist eine sehr persönliche Aussage und zugleich ein großes Kompliment an Timotheus. Paulus reist grundsätzlich nie alleine, und auch in Rom wird er mehr als einen (allenfalls) temporären Mitarbeiter haben. Aber niemand sonst wird so hervorgehoben wie Timotheus. Aufgrund seiner Treue zu Paulus und auch dessen hoher Meinung ihm gegenüber erstaunt es nicht, dass die Wirkungsgeschichte Timotheus praktisch zum Nachfolger des Paulus gemacht hat, wovon unter anderem die beiden Timotheus-Briefe zeugen. Auch wenn sie sehr wahrscheinlich nicht von Paulus selbst geschrieben wurden, sondern von einem seiner Schüler in seinem Namen und Sinn, so spiegelt sich in ihnen dennoch die einmalige Stellung und Nähe des Timotheus gegenüber Paulus. Es ist kaum übertrieben, hier von einer Seelenverwandtschaft zu sprechen.

Welche Anliegen der Philipper Timotheus besonders vertritt, lässt Paulus offen – die Philipper werden wissen, wovon er spricht. Vielleicht hat Timotheus einen besonderen Auftrag von ihnen erhalten, vielleicht erinnert er Paulus lediglich immer wieder an die Gemeinde und steht im Gebet besonders für sie ein. Möglich wäre auch, dass Timotheus im Verlauf der letzten Monate oder sogar der gesamten Gefangenschaft die Philipper mehrere Male besucht hat und so zu ihrem Gewährs- und Vertrauensmann geworden ist. All dies ist jedoch lediglich Spekulation.

Eindeutig allerdings ist der besondere Einsatz des Timotheus für die Gemeinde (V. 20) und auch für das Evangelium (V. 21f). Ein Grund mehr, der die Annahme bestärkt, dass Timotheus weit umfangreichere Aufgaben innehat als bloß die des Sekretärs und Assistenten. Er ist als Mitarbeiter zwar nicht unabhängig, führt seine geistlich-missionarischen Arbeiten aber durchaus selbständig aus.

Im Gegensatz zu Timotheus, der sich um das Evangelium wie auch um die Belange der Philipper bemüht, kümmern sich alle anderen nur um sich selbst (**21**: *Alle anderen kümmern sich ja nur um das Ihrige, nicht aber um die Sache von Christus)*. Das ist ein sehr pauschales Urteil, wie es bei Paulus selten anzutreffen ist, und es richtet sich wohl gegen die bereits bekannten Brüder in Rom, die Christus zum eigenen Vorteil und damit zum scheinbaren Schaden des Paulus verkündigen (vgl. 1,15.17f). Zur Klärung der genauen Umstände sind wir erneut auf Spekulationen angewiesen: Wie bereits erwähnt, werfen sogenannte »Brüder« Paulus Glaubensschwäche vor, die sich in der aktuellen Gefangenschaft manifestiert. Bereits in Korinth hatte es Paulus mit Gegnern zu tun, die der paulinischen Theologie des Kreuzes eine Theologie der Wunder und der vielfachen Manifestationen gegenüberstellten, eine Theologie also, die das Kreuz abwertet und stattdessen praktisch ausschließlich die Auferstehungskraft verkündigt. Dabei wird aber vergessen, dass Christus in den Schwachen stark ist (vgl. 2Kor 12,9f) und der Mensch am Kreuz mitgekreuzigt wird (Gal 2,19; 6,14), sodass nicht mehr die vermeintliche Stärke sein Menschsein bestimmt, sondern seine Angewiesenheit auf Christus. Vertreter einer Theologie der Auferstehung betonen gerne, dass mit Christus alles möglich sei (was Paulus nicht einmal bestreiten würde; vgl. Röm 8,28–30). Sie vereinnahmen die Kraft des Geistes und die Verheißung des Auferstanden aber dahingehend, dass am Ende wieder der Mensch und nicht Christus im Vordergrund steht. Paulus weist demgegenüber gerade auch mit dem Hymnus in 2,6–11 auf die Demut und die Niedrigkeit, aus der heraus erst Kraft und Stärke erwachsen, und er sieht in der Betonung der Zeichen und Wunder den alten Menschen auf dem Vormarsch, der letztlich nur sich selbst und dem Erfolg seines Tuns dient.

Dabei spricht er diesen »Brüdern« weder vorher noch hier den Glauben ab (vgl. 1,15), und dies bedeutet in aller Schärfe: Das Rühmen seiner selbst, das weltlich gesinnte und auf äußeren Erfolg drängende Leben (= »Leben nach dem Fleisch«; vgl. z.B. Röm 8,12; 2Kor 10,3–6) ist auch im Glauben an Christus möglich. Mehr noch: Oberflächlich wird Christus verkündigt und für seine Wunder gepriesen, letztlich aber verherrlichen solche Prediger nicht Christus, sondern sich selbst durch Christus. Es geht ihnen nicht darum, Christus zu dienen, sondern darum, dass ihnen gedient werde, weil sie durch Christus so herrlich geworden sind. Der Glaube dient ihnen zu nichts anderem als zum Spiegel ihrer Eitelkeit. Der alte Mensch, der sich so sehr nach Anerkennung und dem Beifall der Massen sehnt, hat überhand genommen. Die Demut dessen, der sich wie Paulus und Timotheus in seiner Niedrigkeit und Machtlosigkeit in Christus stark weiß, ist dem Übermut derer gewichen, die stolz ihre Kraft und ihre Wunder in Christus verkündigen. Letztlich ist es ganz einfach: Die Gemeinde der Glaubenden dient ihnen als Bühne ihrer Selbstdarstellung – und Christus wird zum Vorwand für die eigene Größe.

Paulus urteilt knapp und hart, und man meint, eine gewisse Frustration zwischen den Zeilen zu vernehmen. Als radikaler Christusnachfolger hat er (wie auch Timotheus) alles aufgegeben und führt das Dasein eines Wanderknechts, der in geistlicher, psychischer und physischer Hinsicht vielen Entbehrungen ausgesetzt ist. Er wählt die Niedrigkeit Jesu bis in die konkrete Existenzgestaltung und lebt die Demut und Schwäche, die er predigt, denn er ist überzeugt, dass sie die Lebensweise ist, die dem Gekreuzigten am ehesten entspricht. Als solcher wird er ein besonders feines Sensorium entwickelt haben für echte oder eben doch nur vordergründige Verkündigung, wie er sie bei den »Brüdern« entdeckt.

In V. **22** fährt Paulus fort mit dem Lob auf Timotheus *(Seine Bewährung jedoch kennt ihr: Wie ein Kind dem Vater hat er mit mir zusammen dem Evangelium gedient)* und spricht von seiner Treue und Hingaben sowohl ihm selbst als auch dem Evangelium gegenüber. Damit ist gegenüber den V. 20f nichts Neues gesagt, aber die Wiederholung unterstreicht die Ernsthaftigkeit der Aussage: Paulus meint, was er sagt, er hat keinen Grund, Timotheus vor anderen zu schmeicheln oder schönzureden. Es ist bisweilen angenommen worden, Paulus stelle seinen Mitarbeiter absichtlich in einem besonders guten Licht dar, damit dieser leichteren Zugang finde zu den Philippern bzw. um einen schwelenden Konflikt zu lösen. Das aber passt nicht zur Aufrichtigkeit und Authentizität, die wir bei Paulus schon so oft festgestellt haben, und zudem findet sich im ganzen Brief kein einziger Hinweis auf Spannungen zwischen der Gemeinde und Paulus bzw. Timotheus. Es bleibt dabei: Timotheus ist ein außergewöhnlich fähiger wie auch Paulus besonders naher Mitarbeiter.

Wie so oft ist auch hier die Wortwahl im Detail aufschlussreich: Paulus bezeichnet Timotheus nicht nur als Mitarbeiter, sondern als sein *Kind*. Das dürfte altersmäßig gut passen, und Paulus sieht in der Tat in dieser Seelenverwandtschaft geradezu eine Vater-Sohn-Beziehung. Höhere Achtung könnte er Timotheus nicht erweisen, und wenn man bedenkt, wie energisch, z.T. geradezu cholerisch Paulus reagieren kann (vgl. Apg 15, 36–41; Gal 1,6–9; 3,1–5), so ist diese zärtliche Bezeichnung sehr berührend. Es mag für Timotheus sicher nicht immer einfach gewesen sein, mit einem ebenso berühmten wie streitbaren Apostel durch die Welt zu ziehen, zumal schon die Reisen allein sehr entbehrungsreich und gefährlich waren (vgl. 2Kor 11,26). Hinzu kommen die vielen Botengänge, die Timotheus im Auftrag seines Meisters mit dessen Briefen unternimmt. Ob man dabei das Ziel erreicht, blieb stets ungewiss. Gerade deshalb ist die Bezeichnung als Sohn besonders bedeutsam.

Ein weiteres wichtiges Detail ist das Objekt des Dienens: Timotheus dient nicht seinem Vater Paulus, sondern dem Evangelium. Die Konstruktion ist grammatisch brüchig, aber gerade deswegen umso interessanter; Paulus sucht nicht den Dienst des Jüngeren, der ihm als Älteren zusteht, sondern die generationenübergreifende Gemeinschaft, die beiden Kraft und Motivation für den Dienst am Evangelium gewährt. Darunter hat man sich nicht bloß die Verkündigung vorzustellen, sondern auch die seelsorgerliche Betreuung und Begleitung der Gemeinde, eine umfassende und in vielerlei Hinsicht herausfordernde Aufgabe.

Ein letztes Detail verstärkt den Eindruck einer äußerst anspruchsvollen Aufgabe: Der Dienst der beiden Apostel wird nicht im Sinne der Diakonie eines Dieners beschrieben, sondern als Arbeit eines Knechts (oder Sklaven), d.h. mit demselben Wort, mit dem sich Paulus bereits im Briefeingang vorgestellt hat: *doulos*, d.h. Knecht von Christus. Hier zeigen sich erneut die praktischen Implikationen der Kreuzestheologie: Paulus nennt sich nicht bloß Knecht oder schlüpft bisweilen in dessen Rolle, sondern er *ist* Knecht und lebt auch als solcher. Wem die Welt mit ihren Verheißungen und Ansprüchen gestorben ist (vgl. Gal 6,14), weil er sich in allem von Gott getragen weiß, der kann getrost ein Leben am Boden der Gesellschaft wählen. Wie sich Christus erniedrigt hat (2,7.8), so erniedrigt sich auch Paulus in der vertrauensvollen Gewissheit, dass Christus in seiner Schwachheit stark ist.

Leider muss Paulus die Philipper (und letztlich auch sich selbst) vertrösten, denn solange seine derzeitige Lage nicht überschaubar ist, braucht er Timotheus (**23**: *Ihn hoffe ich nun zu schicken, sobald ich meine Lage überblicke*). Paulus lebt offenbar in einer Art Halbgefangenschaft, die es ihm erlaubt, regelmäßigen Kontakt mit seinen Mitarbeitern zu pflegen und seine Angelegenheiten außerhalb des Gefängnisses zu regeln. Sollte es stimmen, dass Paulus zur Zeit der Abfassung im Gefängnis von Rom sitzt, so hat ihn Timotheus, der offenbar frei ist (sonst könnte er ja nicht von Paulus gesandt werden), über all die Jahre von Gefängnis zu Gefängnis begleitet. Paulus scheint in hohem Maß auf den treuen Freund und Bruder angewiesen zu sein, was sich z.B. im Umgang mit den Stellen, die für das Berufungsverfahren zuständig sind, von selbst versteht. Zwischen den Zeilen jedoch wird auch die persönliche Seite dieser Angewiesenheit deutlich: Paulus, mittlerweile ein alter Mann (vgl. dazu z.B. Phlm 9 und Gal 6,11, was als Hinweis auf die altersbedingte Sehschwäche gelesen werden kann), gezeichnet von Jahrzehnten der inneren und äußeren Konflikte und Entbehrungen, braucht die menschliche und eben auch brüderliche Gemeinschaft je länger je mehr. Und in Rom, wo er in letzter Instanz an den Kaiser appellieren und seinem Schicksal eine entscheidende Wende geben will, dürfte er umso dankbarer sein, als *Vater* auf einen treuen *Sohn* zu zählen. Kein Wunder also, dass er ihn erst ziehen lässt, wenn sich wirklich alles geklärt hat.

Mit 2,23 endet die Berichterstattung über Timotheus, er wird in der Fortsetzung des Briefes nicht mehr namentlich erwähnt. Doch gerade diese letzte Bemerkung lässt tief blicken in das Verhältnis der beiden Apostel in einer für beide schwierigen Zeit. Unter wenigen, oft nur zurückhaltenden Worten scheinen tiefe Bedürftigkeit und Einsamkeit hervor, vor allem aber Dankbarkeit und brüderliche Liebe. Der oft so schroffe Paulus wird zum liebenden *Vater*, und der (scheinbar) wortkarge Timotheus, von dem wir kein einziges Wort überliefert haben, zum umsichtigen, treuen und verlässlichen *Sohn*. Wenn Paulus immer wieder die Niedrigkeit christlicher Existenz betont und die Gewissheit, dass gerade dort Christus stark ist, dann ist diese Beziehung ein ganz konkretes Beispiel dafür.

Hatte Paulus in 2,12–17 noch Zweifel geäußert über einen Besuch seinerseits, so ist er jetzt bereits wieder sehr zuversichtlich, dass auch er bald aufbrechen kann (**24**): *Ich bin jedoch im Herrn überzeugt, dass auch ich bald kommen werde.* Seine Hoffnung ist unverwüstlich, und dies nicht etwa aufgrund guter Nachrichten oder naiver Vorsehungsgläubigkeit, sondern weil diese Hoffnung gegründet ist in der Zuversicht, dass Christus nicht bloß ein Notnagel für schwierige Zeit ist, sondern der Herr der Welt, der das Schicksal der Seinen nicht dem Zufall überlässt. Was auch immer geschehen mag: Paulus bleibt in Christus und Christus in ihm (vgl. dazu Röm 8,38f).

Dass sich seine Hoffnung hinsichtlich des Besuchs wahrscheinlich nicht erfüllt hat, was auch ihm bei nüchterner Betrachtung als eine plausible Möglichkeit vor Augen gestanden haben wird, macht Paulus nicht etwa unglaubwürdiger, sondern im Gegenteil: Dass er auch angesichts des Todes nicht aufgibt und zu seinem Glauben steht, ist erneut eine Konkretisierung dessen, was es heißt, wenn Christus in der eigenen Schwäche stark ist. Und wer sich so getragen weiß, den wird auch der Tod nicht erschüttern (vgl. 1,20–26).

Das unspektakuläre Beispiel des Timotheus, von dem wir kein einziges Wort überliefert haben, vermag bei genauerem Hinsehen ein sehr kritisches Licht auf die Arbeit auch der Kirche und im besonderen der Predigt und der Mission zu werfen. Wie kaum eine Institution bietet die Kirche ihren Mitarbeitenden eine Plattform vor breitem Publikum, das nicht lediglich unterhalten werden, sondern über die dringenden Fragen der eigenen Rettung aufgeklärt und unterrichtet werden will. Die Schwere der Aufgabe leuchtet sofort ein. Aber auch die Versuchung des Missbrauchs: Wer von Sünde, Schuld, Rettung und ewigem Leben predigt, muss sich stets bewusst sein, dass er selbst weder Ankläger, Richter noch Retter ist, auch dann nicht, wenn die Zuhörerschaft an seinen Lippen hängt und jedes Wort aus seinem Mund für die reine Wahrheit erachtet. Liegt es bei soviel Aufmerksamkeit, Anerkennung und Applaus nicht auf der Hand, dass neben der guten Botschaft plötzlich auch der Bote ins Zentrum der Aufmerksamkeit gerät? Worum aber geht es wirklich? Um Christus – oder doch nur um den Prediger, das Ansehen der Gemeinde, den Einfluss der Kirche?

2,25 – 3,1
Epaphroditus

25Indessen erachtete ich es als notwendig, Epaphroditus zu euch zu
schicken: meinen Bruder und Mitarbeiter und Mitkämpfer, abge-
sandt von euch mir zur Hilfe in der Not. 26Er sehnte sich nämlich
sehr nach euch allen und war beunruhigt, weil ihr von seiner Krank-
heit gehört hattet. 27Und er war krank, todkrank sogar. Aber Gott
hatte Erbarmen mit ihm, und nicht nur mit ihm, sondern auch mit
mir, damit ich nicht noch mehr Kummer habe. 28Darum habe ich
mich umso mehr beeilt, ihn zu schicken, damit ihr ihn sehen könnt
und wieder glücklich werdet – und ich eine Sorge weniger habe.
29Nehmt ihn also auf im Herrn voller Freude, und haltet Leute wie
ihn in Ehren, 30denn für die Sache von Christus ist er dem Tod sehr
nahe gekommen und hat sein Leben dabei aufs Spiel gesetzt, um zu
begleichen, was ihr mir an Dienst noch schuldig wart. 3,1Im Übrigen,
meine Brüder und Schwestern, freut euch im Herrn! Ich schreibe
euch immer wieder dasselbe, was mich nicht stört, euch aber soll es
stärken.

Mit Epaphroditus betritt der nächste Mitarbeiter die Bildfläche (**25**): *Indessen erachtete ich es als notwendig, Epaphroditus zu euch zu schicken: meinen Bruder und Mitarbeiter und Mitkämpfer, abgesandt von euch mir zur Hilfe in der Not.* Er ist ein Bote der Gemeinde aus Philippi, und sein heidnischer Name (wörtl.: »der zu Aphrodite Gehörige«) verrät, dass er nicht als Christ geboren wurde, sondern erst später als Kind oder Erwachsener zur Gemeinde gestoßen ist. Paulus nennt ihn *Bruder, Mitarbeiter und Mitkämpfer,* erwähnt in diesem Zusammenhang die Arbeit am Evangelium aber nicht, sodass anzunehmen ist, dass Epaphroditus nicht als Missionar, sondern eher als persönlicher Diener oder Sekretär des Paulus gearbeitet hat. Dieses Arbeitsfeld unterscheidet sich von dem eines Missionars oder Apostels, es ist deswegen jedoch nicht weniger wert, wie die Zuneigung und Fürsorge des Paulus ihm gegenüber zeigen (vgl. V. 27f).

Epaphroditus wurde Paulus zur Hilfe in Not gesandt – welcher Art von Not er begegnet ist, bleibt uns verborgen; in 4,10–13 bedankt sich Paulus jedoch ausgiebig für die Gaben der Philipper und erwähnt dabei, dass Epaphroditus diese überbracht und so die Not gelindert habe (4,18). Bei den Gaben wird es sich um finanzielle oder materielle Güter wie Kleider, Schreibutensilien oder haltbare Esswaren handeln. Diese Art der Unterstützung ist sehr aufwendig, weil sie mit großen Transport- bzw. Reisekosten verbunden ist, für Paulus jedoch umso wertvoller, weil er im Gefängnis ohnehin alles entbehren muss und auch sonst auf seiner Wanderschaft nie weiß, ob er in der nächsten Stadt gastliche Aufnahme findet.

Neben den konkreten Gaben bringt ein Bote wie Epaphroditus immer auch Grüße und Informationen aus der Gemeinde mit (allenfalls sogar einen Brief) und stärkt so die sozialen Banden. Zudem ist der geistlich-emotionale Wert eines Besuches nicht zu unterschätzen: Für die heimatlosen Paulus und Timotheus ist ein Gesandter Garant dafür, dass sie sich von der sendenden Gemeinde auch im Gebet und der Fürbitte getragen wissen dürfen.

Da die Reise von Philippi nach Rom einige Tage dauert, blieb der Besucher in der Regel eine längere Zeit beim Gastgeber, um die Gelegenheit zur Gemeinschaft zu nutzen und ihn, wie im Fall von Epaphroditus, bei seiner Arbeit zu unterstützen, denn auch Arbeitskraft auf Zeit war eine Gabe der Gemeinde. Für die anfallenden Kosten (Gaben, Reise, Arbeitsausfall des Gesandten zu Hause) dürften die Gemeindeglieder aufgekommen sein, oder ein reicher Bruder nahm die Reise auf eigene Kosten in Angriff. Es ist sehr wahrscheinlich, dass Epaphroditus den Brief der Gemeinde überbringt, denn wäre nicht er der Bote, so hätte Paulus einen weiteren schicken müssen, was weder sinnvoll noch effizient wäre.

Es kommt selten vor, dass wir etwas über den Übermittler neutestamentlicher Briefe wissen, in diesem Fall jedoch kennen wir nicht nur den Namen, sondern auch die Umstände der Bekanntschaft, der Hin- und auch der Rücksendung.

Epaphroditus wurde nicht nur deshalb nach Philippi zurückgesandt, weil Paulus einen Boten für seinen Brief benötigte, sondern weil die Gemeinde und auch er selbst in großer Sorge waren (**26**): *Er sehnte sich nämlich sehr nach euch allen und war beunruhigt, weil ihr von seiner Krankheit gehört hattet.* Offenbar war Epaphroditus längere Zeit krank, ist jedoch wieder genesen und will jetzt so schnell wie möglich nach Hause, um die Sorgen seiner Verwandten zu zerstreuen. Krankheiten waren in der Antike äußerst unberechenbar und führten aufgrund mangelnder Hygiene und kaum vorhandener ärztlicher Versorgung schnell in große Not – und oft sogar in den Tod. Neben Krankheiten waren Unfälle und Verletzungen häufige Todesursachen, weil sich Wunden ohne wirkungsvolle Desinfektion schnell und oft eben auch tödlich entzündeten. Zudem grassierte in der Millionenstadt Rom immer irgendeine Epidemie oder Seuche, sodass ein Todesfall auch in jungen Jahren keine Ausnahme bildete.

Das Interessante an dieser historischen Randbemerkung ist die Tatsache, dass die Philipper trotz der beträchtlichen Distanz zu Rom von der Krankheit gehört haben und dass auch Epaphroditus seinerseits von den Sorgen der Gemeinde Kunde erhalten hat. Dank der für damalige Verhältnisse hervorragend ausgebauten Verkehrsverbindungen zwischen Italien und Griechenland ist ein zumindest mündlicher Austausch in relativ kurzen Zeitabständen offenbar möglich; ein Händler etwa, der von Rom nach Philipp oder in die Gegend fuhr, könnte Grüße und ein paar wenige Informationen hin- und hergebracht haben. Aber gerade weil diese Kunde immer nur fragmentarisch war, die gegenseitige Sorge jedoch groß, beschließt Paulus, es nicht bei ein paar beschwichtigenden Worten bewenden zu lassen, sondern Epaphroditus gleich selbst loszuschicken. Man meint zwischen den Zeilen zu hören (besonders in V. 25), dass dieser eigentlich länger hätte bleiben sollen, um Paulus im Namen der Gemeinde gute Dienste zu leisten, jetzt aber aus begreiflichen Gründen seinen Aufenthalt abbricht. Dass Paulus dessen Bangen wahr- und auch ernst nimmt und nicht auf sein Recht pocht, zeigt erneut, wie sensibel und fürsorglich er ist. Diese Sensibilität kommt auch im nächsten Vers zum Ausdruck.

V. **27**: *Und er war krank, todkrank sogar. Aber Gott hatte Erbarmen mit ihm, und nicht nur mit ihm, sondern auch mit mir, damit ich nicht noch mehr Kummer habe.* Die Sorge der Philipper ist offenbar gerechtfertigt, da Epaphroditus ernstlich erkrankt und medizinische Hilfe entweder nicht in Reichweite oder erfolglos war. Dass Paulus hier nicht vom Wunder der Genesung spricht, sondern vom Erbarmen Gottes, hat seine Gründe: Wiewohl ihm bewusst ist, dass in solchen Situationen nur Gott allein helfen kann, so bleibt er gegenüber der spektakulären Interpretation der Heilung als Wunder skeptisch und nennt sie darum etwas nüchterner einfach *Gottes Erbarmen*. Eine solche Nüchternheit ergibt sich aus dem Zentrum seiner Theologie, nämlich dem Kreuz Jesu, das nicht das Zeichen der Wunder Gottes ist (Jesus bleibt der Tod nicht erspart), sondern seines Erbarmens, das bis in den eigenen Tod reicht, ihn dann aber endgültig überwindet. Rettung und Erbarmen sind darum als bedeutend weitreichender zu verstehen als das Heilungswunder, das den Tod letztlich ja nur aufschiebt.

Paulus kennt die antike Sucht nach Wundern und dem spektakulären Eingreifen Gottes in den Alltag nur zu gut, denn wie bereits Jesus (vgl. z.B. Mt 12,38; Mk 1,45) hatte auch er in den Gemeinden ständig gegen die Erwartung des Mirakulösen zu kämpfen (vgl. 1Kor 13,1–13; 14,1–19; 2Kor 11,5–15), die Glauben mit Magie verwechselt. Darum verliert er auch hier kein Wort zu den Umständen der Heilung bzw. Genesung des Epaphroditus, sondern beschränkt sich darauf, das Geschehen Gott und seinem Erbarmen zuzuschreiben. Für ihn liegt das Wesen Gottes gerade nicht in dessen Fähigkeit, sich großartig und öffentlichkeitswirksam zu produzieren (was ihm durchaus auch möglich wäre), sondern in der gnädigen, gütigen Zuwendung zu denen, die ihm vertrauen und seiner bedürfen.

Mit dem Eingeständnis des eigenen Kummers (27c) zeigt sich Paulus erneut von seiner empfindsamen Seite. Kummer hätte ihm der verfrühte und plötzliche Tod des (wahrscheinlich noch jungen) Epaphroditus bereitet, und Kummer hätte ihm auch das Leid der Gemeinde verursacht, mit der er sich freuen will – und nicht trauern (vgl. 2,18). Paulus ist kein Fatalist, der sich oder die Gemeinde mit den unabdingbaren Wendungen des Schicksals vertröstet, sondern voller Emotionen und Hoffnung, gerade auch in Bezug auf die Menschen, als deren Diener er sich versteht. Noch immer geistert das Bild des Paulus als strenger und griesgrämiger Patriarch in der Kirche und den Vorstellungen vieler Christen herum. V. 27 ist bei weitem nicht der einzige Vers im Philipperbrief, der dieses Vorurteil Lügen straft.

Wie bereits erwähnt, ist auch Paulus der Meinung, dass eine Nachricht alleine nicht genügt, die Gemüter in Rom und Philipper zu beruhigen (**28**): *Darum habe ich mich umso mehr beeilt, ihn zu schicken, damit ihr ihn sehen könnt und wieder glücklich werdet – und ich eine Sorge weniger habe.* Nur die persönliche Begegnung mit dem Genesenen wird der Gemeinde den Frieden bescheren, den sich auch Paulus für sie wünscht. Dass er dabei erneut auf die Freude verweist (dt.: »glücklich werdet« = griech.: »euch freuen könnt«), drückt nicht nur ein gewisses Harmoniebedürfnis auch seinerseits aus, sondern knüpft an das Schwerpunktthema des Briefes an (vgl. auch 1,4.18.25). Mit der Sendung des herzlichst Vermissten gelingt es Paulus, von der Freude nicht nur in der Wunschform zu sprechen, sondern sie konkret werden zu lassen. Er selbst würde diese Freude sicherlich nicht als sein Verdienst betrachten, sondern als ein von Christus erhoffter und von diesem auch erwiesener Akt des Erbarmens und der Gnade, dessen Paulus selbst teilhaftig wird, indem auch sein Kummer ein Ende nimmt. Paulus bemängelt das Verhalten der Philipper in keiner Weise als Fehlen richtigen Glaubens und Vertrauens, vielmehr teilt er empathisch ihre Sorgen. Auch dies dürfte eine direkte Folge der Kreuzestheologie sein, die eben nicht mit Wundern rechnet oder sie anderen verspricht, sondern sich dem Erbarmen Gottes aussetzt.

Die Aufforderungen, Epaphroditus mit Freude aufzunehmen (**29**: *Nehmt ihn also auf im Herrn voller Freude, und haltet Leute wie ihn in Ehren*), passt aufgrund des Schlüsselbegriffs der Freude gut zum Kontext des Briefes, nicht wirklich aber zum Kontext der Gemeinde in Philippi. Weshalb sollten sie einen der Ihrigen, den sie schmerzlich vermissen, nicht mit Freude aufnehmen? Hätten sie ihm gegenüber Grund zu Argwohn? Gelegentlich ist in der Auslegung solches vermutet worden, etwa dass die Gemeinde die Sehnsucht des Epaphroditus nach der Heimat als Zeichen seiner Unreife erachtet habe oder dass sie befürchte, Paulus fühle sich durch die verfrühte Abreise beleidigt, worauf dieser dann mit seinen wohlwollenden Worten die Sache wieder ins Lot zu bringen versuche. Aber das sind alles Spekulationen und entbehren jeglicher textlicher Grundlage.

Besser zu verstehen ist diese Aufforderung aus dem Kontext des antiken Briefformulars, das in jedem Fall eine Empfehlung vorsieht für den Überbringer des Briefes, der in vielen Fällen dem Adressaten unbekannt war. Paulus nutzt diese Tradition, um seine Dankbarkeit und seine Zufriedenheit mit Epaphroditus zum Ausdruck zu bringen. Da jener nur ein temporärer Mitarbeiter war und wohl wenig bis gar keine geistlich-missionarischen Aufgaben erledigte, werden vor allem sein Mut und seine Leidenschaft hervorgehoben (vgl. auch V. 30).

Ebenfalls etwas störend wirkt der Hinweis, Epaphroditus aufgrund seiner Leistung in Ehren zu halten, auch wenn dies, wie *im Herrn* zu Beginn des Verses verdeutlicht, nicht in materiell-weltlicher, sondern in geistlicher Hinsicht gemeint ist. Weshalb sollte jemand aufgrund seiner Leistung besonders hervorgehoben werden? Wäre dies nicht gerade jenes Verhalten des Sich-Rühmens, das Paulus bei den anderen Missionaren brandmarkt (vgl. 2,21)?

Auch der Beginn von V. 30 macht den Eindruck, als ob Paulus die besondere Leistung des Epaphroditus für Christus hervorheben wollte (**30**): *denn für die Sache von Christus ist er dem Tod sehr nahe gekommen und hat sein Leben dabei aufs Spiel gesetzt, um zu begleichen, was ihr mir an Dienst noch schuldig wart.* Dazu hätte er allerdings auch guten Grund, denn Epaphroditus hat sein Leben in Rom riskiert, wie Paulus dies mit einer ziemlich aufwendigen Satzkonstruktion beschreibt. Worum es sich dabei genau handelt, bleibt einmal mehr im Unklaren, die Korrespondierenden werden es jedoch wissen und verschwenden darum auch keine Zeile mit bereits bekannten Details. Der Hinweis von V. 27, er sei krank gewesen, muss genügen.

Mit dem Finalsatz *(um zu begleichen)* klärt sich die Sache: Besondere Ehre soll Epaphroditus zuteil werden, nicht etwa, weil er eine spezielle Tat für Gott vollbracht hätte, sondern für Paulus bzw. für die Gemeinde (*für die Sache von Christus* bedeutet nicht, dass er bei missionarischer Tätigkeit Lebensgefahr ausgesetzt gewesen wäre, sondern deutet generell auf sein Engagement bei Paulus und darum auch für die Mission im weitesten Sinne). Da sie sich in ihrer Existenz Paulus verdankt, steht sie quasi in seiner Schuld, und diese Schuld ist mit der Tat des Epaphroditus nun beglichen. Paulus gab der Gemeinde Leben, und Epaphroditus gab sein Leben Paulus, beinahe jedenfalls. Das Bild der rechnerischen Begleichung darf nicht überstrapaziert werden, denn faktisch haben die Exponenten nichts miteinander verrechnet, aber es drückt aus, dass die Beziehung zwischen Gemeindegründer und Gemeinde Dimensionen von Leben und Tod mit einschließt und dass darum auch Hilfeleistungen in Not mehr sind als nur die Überweisung eines Notgroschens. Die Gemeinde ist durchaus bereit, Opfer zu bringen für Paulus, weil er seinerseits Opfer gebracht hatte, um sie überhaupt zum Leben zu bringen. Und wenn jemand bereit ist, dieses Opfer auf sich zu nehmen und, wie im Fall von Epaphroditus, die Heimat zu verlassen und sich auf eine Reise ins Ungewisse zu machen, so soll dies nicht belohnt, aber geehrt und als wertvoll erachtet werden.

Die Gemeinde, auch die weltweite, ist der Leib des Herrn (vgl. dazu 1Kor 12,12–30), in dem jeder für jeden Verantwortung trägt, und der nur dann wirklich gesund ist, wenn auch für das schwächste Glied gesorgt ist. Die Philipper haben mit der Sendung des Epaphroditus aus der friedlichen Provinz mitten ins Gefängnis der Millionenstadt gezeigt, was damit gemeint ist. Dass dies nicht nur anstrengend ist, sondern einiges an Aufopferung bedarf, versteht sich von selbst. Deshalb nennt Paulus das, was die Philipper für ihn leisten, *Dienst* und nicht etwa Schuldbegleichung. Während eine finanzielle Abgleichung in der Regel emotionslos entgegengenommen wird, schwingt beim Dienst immer Dankbarkeit mit, was auch hier der Fall ist, wie der nächste Vers zeigt, der den Abschnitt beendet.

Hatte schon der erste Teil des Briefes mit der Freude geendet (2,17), so beschließt sie auch den zweiten (**3,1**): *Im Übrigen, meine Brüder und Schwestern, freut euch im Herrn! Ich schreibe euch immer wieder dasselbe, was mich nicht stört, euch aber soll es stärken.* Paulus spricht die Philipper betont direkt an, und zwar als Brüder und Schwestern. Dies ist mehr als eine Floskel, denn die gemeinsame Geschichte, von der auszugsweise die letzten Verse handelten, hat sie in einer Weise verbunden, die mit Freundschaft nicht hinreichend beschrieben werden kann. Geschwister sind sie, weil sie denselben Vater haben, aber auch, weil sie wie eine bzw. als eine Familie einander verbunden sind und sich als solche auch beistehen, besonders dann, wenn Not und Kummer einbrechen.

Auch jetzt fehlt der Verweis auf den Raum des Christus als Horizont der Freude nicht, und so wird das vorher Gesagte und Erzählte abschließend als Geschichte Gottes mit seinen Menschen bzw. der Menschen mit ihrem Gott verstanden. Wenn Christus auferstanden und im Geist anwesend ist, dann gibt es keine profane Geschichte mehr, alles geschieht im Licht Gottes, auch und gerade die Freude.

Paulus ist sich sehr wohl bewusst, dass er immer wieder von derselben Freude schreibt, er lässt sich davon jedoch nicht beirren, denn seine Freude über die Gemeinde ist echt, und er sieht in der dialogischen Beziehung mit der Gemeinde Gottes Hand am Werk, der alles zum Guten fügt. Darum freut er sich und fordert zur Freude auf, denn nur, wer das Geschehene wie auch das Geschehende dankbar als Gottes Wirken erkennt, wird tiefe Freude erfahren und so seinen Glauben stärken. Die Freude wird nicht zufällig als die zweite Frucht in der Aufzählung der Geistesgaben genannt (Gal 5,22–24), denn sie vereint Dankbarkeit, Staunen, Friede und Hoffnung zu einer Grundhaltung, die sich nicht an Defiziten orientiert, sondern an den Gaben und den Verheißungen Gottes. Der Blick ist nicht verbittert in die Vergangenheit, vielmehr voller Vertrauen in die Zukunft gerichtet.

Dies gilt besonders für Paulus, und es ist einmal mehr zu betonen, wie dominant und zugleich überraschend das Thema der Freude im Philipperbrief behandelt wird: Paulus hätte allen Grund zur Klage über seine Situation, und die Beispiele früherer Briefe belegen, dass Freude in keiner Weise ein ewig wiederkehrendes Thema seiner Korrespondenz ist. Umso ernster und authentischer muss sie also hier, in seinem letzten Brief, verstanden werden.

Für Paulus sind die Beziehungen zu seinen Gemeinden und zu den Philippern im Besonderen mehr als bloße Arbeitsfelder, mit deren Betreuung er beauftragt wurde. Wie das Beispiel des (historisch gesehen) bedeutungslosen Epaphroditus zeigt, spielt sich hier das konkrete Leben des Leibes Christi ab, und wenn es familiären Charakter hat, dann ist dies kein Zufall. Dass in der christlichen Theologie Gott nicht nur als Schöpfer allen Lebens und Autor der biblischen Schriften wahrgenommen wird, sondern auch als Ursprung und Inhalt aller geschwisterlichen Beziehungen, ist einmalig und radikal, denn es bedeutet nichts anderes als die Verweltlichung Gottes. Das heißt nicht, dass Gott in der Welt aufginge, aber es heißt, dass er sich ganz auf die Welt einlässt. Was der Philipperhymnus in 2,6–11 poetisch darstellt, zeigt sich konkret an der Gestalt des Epaphroditus: Er ist ein einfacher Diener, der bereit wird, sogar sein Leben aufs Spiel zu setzen, um damit etwas von dem wahr werden zu lassen, was Gott in seiner Menschwerdung beispielhaft vorgeführt hat. Gott wird Mensch, damit die Menschen einander zu echten Menschen werden und in ihren Beziehungen Gott erfahren. So entsteht eine himmlisch-irdische Dynamik, die die Menschen und ihre Beziehungen in Bewegung versetzt. Es ergibt sich ein Kreislauf von Geben und Nehmen, dessen unsichtbarer Antrieb das Wirken Gottes ist. Im Leib Christi ist es nicht mehr nötig, zwischen menschlichem und göttlichem Handeln zu unterscheiden, Gott bewirkt Anfang und Ende, Wollen und Vollenden, er lässt sich erfahren in einer wundersamen Heilung und in der heilsamen Rückkehr eines sorgenvoll Vermissten. Was Paulus als »Schuld der Philipper« ihm gegenüber bezeichnet, ist nicht aufrechenbar, weil es in Christus nichts mehr zu berechnen gibt, sie ist vielmehr ein dankbares Verbundenbleiben über Zeit und Raum hinweg in diesem Kreislauf von Geben und Nehmen. Oder anders ausgedrückt: Was Epaphroditus für Paulus leistet, ist Zeichen dafür, dass die Menschen in Christus nie miteinander fertig sind.

IV

3,2–21
Wahres Leben

3,2–11
Falscher und wahrer Stolz

**[2]Hütet euch vor den Hunden, hütet euch vor den schlechten Feld-
arbeitern, hütet euch vor den Verschnittenen! [3]Die richtig Beschnittenen, das sind nämlich wir! Denn wir dienen durch den Geist Gottes und sind stolz in Christus Jesus – und nicht etwa auf das, was wir
selbst geleistet haben. [4]Dabei hätte ich allen Grund, auch auf meine
Leistung zu vertrauen; wenn überhaupt einer dazu berechtigt ist,
dann ich! [5]Beschnitten am achten Tag, Angehöriger des Volkes Israel, aus dem Stamm Benjamin, Hebräer von Hebräern. Was das Gesetz betrifft: ein Pharisäer; [6]was den Ehrgeiz betrifft: Verfolger der
Gemeinde; was die Gerechtigkeit betrifft, die das Gesetz verleiht:
Ich war ohne Fehl und Tadel. [7]Aber was mein Gewinn war, das habe
ich dann wegen Christus als Verlust erachtet. [8]In der Tat: Ich erachte all dies als wertlos aufgrund der überragenden Erkenntnis von
Christus Jesus, meinem Herrn, um dessentwillen mir alles wertlos
wurde. Und ich halte es noch immer für Dreck, wenn ich nur Christus gewinne [9]und in ihm sein kann, ohne dass ich auf meine eigene
Gerechtigkeit aus dem Gesetz verweisen muss, sondern auf die aus
Glauben an Christus, auf die Gerechtigkeit Gottes aufgrund des
Glaubens. [10]Ihn will ich kennen und die Kraft seiner Auferweckung
sowie die Teilhabe an seinen Leiden und so seinem Tod gleichgestaltet werden [11]in der Hoffnung, dereinst zu der Auferstehung von
den Toten zu gelangen.**

Mit Kapitel 3 schlägt die Stimmung des Paulus schlagartig um: Nach den familiären und dankbaren Tönen folgt nun eine harte Auseinandersetzung mit Gegnern, die Paulus offenbar so sehr zusetzen, dass er ziemlich aggressiv wird – zugleich aber auch sehr persönlich spricht. Dem judaisierend-gesetzlichen Vorwurf, ohne Beschneidung sei der Glaube nichts wert (3,2–11) entgegnet er mit dem Verweis auf seine Vergangenheit als makelloser Pharisäer, die ihm aber vor Gott nichts gebracht hat. Auf der anderen Seite stehen Libertinisten, die sich alle Freiheit nehmen und so der Ernsthaftigkeit und der Niedrigkeit einer kreuzesförmigen Existenz, wie sie Paulus für richtig hält, ins Gesicht spotten. Auch hier muss Paulus Klartext sprechen (3,12–21).

V. 2 eröffnet also einen Schlagabtausch, der nur am Rand argumentativ verläuft, sondern polemisch, ironisch und vor allem biographisch. Anhand scincs eigenen Lebens versucht Paulus, die Position der Gegner lächerlich zu machen bzw. zu zeigen, dass sie unhaltbar ist. Das Thema ist die Gerechtigkeit, die sich der Mensch aufgrund seiner Werke anrechnen lässt, wogegen Paulus einmal mehr die Gerechtigkeit stellt, die aus dem Glauben stammt. Das Ende des Abschnitts (V. 7–11) hat zeugnishafte und bekenntnishafte Züge, die die Leser auf einer ganz anderen Ebene ansprechen (bzw. anzusprechen versuchen) als die sonst bei Paulus gewohnte logische Sachlichkeit.

Schlagartig ändern sich ab V. **2** Thema und Tonart: *Hütet euch vor den Hunden, hütet euch vor den schlechten Feldarbeitern, hütet euch vor den Verschnittenen!* Paulus reitet eine grobe Attacke gegen Leute in Philippi, die der Gemeinde offenbar kritisch oder feindlich gesinnt sind. Dieser abrupte Wechsel ist in der Forschung oftmals als Hinweis auf einen separaten Brief verstanden worden, der hier in einer späteren, also nachpaulinischen Phase eingearbeitet worden sei, um aus verschiedenen Einzelbriefen eine kompakte Sammlung zu machen (gewisse Ausleger gehen von drei bis vier solcher Briefe aus; vgl. dazu die Einleitung). In der Tat überrascht der rauhe Tonfall; er erstaunt allerdings weniger, wenn man die gesamte Korrespondenz des Paulus in Betracht zieht. Dann nämlich wird deutlich, dass er öfter aufbrausend ist, ohne dass der unmittelbare Kontext darauf vorbereiten würde (vgl. z.B. Gal 3,1; 6,17). Und selbst der Themenwechsel ist insofern vorbereitet, als Paulus schon vorher Stellung gegen seine Gegner bezogen hat (1,15–17; 2,21) und den Blick nun, da er Epaphroditus nach Hause schicken will, wieder nach Philippi und den dortigen Zuständen und Gegnern wendet. Der stilistisch-thematische Umbruch lässt sich also einfacher erklären, wenn man annimmt, dass Paulus den Philipperbrief in mehreren Etappen (wahrscheinlich innerhalb weniger Tage oder Wochen) diktiert hat und wir in V. 2 Zeuge eines Neueinsatzes werden, der thematisch zwar vorbereitet wurde, stilistisch jedoch überrascht. Auch Paulus hat jedoch das Recht auf schlechte Laune oder einfach nur starke Emotionen, wie wir dies in positiver Hinsicht ja gerade in 3,1 gesehen haben. Zudem ist stets zu bedenken, dass er im Gefängnis sitzt und sich deshalb in einer psychisch sehr schwierigen und belastenden Situation befindet.

Paulus bezeichnet die ungenannten Gegner als *Hunde, schlechte Feldarbeiter* und *Zerschnittene.* Daraus lässt sich zumindest ein

Teilprofil erstellen. Die Beschimpfung als *Hund* ist bis heute im Nahen Osten eine schwere Beleidigung, weil Hunde als streunende, sich von Abfall ernährende und im Schmutz herumstreichende Stadt- bzw. Dorfparasiten gelten. Diese Titulierung ist so grob, dass Paulus, falls er nicht mit Zustimmung der großen Mehrheit der Philipper rechnen kann, seinen gesamten Kredit aufgebraucht hätte. Dies aber ist nicht anzunehmen. Dass er schon beim bloßen Gedanken an seine Gegner derart in Rage gerät, wird seine Gründe haben. Der wichtigste dürfte sein, dass die Gemeinde in Philippi seine Gründung ist und er sich von niemandem ins Handwerk pfuschen lassen will. Gemäß einer alten, von Paulus stets respektierten Regel respektieren Wandermissionare die Gebiete anderer und arbeiten nur in eigenen Gemeinden und dort, wo es noch keine gibt (vgl. dazu Röm 15,20f); dies erklärt auch, weshalb er gegen die Gegner in der Gemeinde in Rom, die er nicht selbst gegründet hat, nur zögerlich vorgeht (vgl. 1,14–17), in Galatien hingegen, wo er die Gemeinde gegründet hat, mit ganzer Härte auftritt (Gal 1,6–9; 3,1–5).

Ein weiterer Hinweis auf die Identität der Gegner liefert der Begriff des (Feld-)Arbeiters, der öfter als Bezeichnung für Apostel oder zumindest Mitarbeiter in der Gemeinde gebraucht wird (2Kor 11,13; 2Tim 2,15). Offenbar handelt es sich auch in Philippi um Missionare oder Apostel, deren Verkündigung jedoch der des Paulus vollkommen widerspricht. Einmal mehr muss sich Paulus nicht gegen Heiden durchsetzen, sondern gegen Christen – oder jene, die sich als solche ausgeben. Denn sie fordern offenbar von allen, die an Christus glauben, die jüdische Beschneidung, wie die letzte Beschimpfung als *Verschnittene* zeigt. Dabei handelt es sich um ein Wortspiel, das den *Beschnittenen* vorwirft, in Wirklichkeit nur *Verschnittene,* also zu Unrecht bzw. sinnlos Beschnittene zu sein.

Es ist längst nicht das erste Mal, dass Paulus auf seinen Missionsreisen gegen die Beschneidungsforderung ankämpft (vgl. z.B. Gal 5,1–12), hinzu gesellen sich noch weitere altbekannte Argumente, wie V. **3** zeigt: *Die richtig Beschnittenen, das sind nämlich wir! Denn wir dienen durch den Geist Gottes und sind stolz in Christus Jesus – und nicht etwa auf das, was wir selbst geleistet haben.* Das Ende des Verses (3c) wirft ein klares Licht auf die Identität der Gegner. Es ist im griechischen Urtext vom *Vertrauen auf das Fleisch* die Rede, eine Wendung, die bei Paulus in verschiedenen Variationen vorkommt (vgl. z.B. auch Gal 6,7f). *Fleisch* ist der Naturzustand des Menschen und als solcher neutral, also keineswegs in leibesfeindlicher Sicht als schlecht oder verdorben zu verstehen (vgl. dazu *im* Fleisch leben, Gal 2,20; Phil 1,22). Reduziert sich der Mensch jedoch auf sein Fleisch und damit auf eine rein weltliche Lebensweise (»als ob es Gott nicht gäbe«), indem er sich nicht auf das Wirken Gottes einlässt und stattdessen allein auf das Wirken seiner eigenen Hände und seines Geistes vertraut, wird *Fleisch* zum Synonym eines in sich verkehrten und von sich selbst besessenen Menschen, dessen Fokus wesentlich auf seiner Leistung liegt (zu *nach* bzw. *gemäß* dem Fleisch leben o.ä. vgl. 1Kor 1,16; 2Kor 1,17; 10,3 u.ö.).

Wenn Paulus nun seine Gegner als solche beschreibt, die auf die eigene Leistung pochen, dann ergibt das in Kombination mit der Forderung nach Beschneidung ein klares Bild: Es handelt sich um Christen jüdischer Herkunft, die Christus zwar als den Messias Gottes verehren, gleichzeitig jedoch die Einhaltung des Gesetzes oder zumindest seiner wichtigsten Teile verlangen. Dazu gehören die Beschneidung, die Sabbatruhe und gewisse Speisegebote. Von Anfang an ist die christliche Kirche zwiegespalten in ein jüdisch-christliches Lager, das sich in Jerusalem um Petrus und den Herrenbruder Jakobus formiert, und ein heidnisch-christliches um Stephanus, zu dem später auch Paulus als dessen prominentester Vertreter gehören wird (Apg 6,8–15). Während letztere Partei die Meinung vertritt, dass die Rettung allein aus Gnade durch den Glauben geschieht, orientiert sich erstere an ihren jüdischen Wurzeln und damit auch am Gesetz. Schwere Konflikte waren unvermeidbar, sodass ein Kompromiss gefunden werden musste, um nicht die christliche Bewegung als ganze in den Abgrund zu treiben. Man einigte sich auf dem sogenannten Apostelkonzil von Antiochia darauf, in jüdischen Gebieten nach Jerusalemer Art, in heidnischen jedoch nach hellenistischer (als griechischer) Art zu missionieren, ohne dass sich die beiden Gruppen gegenseitig bedrängen (vgl. Apg 15,1–35). Während sich Paulus an diese Vorgaben hält, muss er immer wieder gegen jüdisch-christliche Missionare kämpfen, die in den heidnisch-christlichen Gebieten wildern. Das beste Beispiel dafür ist der Galaterbrief (vgl. Gal 3–5).

Die theologische Begründung der gegnerischen Missionare liegt in einer speziellen Interpretation der Bundestheologie, wonach der Bund Gottes mit Israel in Jesus bestätigt und erneuert wird. Der Tod Jesu reinigt zwar von den Sünden, Gott als Bundespartner erwartet jedoch von den Gläubigen, dass sie nun erst recht die Bundessatzungen halten. Paulus hingegen erachtet diesen Bund als den alten, während in Christus ein neuer, definitiver und allumfassender geschlossen worden ist (2Kor 3,6–11), der alle Werke des Gesetzes obsolet macht (Röm 10,4; Gal 2,16–21 u.a.). Das Gesetz ist für Paulus nicht falsch oder gegenstandslos, sondern im Gegenteil gut und heilig (Röm 3,31; 7,12), aber es hat seine Heilsbedeutung verloren. Mehr noch: Das Tun der Werke des Gesetzes als spirituelle Pflicht lenkt von der Gnade ab, weil es den Menschen der Illusion ausliefert, sein Heil durch sein Tun sichern zu können. Dann aber braucht es den Glauben als hingebungsvolles Vertrauen nicht, denn der Mensch hat sich für sich und das Tun seiner Hände entschieden. Aufgrund solcher Überlegungen kann Paulus sogar behaupten, dass das Gesetz die Sünde sogar vermehre (Röm 5,20; 7,13), weil es den Menschen auf sich selbst vertrauen lässt.

Die Diskussion um die Bedeutung des Gesetzes ist im Detail sehr kompliziert, damals wie heute, und sie muss von Paulus immer wieder neu geführt werden. Sie lässt sich aber auf einen relativ einfachen Nenner bringen: entweder Glaube an Christus – oder Tun des Gesetzes. Aus dieser Alternative klärt sich der Gegensatz, den Paulus in V. 3 aufstellt: Sie (die gegnerischen Missionare) vertrauen auf sich selbst, während wir (Paulus und die Philipper) auf Christus vertrauen; sie sind stolz auf ihr eigenes Werk, während wir stolz sind nicht auf das, was wir tun, sondern auf das, was Christus für uns tut. Das eigene Tun wird so weder überflüssig noch beliebig, aber es wird verstanden als ein Werk Gottes, das der Geist im Glaubenden wirkt.

V. 3 gesellt sich in eine Reihe mit 1,6 und 2,13: Gott wirkt Anfang und Ende (1,6), er wirkt Wollen und Tun (2,13), und er wirkt dieses Tun in uns durch seinen Geist (wörtl: *wir dienen durch den Geist Gottes)*. Diese Trias ist eine praktische, lebensnahe und vollständige Umschreibung dessen, was Paulus mit *Sein in Christus* meint. Versteht man die paulinische Theologie aus dieser Perspektive, dann wird deutlich, dass es neben dem Glauben an Christus nichts anderes braucht, mehr noch: dass alles andere diesen Glauben in Gefahr bringt, weil es dem alten Menschen, der nur zu gern wieder aktiv wäre, neuen Auftrieb verschafft.

Obwohl sich Paulus eigentlich zum Beschluss des Apostelkonzils bekennt, erachtet er die Christen seiner Mission als die eigentlichen Erben des ersten Bundes und nennt sie darum die *richtig Beschnittenen* (V. 3a). So bezeichnet er sie, weil sie das Bundeszeichen Gottes nicht am Leib tragen, sondern in der Seele (durch den Glauben), und Gott darum auch nicht durch das Gesetz, sondern durch seinen Geist dienen (V. 3b). Wie bereits erwähnt, wird bei Paulus das Tun des Guten nicht bedeutungslos, es wird vielmehr verstanden als ein Dienst für Gott, den aber nicht der Mensch selbst vollbringt, sondern der Geist Gottes in ihm. Wirkt nun der Geist, also Gott selbst, im Menschen das, was Gott von ihm will, dann wird es zum Werk von Gott, durch Gott und für Gott in einem. Dies ist nur möglich, wenn ihm keine Heilsbedeutung mehr zukommt (weil der Mensch keinen Anspruch auf den Verdienst eines Werkes hätte, das Gott selbst macht). Im Gegenteil, es ist die Folge davon, dass der mit Gott versöhnte Mensch transparent wird für das Wirken des Geistes in ihm. Das ist der wesentliche Unterschied zwischen dem Tun des Gesetzes und dem Dienst im Geist.

In den folgenden Versen konkretisiert Paulus diesen Unterschied am Beispiel seiner eigenen Person (**4**): *Dabei hätte ich allen Grund, auch auf meine Leistung zu vertrauen; wenn überhaupt einer dazu berechtigt ist, dann ich!* Paulus versucht, dem Vorwurf zu entgegnen, er habe schon als Pharisäer im Gesetzesgehorsam versagt und sich darum im Glauben an Christus eine illegitime Abkürzung auf dem Weg zum Heil konstruiert. Dies ist ein Vorwurf, der ihm aus gewisser theologischer Perspektive bis heute gemacht wird. Was damals schon falsch war, wird auch mit den Jahrhunderten nicht richtiger.

Wie in anderen Briefen (vgl. 2Kor 11,16–33; 12,11–13) bedient sich Paulus auch hier der Ironie, um die Position der Feinde lächerlich zu machen. Es ist nämlich keineswegs so, dass Paulus keine Ahnung vom Leben unter dem Gesetz hätte, ganz im Gegenteil! Seine Leistungsbereitschaft muss ungeheuer gewesen sein, ebenso sein Selbstwertgefühl. Immerhin wäre dem pharisäischen Weg des radikalen Gesetzesgehorsams zugutezuhalten, dass er mit großer Ernsthaftigkeit und unter allen Umständen den Glauben in der Praxis verwirklichen will, auch wenn dies aus christlicher Perspektive aus fraglicher Motivation und mit falschen Mitteln geschieht. Diese versöhnte Sicht jedoch fehlt Paulus, denn zum einen hat er das Leben als Pharisäer im Vertrauen auf die eigene Leistungsfähigkeit exzessiv betrieben, sodass die Befreiung davon einem Paradigmenwechsel gleichkommt, der aufgrund seiner Radikalität nicht mehr rückgängig zu machen ist. Es bleibt Paulus keine Option mehr, es gibt nur noch Christus. Zum anderen hat er als Pharisäer in der christlichen Gemeinde richtiggehend gewütet und dabei unsägliche Schuld auf sich geladen (vgl. Gal 1–2), die zu überwinden ihm nur gelingt, wenn er umso strikter an seinem neuen Weg festhält.

In der Folge erläutert Paulus nun seine Behauptung, mehr als alle anderen mit religiöser Leistung vertraut zu sein. Wir werden Zeugen vom Leben des Paulus vor seiner Bekehrung, von dem wir sonst so gut wie nichts wissen. Neben Gal 1–2 ist dies die einzige authentische Schilderung seiner vorapostolischen Biographie. Die Begründung des Stolzes auf die eigene Leistung ist auch darum interessant, als sie uns zeigt, worauf man traditionellerweise im pharisäischen Judentum des 1. Jahrhunderts n.Chr. stolz war – und sie wirft auch ein Licht auf das, worauf die Gegner des Paulus in Philippi Wert legten, denn ihnen muss er ja beweisen, dass er ihnen in nichts nachsteht – und ihr Stolz demnach grundlos ist.

V. 5: *Beschnitten am achten Tag, Angehöriger des Volkes Israel, aus dem Stamm Benjamin, Hebräer von Hebräern. Was das Gesetz betrifft: ein Pharisäer.* Den Anfang der Begründung machen die traditionellen Werte des Judentums: das Bundeszeichen der Beschneidung und die Zugehörigkeit zum Volksganzen. Als das von Gott erwählte und in seiner Geschichte immer wieder errettete, aber auch zur Rechenschaft gezogene Volk war sich Israel seiner Einzigartigkeit durchaus bewusst und bemühte sich, sie dahingehend zu bewahren, dass das Volk sich nicht leichtfertig mit anderen vermischte und so seine Identität preisgab. Eine jüdische Mutter zu haben, was allein die Identität als Jude begründete, sich einem Stamm und damit auch dem ganzen Volk zugehörig zu wissen, waren wichtige Anhaltspunkte. Obwohl die einzelne Person zu ihrer Herkunft nichts beitragen kann, weil sie ihr mit der Geburt (und im Fall männlicher Kinder durch die Beschneidung am achten Tag) vorgegeben ist, steht gerade sie in der Aufzählung des Paulus zuoberst. Er übernimmt damit eine traditionelle Werteskala, auf die auch er früher achtete und stolz war.

Zugleich ist die Ironie in seiner Argumentation nicht zu übersehen: Es gibt keinen Grund, auf eine Herkunft stolz zu sein, zu der man nichts beigetragen hat, vor Gott erst recht nicht, denn sie ist nichts, womit man sich vor ihm verdient machen könnte. Gott dessen eigene Gabe als verdienstvolles Werk zu präsentieren, ist geradezu absurd – und gerade darum so typisch für das Leben *nach dem Fleisch* (vgl. V. 3), weil dieses in seiner Selbstbezogenheit und seinem Streben nach Machbarkeit und Kontrolle die eigentlichen Verhältnisse aus den Augen verliert.

Mit der Bemerkung, *aus dem Stamm Benjamin* und *Hebräer von Hebräern* zu sein, resümiert Paulus das, was an Äußerlichem gesagt werden kann. Es sind die harten Fakten, die ihn zu einem »waschechten« Juden machen. Seine »innere« Identität als Pharisäer jedoch begründet er mit dem Gesetz, denn sie ist im Gegensatz zur Herkunft eine bewusste Entscheidung. Pharisäer waren keiner Klasse, Berufsgattung oder einem bestimmtem Stamm zugewiesen (im Gegensatz etwa zu den Priestern), sondern definierten sich durch ihre Lebensweise, die sich ganz strikt am Gesetz bzw. an ihrer strikten Auslegung des Gesetzes orientierte. Dadurch grenzten sie sich ab vom Rest des Volkes, besonders aber von den einfachen Landleuten, die sie aufgrund ihres Umgangs mit Tieren (und deren Kot oder Blut) für unrein erachteten. Im Widerstreit standen sie auch mit den Sadduzäern, einer gebildeten Elite, die sie wegen ihrer Kooperation mit den römischen Herrschern, ihrer Ablehnung der Auferstehung und ihrer relativ liberalen Toraauslegung verachteten. Die Intention der Pharisäer war durchaus lauter, nämlich in Einklang mit den Geboten des Alten Testaments Gott zu dienen, die Konsequenzen ihres Eifers führte sie aber zu extremer Abgrenzung und rigoroser Gesetzlichkeit (einige extreme Beispiele liegen uns in den Evangelien vor, wenn auch damit zu rechnen ist, dass sie etwas verzeichnet sind; vgl. Mt 23,23; Lk 6,6–11; 18,9–14).

Paulus legte in seinem Gesetzesgehorsam einen übersteigerten Eifer an den Tag, Abgrenzung nicht nur sichtbar zu leben (was nach pharisäischer Erwartung bereits genügt hätte), sondern das Nichtentsprechende auch noch zu bekämpfen (**6a**): *was den Ehrgeiz betrifft: Verfolger der Gemeinde.* Gemäß Apg 9,1f erhält Paulus vom Hohepriester in Jerusalem einen offiziellen Auftrag zur Verfolgung, wobei nicht ganz klar ist, auf welcher rechtlicher Grundlage er handelt. Solange Christen den Tempel- oder Synagogaldienst nicht störten und keine gotteslästerlichen Dinge verkündigten, bestand kein Grund, sie zu verfolgen. Apg 7,58 – 8,3 erzählt von der ersten Verfolgung im Zusammenhang mit der Steinigung des Stephanus, bei der Paulus wesentlich beteiligt war. Weswegen genau die Christen verfolgt wurden und ob sie während der Haft auch gefoltert und danach verurteilt worden sind, wird nicht erzählt. Da das Synhedrion (= Hoher Rat, d.h. faktisch die von den Römern geduldete Regierung Israels) die Todesstrafe weder verhängen noch durchführen durfte – diese oberste Rechtsgewalt reklamierten die Römer exklusiv für sich –, ist nicht mit systematisch-politischer Verfolgung zu rechnen, sondern eher mit spontanen Pogromen und einer gewissen Lynchjustiz. Ob Paulus daher nach Damaskus aufbrach, um Gefangene nach Jerusalem zu bringen (Apg 9,1f) oder eher im Sinne eines Geheimagenten die Umstände der christlichen Gemeinde auszuspionieren, kann nicht mit Sicherheit gesagt werden. Für Letzteres spricht (und damit gegen den Bericht der Apostelgeschichte), dass Paulus immer nur von Verfolgung redet (hier und Gal 1,13f), nicht aber von Gefangennahme, Auslieferung und Ermordung.

Was auch immer vorgefallen sein mag, wichtig sind nicht die Details, sondern die Tatsache, dass Paulus nicht gezwungen wird, solche Dinge zu tun, sondern sich aus persönlichem Ehrgeiz dazu bereit erklärt. Und dieser Ehrgeiz zielt wahrscheinlich auch auf Macht und Einfluss in Jerusalem, wie er den Erfolgreichen zusteht. Sicher aber hat er auch mit seinem Gesetzesverständnis zu tun, wonach solche Taten ganz im Sinne Gottes sind und darum verdienstvoll. Auch das Gegenteil gilt: Sie nicht zu tun wäre Sünde. So wurde Paulus in seinem Übereifer ein williges Instrument der Christenverfolgung und lud dabei Schuld auf sich, was ihm allerdings erst nach der Bekehrung vor Damaskus deutlich wurde – dann aber umso radikaler. Denn das Radikale war schon immer Teil seines Wesens – und ist es geblieben, allerdings unter ganz anderen Vorzeichen.

Diese Gesetzesradikalität kommt nun zur Sprache (**6b**): *was die Gerechtigkeit betrifft, die das Gesetzt verleiht: Ich war ohne Fehl und Tadel.* Es scheint auf den ersten Blick verwirrend, dass ein Kritiker des Gesetzes wie Paulus tatsächlich behauptet, es sei durchaus möglich und sogar löblich, das ganze Gesetz einzuhalten. Er schreibt jedoch bewusst nicht »Gerechtigkeit Gottes«, sondern wörtl.: *Gerechtigkeit im Gesetz.* Als Pharisäer wurde Paulus dem Gesetz gerecht, weil er es ganz erfüllte, und das heißt: alle 613 Gebote. Sein besonderer Eifer machte ihn vor dem Gesetz ohne Fehl und Tadel und damit zu einem Vorzeigeexemplar seiner Gattung: Man konnte ihm nichts vorwerfen. Aus der Optik der Gesetzeslehrer hat diese Selbstaussage durchaus ihre Richtigkeit: Das Gesetz fordert, und wenn der Mensch die Forderungen erfüllt, wird er quasi zur Belohnung gerecht gesprochen. Der entscheidende Unterschied zwischen Paulus, dem Pharisäer, und Paulus, dem Apostel, besteht nun aber darin, dass der Apostel solche Gerechtigkeit allein auf das Gesetz beschränkt und in keinen Zusammenhang mit Gott setzt. Der Pharisäer wird vom Gesetz vor dem Gesetz gerecht gesprochen (was an sich auch nicht schlecht ist), nicht jedoch von Gott und auch nicht vor Gott. Denn vor Gott gerecht wird nur, wer an Christus glaubt (vgl. Röm 1,16f; Gal 2,16 u.a.). Diese Sichtweise allerdings steht dem Menschen unter dem Gesetz nicht zur Verfügung, sie ergibt sich erst im Raum des Christus.

Dieser Raum wird im Folgenden beschrieben, und einmal mehr gelingt es Paulus, dichteste Theologie mit persönlicher Tiefe zu verbinden. Denn die Wende, die Paulus erfahren hat, ist zwar der Tiefpunkt seines Lebens, zugleich aber exemplarisch für den christlichen Glauben in seinem Verhältnis zum Judentum (7): *Aber was mein Gewinn war, das habe ich dann wegen Christus als Verlust erachtet.* Obwohl Paulus im Philipperbrief nie darauf zu sprechen kommt, ist mit dieser Umwertung aller Werte zweifelsohne das Damaskuserlebnis (Apg 9,3–19) gemeint, in welchem sich Paulus aufgrund einer Christusoffenbarung bekehrt. Die Vergangenheitsform »ich habe erachtet« weist im Griechischen wie im Deutschen auf einen einmaligen, abgeschlossenen Vorgang in der Vergangenheit hin. Die Bekehrung des Paulus ist also nicht Resultat eines langwierigen Prozesses, sondern ein einmaliges Ereignis sozusagen aus heiterem Himmel (vgl. die Offenbarung von Licht und die Stimme aus dem Himmel).

Dies ist der historische Aspekt der Wende, der theologische Aspekt liegt im Gegensatz zwischen der eigenen Tat, die zum Gewinn eigener Gerechtigkeit führt, und dem Glauben an Christus, der kein eigenes Tun voraussetzt. Die Gerechtigkeit, die vorher durch Leistung berechenbar und daher auch verfügbar war, wird jetzt zum gnadenhaften und unverfügbaren Beziehungsgeschehen. Der Mensch wird vom Täter, der stets die Kontrolle behält, zum Empfänger, der vertrauensvoll, aber mit leeren Händen an Christus glaubt. Das Leben unter dem Gesetz ist eine Tatexistenz, die sich Gewinn kalkulierbar erwirtschaftet (bei Versagen allerdings auch mit entsprechenden Sanktionen zu rechnen hat), während das Leben im Glauben als Beziehungsexistenz wesentlich davon bestimmt ist, dass es keine eigene Leitung vorweisen kann, weil es nichts vorzuweisen braucht.

Paulus hat als Pharisäer die christliche Gemeinde verfolgt, weil sie mit ihrer Behauptung, nicht das Gesetz, sondern der Glaube allein schaffe Zugang zu Gott, gesetzliche Existenz infrage stellte. Dass dieser Jesus gekreuzigt wurde, war (und ist) dem Judentum Beweis dafür, dass seine Lehre falsch ist und er darum durch die Tora selbst zu Fall gebracht wurde. In der Tat stellte das Kreuz eine ungeheure Herausforderung für die Jünger Jesu dar, und ihre Flucht nach Galiläa (Mt 26,56) zeigt, dass sie zunächst keine Antwort fanden. Erst die Auferweckung Jesu von den Toten ließ sie erkennen, dass Gottes definitives Wort nicht am Karfreitag, sondern an Ostern gesprochen wurde. Und wenn Gott Jesus nicht im Tod beließ, dann bestätigt er damit die Richtigkeit seines Lebens und seiner Lehre. Genau dieses Argument bringt das Gedankengebäude des Pharisäers Paulus zum Einsturz, denn wenn Jesus lebt, wie ihm vor Damaskus drastisch vor Augen geführt wird, dann hatte eben doch Jesus recht und nicht die Tora bzw. deren Auslegung durch die Pharisäer. Das Kreuz ist nicht das gerechte Urteil über den Sünder, wie Gesetzeslehrer behaupten, sondern Ausdruck dessen, dass sich die schrankenlose Liebe Gottes, wie sie Jesus gelebt hat, weder vom Gesetz noch vom Tod aufhalten lässt. Dann kann Paulus gar nicht mehr anders, als sein ganzes bisheriges Leben und Streben nach Anerkennung durch Gott radikal in Frage zu stellen. Er nennt es *Verlust,* weil es vom Gewinn des Glaubens überschattet wird – aber auch, weil ihm seine bisherige Identität verlorengegangen ist. Und das muss ein ungeheuer schmerz-haftes und demütigendes Erlebnis gewesen sein, obwohl Paulus eine neue Existenz zugesprochen erhielt.

V. **8a.b** *(In der Tat: Ich erachte all dies als wertlos aufgrund der überragenden Erkenntnis von Christus Jesus, meinem Herrn, um dessentwillen mir alles wertlos wurde)* wiederholt im wesentlich das Gesagte, variiert jedoch in den Details: Während V. 7 auf das Damaskusereignis Bezug nimmt (und in der Vergangenheitsform schreibt), spricht Paulus jetzt von der Gegenwart, in der dieser Paradigmenwechsel zur Geltung kommt. Leben in Christus ist nicht einfach ein Leben unter der Ägide eines neuen Gesetzgebers, sondern ein Leben, das von Grund auf erneuert, weil es der eigenen Machbarkeit entzogen ist. Darum gibt es für Paulus kein Zurück, auch nicht unter einem anderen Vorzeichen, und darum erachtet er all die biographischen und familiären Vorzüge, von denen er eben sprach, noch immer als wertlos. Das ist nicht unversöhnliches Leben, sondern neues Leben.

Wie schon in V. 7 wird auch hier Christus als Grund dieser Negativbeurteilung genannt, nun aber im Zusammenhang mit der *überragenden Erkenntnis von Christus Jesus*. Nach dem biographischen Aspekt folgt nun also der intellektuelle, der sich auf das Erkennen des Christus als seines Herrn bezieht und die Bekehrung betrifft. Andererseits ist die Erkenntnis gemeint, die sich *aufgrund* des Christusglaubens ergibt, also die Sichtweise auf das Bisherige *nach* der Bekehrung. Und eben diese Sichtweise erlaubt ihm, das Tun des Gesetzes für wertlos zu erachten, weil es allenfalls dem Gesetz selbst, nicht aber Gott gerecht wird. Das Damaskusereignis ist eine Erschütterung, die das Leben des Paulus in sozialer, religiöser und intellektueller Hinsicht auf den Kopf gestellt hat.

Nicht nur als wertlos bezeichnet er sein Leben als Pharisäer, sondern geradezu als *Dreck, Unrat, Kot*. Die Ehrlichkeit, mit der Paulus seine Gedanken, Gefühle und letztlich sein ganzes Leben dieser Negativsicht preisgibt, ist entwaffnend, und sie macht deutlich, wie schamerfüllt er noch immer auf die Zeit seiner Verfolgertätigkeit zurückblickt. Für einen Menschen, der so sehr auf das Gesetz und die Vernichtung seiner angeblichen Feinde fixiert war, muss dieser Seitenwechsel ein Extremerlebnis gewesen sein, der nur stattfinden konnte, wenn dieser radikalen Lebenshaltung ein ebenso radikaler Abschied beschert wird. Kein Prozess also, kein fließender Übergang, sondern ein klarer und definitiver Schnitt.

Das erstaunlichste Element dieser Schilderung ist die Zeitform: Auch jetzt, in der Gegenwart, setzt sich Paulus mit seiner Vergangenheit auseinander (vgl. die Gegenwartsform *ich halte)*, um Christus zu gewinnen (**8c**): *Und ich halte es noch immer für Dreck, wenn ich nur Christus gewinne.* Anscheinend ist das Alte noch nicht vollständig besiegt, das Pharisäische in Paulus regt sich noch immer und will ihn zu eigener Größe und Leistung antreiben. Immer wieder schreibt er von seinem Leiden (vgl. z.B. 2Kor 11,23–27) und davon, nicht nur an Christus zu glauben, sondern auch mit ihm gekreuzigt zu werden (Gal 6,14). Diese Aussagen weisen alle in dieselbe Richtung und belegen den Kampf, den Paulus nach wie vor zu führen hat: mit seinen Gegnern, immer aber auch mit sich selbst. Es ist bezeichnend: Einer, der so radikal lebt wie Paulus, weiß, weshalb er sich nicht auf seinen Lorbeeren ausruhen darf. Zu schnell würde sonst aus dem ehemaligen Pharisäer ein Apostel, der sich nicht mehr um die Sache des Herrn, sondern nur noch das Eigene kümmert (vgl. 2,21).

Paulus aber sehnt sich nur nach dem einen: in Christus und für Christus zu leben (**9**: *und in ihm sein kann, ohne dass ich auf meine eigene Gerechtigkeit aus dem Gesetz verweisen muss, sondern auf die aus Glauben an Christus, auf die Gerechtigkeit Gottes aufgrund des Glaubens)*. Diese Sehnsucht mag erstaunen für einen so alten und angesehenen Apostel wie Paulus, dem man eher zugetraut hätte, in Stille und Tiefe in Christus zu ruhen, unerschütterlich im Glauben, fest in allen Überzeugungen. Stattdessen erlaubt uns Paulus erneut einen Blick in sein Herz, das noch lange nicht zur Ruhe gekommen ist (die V. 11f werden diesen Faden weiterspinnen). Gerade aber diese Offenheit gegenüber seinem eigenen inneren Kampf macht seine Ermahnungen und sein Schelten, denen wir in anderen Briefen des öfteren begegnen, umso authentischer, denn Paulus weiß, wovon er spricht, richten sich die Ermahnungen doch immer auch an ihn selbst.

In Christus, dem Ort der paulinischen Sehnsucht, gibt es keine eigene Gerechtigkeit mehr, die der Mensch erwirken und berechnen könnte. Gerecht vor Gott wird nur, wer darauf vertraut, dass Christus bereits alles getan hat, was man selbst je für Gott hätte tun können. Das ist Gerechtigkeit aus Glauben an Jesus: Gott verlangt nicht nach Gerechtigkeit, sondern er gibt Gerechtigkeit, und nicht der Mensch macht sich vor Gott gerecht, sondern Gott den Menschen. Alles, was es für eine intakte Gottesbeziehung braucht, ist am Ort des Christus bereits vorhanden. Es muss für den Pharisäer Paulus eine unbeschreibbare, geradezu schockierende Befreiung gewesen sein, endlich diesem Druck nach tätiger Entsprechung und detailgetreuer Erfüllung entrissen zu sein.

Damit einher geht selbstverständlich ein Kontrollverlust, denn das Leben im Gesetz lässt einen jederzeit den eigenen Zustand und Verdienst bzw. Verlust berechnen und also auch kontrollieren. Die Gottesbeziehung ist dementsprechend nicht von Vertrauen oder Hingabe geprägt, sondern von der jederzeit kalkulierbaren eigenen Leistung. Dass diese Kontrollierbarkeit des eigenen Heilszustandes leicht zu einer rein oberflächlichen Gesetzestreue verführen kann, die sich nur für das Messbare interessiert und nicht auch für die inneren bzw. geheimen Motive, scheint offensichtlich. Hier offenbart sich ein Tun des Gesetzes, das dem Buchstaben nach zwar korrekt ist, dem Geist nach jedoch der Sünde in die Hände spielt, weil es dem Menschen vorgaukelt, das Heil selbst erwirtschaften zu können. Die Gerechtigkeit aus Glauben jedoch ist so zentral und wichtig, dass Paulus sie am Ende des Verses (inhaltlich überflüssigerweise) nochmals wiederholt. Denn darauf kommt es Paulus an, auf nichts anderes.

Nach der biographischen (V. 4–8) und der theologischen (V. 9) Erörterung zur Gerechtigkeit Gottes folgt nun eine Konkretion, in der Paulus zeigt, wie er Kreuz und Auferweckung gleichsam leiblich nachvollzieht (**10**): *Ihn will ich kennen und die Kraft seiner Auferweckung sowie die Teilhabe an seinen Leiden und so seinem Tod gleichgestaltet werden.* Hatte das Kennen von Christus in V. 8 vor allem kognitiv-intellektuellen Charakter, so wird hier der existentielle Aspekt beleuchtet. Ermöglicht wird diese Kenntnis durch die Kraft der Auferstehung Jesu, die also nicht nur Inhalt der Erkenntnis ist, sondern auch deren Ermöglichung. Wer Christus kennt, kennt auch die Kraft seiner Auferweckung, aber er kennt ihn nur darum, weil die Dynamik der Auferweckung diese Kenntnis erst ermöglicht und den Glauben erschafft. Denn die *Kraft* der Auferweckung ist wörtlich die *Dynamik,* also genau jene Bewegung Gottes, die den Menschen seinerseits in Bewegung versetzt, sei es in kognitiver, charismatischer, spiritueller oder moralisch-ethischer Hinsicht. Paulus jedoch belässt es nicht bei dieser traditionellen Interpretation, sondern versteht die Auferweckungsdynamik als Bewegung in die Gemeinschaft mit den Leiden Christi und sogar mit seinem Tod. So sehr identifiziert er sich mit dem Weg Jesu, dass er sogar dessen Leiden und Sterben als Teil seines Weges versteht. Es ist der Weg in die absolute Niedrigkeit, die nichts anderes mehr zulässt als das absolute Vertrauen auf Gott (vgl. dazu auch die Aussagen im Hymnus 2,6–11). Erst hier findet Paulus zum vollständigen Verzicht auf eigene Größe, erst im Leiden um Christi willen sieht er die Erfüllung seines Auftrags. Wo die meisten Christen seiner Zeit und auch der Gegenwart das stellvertretende Opfer Christi gerne für sich geltend machen, geht Paulus einen Schritt weiter und bejaht Leiden und Tod als Teil seines Glaubens.

Diese zugegebenermaßen sehr radikale Sicht der Nachfolge hat sicherlich auch biographische Hintergründe, denn Paulus ist dem Leiden schon in mannigfacher Weise begegnet: im totalen Scheitern seiner Pharisäerseins, in vielfältiger Verfolgung und Ablehnung seiner Person als Apostel, bis hin zu seiner körperlichen Gebrechlichkeit (Gal 6; 2Kor 12) und seiner gegenwärtigen Situation im Gefängnis, von der er zumindest ahnt, dass sie ihn in den Tod führen wird. All diese negativen Erlebnisse haben ihm klargemacht, dass Nachfolge das Leiden oft nicht umgeht, sondern im Gegenteil mitten hinein führt. So gelingt es ihm, sein Leiden nicht als Scheitern seiner Mission, sondern als Zeichen des rechten, weil eben christusförmigen Weges zu verstehen. Gerade an diesem Punkt jedoch zeigt sich, wie die Kraft der Auferstehung wirksam wird, denn sie führt ihn immer wieder aus dem Leiden heraus, oder noch besser: über das Leiden hinweg zu neuen Aufgaben und zu neuer Hoffnung, und sei dies auch auf die Vollendung seiner Existenz in der Ewigkeit.

Diese Hoffnung ist der Anknüpfungspunkt für den nächsten Vers (**11**): *in der Hoffnung, dereinst zu der Auferstehung von den Toten zu gelangen.* Wörtlich ist nicht von der Hoffnung die Rede, vielmehr wird der Satz von einer Wendung eingeleitet, die auf Deutsch allenfalls mit »ob ich wohl werde« übersetzt werden kann. Wichtig sind nicht die einzelnen Worte, wichtig ist, dass Paulus weder mit »damit« noch mit »sodass« beginnt. Wenn er von der Gemeinschaft mit den Leiden und dem Tod Jesu in V. 10 gesprochen hat und nun auf seine eigene Auferweckung zu sprechen kommt, ist die Verbindung der beiden Aussagen von höchstem Gewicht. »Damit« würde bedeuten, dass Paulus das Leiden auf sich nimmt, um mit der Auferweckung belohnt zu werden – das wäre jedoch reine Berechnung. »Sodass« hingegen hieße, dass er sich schon jetzt sicher ist, aufgrund seines Lebenswandels dereinst auferweckt zu werden – das wäre reine Werkgerechtigkeit. Stattdessen jedoch formuliert er ganz umständlich und zurückhaltend: »ob ich wohl werde«, was sich am besten als Ausdruck der Hoffnung wiedergeben lässt. Die Leidensnachfolge des Paulus hat ihren Sinn in sich selbst, sie ist Ausdruck dessen, dass er so leben will, wie er es in seinem Glauben an Jesus für richtig und konsequent hält. Sie ist aber kein Mittel zum Zweck und auch keine Garantie dafür, dereinst im Himmel Einlass zu finden. Denn diese Entscheidung ist durch den Glauben an Jesus längst gefallen. Für Paulus geht es eher darum, in seinem Leben immer jesusähnlicher zu werden, damit er es dann auch im Sterben sein wird. Er denkt nicht ökonomisch (Leistung – Belohnung), sondern spirituell: Im Glauben Jesus ähnlich werden – im Sterben von ihm vollendet werden. Was hier beginnt, soll dort enden.

Die Auferweckung der Toten ist zeitlich in der Zukunft angesiedelt, ohne dass Paulus weitere Angaben dazu macht. Die Auferweckung Jesu ist bereits geschehen und in ihrer Dynamik im Glauben sehr wohl wahrnehmbar (V. 10), die Auferweckung der Glaubenden jedoch steht noch aus, und zwar so, dass Paulus davon ausgeht, zuerst noch sterben zu müssen (vgl. auch 1,21). Er hat seine Meinung diesbezüglich im Verlauf seiner Missionstätigkeit geändert: Während er zu Beginn davon ausging, dass Christus noch zu seinen und seiner Adressaten Lebzeiten zurückkehren und die Endzeit einläuten werde (vgl. 1Thess 4,15; 1Kor,51), so legt er sich nun, am Ende seines Weges, zeitlich nur noch dahingehend fest, dass sie irgendwann in der Zukunft stattfinden wird. Das heißt für die Gläubigen, dass sie bis auf Weiteres in ihrer weltlichen Bedrängnis und Unvollkommenheit belassen bleiben und nicht damit rechnen können, dem Tod dank der Parusie (= Wiederkunft) Jesu zu entgehen. Damit wendet sich Paulus gegen diejenigen, die in charismatischer Überhöhung die Bedürftigkeit und Niedrigkeit weltlicher Existenz ignorieren und sich bereits auf Erden vollendet wähnen. Gewiss ist Christus auferstanden und gewiss ist die Dynamik seiner Auferweckung wahrnehmbar, aber letztlich bleiben auch das Ende und die Vollendung den Glaubenden unverfügbar.

Drei Punkte fallen im Zusammenhang der Auferweckung auf: Zum einen hegt Paulus nirgends den leisesten Zweifel bezüglich ihrer Realität. Während sie in der Gegenwart aufgrund fehlender naturwissenschaftlicher Evidenz oft in Frage gestellt wird (wobei es immer fraglich bleibt, wenn ein Glaubensphänomen wissenschaftlich erwiesen werden soll), stellt sie für Paulus ein Faktum dar, dessen Gewissheit sich ihm existenziell durch ihre wahrnehmbare Dynamik erschließt. Diese Dynamik ist nichts anderes als das Wirken des Geistes, das dem Glaubenden quasi als Anzahlung schon im Diesseits gewährt wird (Röm 8,23). Im Falle des Paulus muss die vermeintliche Wahrheit naturwissenschaftlicher Beweisführung der Gewissheit empirischer Betroffenheit weichen.

Zum anderen fällt das Fehlen jeglicher Gerichtsvorstellung auf, die traditionellerweise mit der Auferweckung der Toten verbunden ist. Dieser Bruch ergibt sich aus dem Wechsel von quantitativem zu qualitativem Denken, wie er bei Paulus überall anzutreffen ist (vgl. z.B. der Wechsel in der Sündenvorstellung in Röm 3, 21–26; 2Kor 5,18–21; Gal 3,13–15): Nachfolge ist nicht lohnorientiertes Dienen, sondern neue, qualitativ durch Christus bestimmte Existenz, die sich im Glauben mit Gott versöhnt weiß. Quantitative Verrechnung der guten wie der bösen Taten wird daher obsolet. Wer könnte den Glaubenden anklagen, wenn Christus ihn bereits gerecht gesprochen hat? Dass Paulus immer wieder auch herkömmliche Gerichtsvorstellungen präsentiert, zeigt, dass er sich wohl bis zum Schluss nicht ganz von der quantitativ geprägten Tradition hat lösen können. Ob ihm der Mut dazu fehlte oder ob er andere Gründe hatte, bleibt uns verborgen.

Schließlich ist bemerkenswert, dass hier dem Sterben und Auferstehen Jesu keine explizite Heilsbedeutung zugeschrieben wird, etwa im Sinne der Sühne oder der Versöhnung. Solche Interpretationsmodelle finden sich sonst bei Paulus allenthalben (Röm 3, 21–26; 2Kor 5,18–21; 1Kor 11,23–26.27–34). Hier jedoch stoßen wir auf die Vorstellung der Teilhabe am Geschick Jesu, wie sie v.a. in Röm 5–6 expliziert wird. Danach ist das christliche Leben davon bestimmt, dass in der Nachfolge eine Teilhabe am Leben, Leiden und auch Auferstehen Jesu stattfindet (wobei letztere zeitlich noch aussteht). Konkret heißt dies: leben mit Christus, sterben mit Christus, auferstehen mit Christus. Die Interpretationen des Todes Jesu haben keine Rangfolge, sondern ergeben sich aus dem jeweiligen Zusammenhang. Im Philipperbrief und besonders in Kap. 3, wo Paulus im biographischen Rückblick eine Theologie der Weggemeinschaft entwickelt, fügt sich das Verständnis des Todes Jesu als Schicksalsgemeinschaft nahtlos ein. Nachfolge ist dann die Bereitschaft, diesen Weg zu gehen in der Kraft der Auferstehung – und in Gemeinschaft der Leiden Christi, die weder als Unkostenbeitrag des Glaubenden noch als notweniges Übel gesehen, sondern als wesentliches Element eines geistlichen Lebens, von dem gilt, dass zuerst sterben muss, was Frucht bringen soll (Joh 12,24).

Paulus rechnet hart ab mit seinen Gegnern, und die Bezeichnung als »Hunde« ist im Grunde ein unnötiger Stilbruch. Was die Sache betrifft, so ist seine Härte allerdings verständlich, denn es geht um nichts anderes als um die Mitte des Evangeliums. Paulus spricht nicht aus Unkenntnis über das Gesetz; als ausgebildetem und radikalem Ex-Pharisäer ist ihm sehr wohl bewusst, was es bedeutet, das Gesetz zu erfüllen. Und er tat es auch. Vor Damaskus jedoch wurde ihm schlagartig bewusst, dass sein Tun weder ihn selbst gerecht macht noch im Sinne Gottes ist. Denn auch, wenn sein Gesetzesgehorsam nach außen hin vorbildlich war, wurde er gezwungen einzusehen, dass er damit völlig am Ziel vorbeischoss: Nicht Gott diente er damit (auch wenn er vordergründig solcher Meinung war), sondern allein sich selbst und seinem Bedürfnis nach ausgewiesener und anerkannter Leistung. Dazu ist das Gesetz zwar nicht bestimmt, dazu wird es durch die Selbstsucht des Menschen aber automatisch missbraucht. Gott jedoch will keine verrechenbare Beziehung mit seinen Menschen, er will ihnen weder etwas schulden noch sich etwas schulden lassen. Vielmehr will er aus freien Stücken geben, gnädig gewähren, liebend und nicht berechnend begegnen. Das ist der Weg Jesu, den Paulus verfolgt hat, bis ihm klar wurde, dass es der Weg Gottes ist. Es ist der einzige Weg, der zu Gott führt, weil alles, was der Mensch von sich aus vorweisen könnte, und sei es nur seine Geburt oder seine Nationalität, für Gott keine Bedeutung hat. Das Tun des Guten ist wichtig, weil es immer richtig ist, Gutes zu tun. Aber es kann nur als Antwort auf Gottes Gnade getan werden, aus freien Stücken, ohne berechnende Hintergedanken, denn sobald der Mensch zu rechnen beginnt, muss er damit rechnen, dass auch Gott abrechnet – nicht aber zum Vorteil des Menschen. In den vielen Jahren seiner Tätigkeit musste Paulus sich immer wieder gegen fremde Missionare wehren, die seinen Gemeinden vorschreiben wollten, dass der Glaube an die Güte Gottes alleine nicht genüge, sondern ein tätiger Gehorsam nach den Geboten der Schrift ebenso notwendig sei. Weil dies aber nicht eine Bereicherung des Glaubens ist, sondern im Gegenteil dessen Ende, kämpft Paulus mit harten Bandagen für die Wahrheit. Und manchmal, nach so vielen Jahren, Worten und Briefen, gehen ihm die dabei die Pferde etwas durch. Hätte er jedoch kampflos aufgegeben, so wäre das Christentum bis heute geprägt von einem berechnenden Denken und einem verrechenbaren Tun.

3,12–21
Leben auf die Vollendung hin

**[12]Nicht, dass ich es schon in Händen hielte oder vollkommen wäre,
aber ich verfolge es, ob ich es wohl irgendwie ergreifen könnte, denn
ich bin ja selbst von Christus ergriffen worden. [13]Liebe Brüder und
Schwestern! Ich halte mich nicht für einen, der es bereits ergriffen
hätte. Eines aber ist sicher: Das, was hinter mir liegt, vergesse ich
und strecke mich stattdessen aus nach dem, was vor mir liegt. [14]Auf
das Ziel hin bin ich ausgerichtet, um den Siegeskranz zu erringen, zu
dem uns Gott vom Himmel herab berufen hat in Christus Jesus.
[15]Wir, die wir vollkommen sein möchten, wollen dies stets bedenken. Wenn ihr anderer Meinung seid, wird euch Gott auch dies offenbaren. [16]Was wir jedoch erreicht haben, das soll unsere Richtschnur sein. [17]Folgt meinem Beispiel, liebe Brüder und Schwestern,
und schaut auf die, die auch so leben, so habt ihr uns als Vorbild.
[18]Denn viele leben so, von denen ich euch schon oft erzählt habe
und es jetzt unter Tränen wieder tue: Sie sind nämlich Feinde des
Kreuzes Christi. [19]Verderben ist ihr Ende, der Bauch ihr Gott und
auf ihre Schande sind sie stolz, denn sie sind nur auf das Irdische aus.
[20]Unsere Heimat jedoch ist im Himmel, und von dort erwarten wir
den Heiland, den Herrn Jesus Christus, [21]der unseren niedrigen Leib
verwandeln wird und ihn gleichgestaltet seinem herrlichen Leib mit
der Kraft, mit der er imstande ist, sich das All zu unterwerfen.**

Der folgende Abschnitt 3,12–21 ist so eng mit dem vorangegangenen verwandt, dass die beiden auch als Einheit verstanden werden können. Allerdings kehrt Paulus jetzt zu den Philippern zurück, nachdem er in den V. 2–11 vor allem von sich und seiner Biographie gesprochen hat. Das Thema der Auferweckung als Ziel menschlichen Lebens (3,11) überschattet auch den Beginn des nächsten Abschnitts, in dem zuerst vom bereits Erreichten die Rede ist und seinem Grad an Vollkommenheit (12–14). Das nimmt Paulus zum Anlass für ethische Ermahnungen (15–17), bevor er nochmals auf seine Gegner zu sprechen kommt (18f), die eben diesen Ermahnungen nicht nachkommen, wobei sich die Frage stellt, ob es dieselben Gegner sind, von denen er in 3,2 sprach. Den Schluss des Abschnitts und damit des dritten Kapitels bildet ein eschatologischer Ausblick auf die Vollendung (20f), der am Ende lobpreisartige Züge trägt (21b).

Damit kein Missverständnis bezüglich der Totenauferweckung und der damit verbundenen Vollendung aufkommt, betont Paulus mit großem Ernst und ehrlicher Nüchternheit, dass auch er, was sein Heil betrifft, keine Sicherheiten vorzuweisen hat (**12a**): *Nicht, dass ich es schon in Händen hielte oder vollkommen wäre.* Als hochbegabter Gelehrter und Apostel mit großer Autorität hätte er solche Bescheidenheit gar nicht nötig, er besteht jedoch darauf, weil sie den Kern seines Glaubens betrifft. Er lebt, was er predigt, er tut, was seinem Glauben entspricht, und all dies immer im Wissen, dass seine Hände stets leer bleiben und nur von Gott selbst gefüllt werden können. Es ist ja nicht so, dass Paulus kein Charismatiker wäre (vgl. dazu 1Kor 14,18), aber im Gegensatz zu vielen von jenen weiß er um die Unverfügbarkeit all dessen, was der Geist ermöglicht, und kennt auch die Grenzen solcher Phänomene: Sie sind wichtig und richtig, aber auch sie gehören noch zum Vorläufigen. Sie sind Zeichen für das Endgültige, noch nicht aber das Endgültige selbst. Dass Paulus die Unvollkommenheit so sehr betonen muss, mag ein Hinweis auf gegenläufige Tendenzen sein, die ihm aus Philippi zu Ohren gekommen sind.

Worauf aber bezieht sich das Objekt »es« (im Original fehlt es, weil im Griechischen die Verbalkonstruktion oft auch ohne ein solches Objekt auskommt)? Der Kontext liefert verschiedene Bezugspunkte: zum einen die Auferstehung der Toten als Ziel des Lebens, allerdings nicht als Geschehen an sich, denn dass Paulus noch nicht auferstanden ist, liegt ja auf der Hand. Vielmehr ist an die Sicherheit gedacht, ob sie auch für Paulus gilt. Er vertraut darauf, glaubt daran, hat aber keine Garantie, sondern eben nur leere Hände. Zum anderen ist an V. 10 gedacht, in dem Paulus seine Sehnsucht nach Christus und der Gleichgestaltung mit ihm ausdrückt. Auch dies hat er noch nicht (vollständig) erreicht, und auch hier hat er nichts als eigenen Besitz vorzuweisen, sondern nur sein Verlangen und seinen Glauben. Damit dürfte die weitere Bedeutung des Objekts umschrieben sein: Es geht darum, dass es im Verhältnis zu Christus keinen Besitz gibt, nichts also, das losgelöst von ihm dem Glaubenden unabdingbar gehört. Es gibt nur das Glaubens- und Vertrauensverhältnis, in welchem dem Menschen vieles gegeben und eröffnet wird, nicht aber als Besitz, sondern als Vollzug dieser Beziehung. Mit anderen Worten: Die Hände sind und bleiben leer, aber sie werden im Glaubensvollzug ständig gefüllt. Das Sein in Christus, das nicht Stückwerk ist, sondern vollkommen und allumfassend, steht noch aus, und zwar nicht in quantitativer Sicht (es kann noch erreicht werden), sondern in qualitativer (es wird nie erreicht werden, sondern ereignet sich als Gabe Gottes am Ende der Zeit). Vgl. dazu auch 1Kor 13,9–12.

Eine solche Theologie jedoch, die die Vollendung als unverfügbare Gabe bestimmt und sie ganz vom Tun des Guten trennt, muss sich die Frage gefallen lassen, wozu Letzteres dann noch nötig sei. Jede Religion sieht einen Zusammenhang zwischen dem Tun des Menschen und dem (darauf folgenden) Tun Gottes, nicht jedoch Paulus. Oder beweist die Fortsetzung des Verses etwa doch das Gegenteil (**12b**)?: *aber ich verfolge es, ob ich es wohl irgendwie ergreifen könnte, denn ich bin ja selbst von Christus ergriffen worden.* Kommt die Vollendung des Heils nun doch in Griffnähe? Der erste Teil des Verses scheint dies nahezulegen: Paulus bemüht sich trotz aller Beschränkung um einen sicheren Wert in seinen Händen. Das Verb *verfolgen* wird auch bei Soldaten gebraucht, die in der Schlacht dem fliehenden Gegner nachjagen, um ihn zu ergreifen und womöglich zu töten. An der Ernsthaftigkeit der Motivation kann also nicht gezweifelt werden.

Allerdings wäre Paulus nicht Paulus, ließe er sich so einfach auf einen Widerspruch ein. Denn wichtiger als der erste ist der zweite Teil des Satzes: Paulus selbst ist ergriffen worden (die Zeitform drückt einen vorzeitigen, abgeschlossenen Vorgang in der Vergangenheit aus), die Dynamik geht einmal mehr von Christus aus. Erst jetzt wird es Paulus möglich, selbst aktiv zu sein und der Vollendung entgegenzustreben, allerdings unter entgegengesetzten Vorzeichen: nicht der Vollendung, die er selbst bewirken könnte, sondern der, die ihn zu Christus führt. Denn ergriffen ist er von ihm, und dies bedeutet: Christus lässt ihn nicht mehr los. Solches Tun des Guten hat den Charakter eines Echos, einer Folge, eines konsequenten Gehens des Weges, auf den man gestellt worden ist. Ist die Vertikale der Gottesbeziehung geklärt durch die Gnade Gottes (»Christus hat mich ergriffen«), so obliegt die Gestaltung der Horizontalen dem Menschen, denn dazu ist er nun befreit

(»Christus lässt mich nicht mehr los«). Das Streben nach Vollendung dient nicht mehr Gott, sondern dem Nächsten, dem es zugute kommen soll. Unter dieser Perspektive wird die Aufgabe der Ethik deutlich: Das Tun des Guten ist gut, weil es gut ist, Gutes zu tun. Impuls und Motivation dafür sind gegeben aus der Gottesbeziehung, in die hinein Gott den Menschen vorgängig ergriffen hat.

Um das Gewicht seiner Aussage über die persönliche Unvollkommenheit zu betonen, wiederholt sich Paulus fast wörtlich und benutzt eine etwas pathetische Ansprache mitten in der Argumentation (**13**): *Liebe Brüder und Schwestern! Ich halte mich nicht für einen, der es bereits ergriffen hätte. Eines aber ist sicher: Das, was hinter mir liegt, vergesse ich und strecke mich stattdessen aus nach dem, was vor mir liegt.* Es kann und soll kein Zweifel mehr aufkommen: Er lebt sein Leben auf dem Weg des Kreuzes, die Herrlichkeit der Auferweckung steht noch aus. Während er zwar ganz von Christus ergriffen ist, hat er die Vollendung nicht im Griff (im Griechischen wird dasselbe Verb im selben Zeitaspekt verwendet).

Der Weg, den Paulus eingeschlagen hat, ist nicht der eines Büßers vergangener Sünden, was in seinem Fall ja durchaus denkbar wäre. Vielmehr ist Paulus ein Mensch, der äußerlich (also in sozialer Hinsicht) wie innerlich (geistig-geistlich) befreit ist und seine Vergangenheit darum auch als abgeschlossen betrachten darf. Hier wird das Ergriffensein von Christus handfest: Die Sünden des Paulus sind vergeben, der einst Selbstgerechte ist nun von Gott gerecht gesprochen. Und dies ist *sicher,* nicht ausstehend wie die Vollendung, sondern als Wende- und Fixpunkt in der Vergangenheit festgemacht. Und weil Paulus frei ist von sich und seiner Vergangenheit, ist er frei für die Gegenwart seiner Mission und die Zukunft ihrer und damit auch seiner Vollendung.

Vergebung verlangt nicht ängstlichem Gesetzesgehorsam, damit das Geschehene nie mehr geschehen möge; sonst wäre die Vergangenheit noch immer dominant und darum auch nicht vergeben. Vergebung macht frei, frei auch von eigenen Zweifeln und Selbstanklagen, frei für die Dynamik des Geistes, der dem Menschen eine vorwärts gerichtete Existenz beschert. Was der Mensch dazu beitragen kann, ist die Akzeptanz der Vergebung. Paulus demonstriert dies eindrücklich: Er hätte Grund genug, sich über die Vergangenheit zu grämen, stattdessen nimmt er das neue Leben, zu dem Christus ihn ergriffen hat, an und richtet den Blick auf das Kommende, um es von jetzt an besser zu machen, und zwar besser, weil er es nicht mehr alleine macht und auch nicht mehr für sich selbst, sondern aus Christus und für Christus.

Zum Abschluss dieses bekenntnishaften Teils variiert Paulus die Metapher und wendet sich dem Sport zu (**14**): *Auf das Ziel hin bin ich ausgerichtet, um den Siegeskranz zu erringen, zu dem uns Gott vom Himmel herab berufen hat in Christus Jesus.* Der Siegeskranz steht dem Gewinner des Wettbewerbs zu und entspricht unserer Goldmedaille. Der Vers entspricht im Inhalt (das Ziel verfolgen) wie im Aufbau V. 12, denn auch hier steht dem menschlichen Bemühen die vorgängige Tat Gottes gegenüber (ergriffen sein – berufen sein). Es ist das Grundmodell paulinischer Ethik.

Paulus verwendet öfter Sprachbilder aus dem Sport (vgl. 1Kor 9,24–27), vielleicht darum, weil ihm der leistungsorientierte Konkurrenzkampf aus seiner Pharisäerzeit noch sehr deutlich in Erinnerung ist. In der Metapher des Siegeskranzes kennt der Läufer das Ziel, und der Weg dorthin ist nicht beliebig, sondern eindeutig. Im Gegensatz zum Athleten weiß sich Paulus jedoch zum Sieg bereits berufen (hier zerbricht die innere Logik der Metapher), gleichwohl muss er den Weg immer noch gehen. Steht der Sieger jedoch bereits fest, dann ist auch der Weg zum Ziel entscheidend davon geprägt. Die Dynamik des Rennens in V. 14 entspricht also wesentlich dem bereits in V. 12 erkannten Schema.

Die Berufung erfolgt nicht einfach von Gott, sondern von *Gott vom Himmel herab … in Christus Jesus.* Diese umständliche Formulierung ist auf zweierlei zurückzuführen: Zum einen ist das Ziel eben nicht nur weltliches Handeln, sondern hat auch jenseitige Komponenten (die Auferweckung von den Toten, die Vollendung; vgl. V. 11f). Zum anderen findet sich bei Paulus keine systematische Trinitätslehre, vielmehr denkt er die Beziehung dynamisch. Christus hat eine zentrale Stellung inne, auch in Bezug auf die Berufung (die im Alten Testament noch ausschließlich dem Schöpfer zukommt), zugleich aber wirkt er nicht isoliert, sondern im Verbund mit dem Vater. So sehr die klaren Abgrenzungen zwischen den Personen innerhalb einer solchen Trinitiätsvorstellung fehlen, so sehr entspricht es der dreieinigen Beziehung, sie nicht mit Logik zu beschreiben, sondern mit Dynamik.

Der Weg zwischen den beiden Extremen einer gesetzlichen Moral und einer gleichgültigen Ethik ist anspruchvoll, und zu allen Zeiten sind die Kirchen immer wieder der einen oder anderen Seite erlegen. Paulus beansprucht für Gott den ersten und entscheidenden Schritt, dem in der Folge *nicht* tätig entsprochen werden muss, damit er seine Geltung nicht verliert. Hier grenzt sich Paulus von aller Gesetzlichkeit ab: Gnade wird im Glauben empfangen, nicht im gehorsamen Tun. Doch dieser Glaube bleibt nicht untätig, sondern weiß sich zu einem Leben berufen (14c), das wesentlich von diesem ersten Schritt geprägt ist. Für Paulus bedeutet dies Vergebung der Vergangenheit und Freiheit für die Gegenwart und Zukunft. Eine Freiheit, die sich im Dienst am nächsten, in seinem Fall an den Gemeinden aktualisiert (Gal 5). Das Feld der Vollkommenheit liegt also nicht vor Gott, für den es nichts mehr zu leisten gilt, sondern vor den Menschen.

Zum ersten Mal seit 3,3 spricht Paulus in 3,15 die Philipper wieder direkt an, und zwar eine ganz bestimmte Gruppe (**15a**): *Wir, die wir vollkommen sein möchten, wollen dies stets bedenken.* Paulus schließt sich in diese Gruppe mit ein, denn die letzten Verse haben gezeigt, wie wichtig ihm die Ethik ist. Dies allerdings immer unter dem Vorbehalt, dass Gott zuerst wirkt und das eigene Tun darum einen ganz anderen Sinn hat, weil es nicht mehr auf Gott ausgerichtet ist, sondern auf den Nächsten. Zwischen den Zeilen vermeint man zu hören, wie Paulus diejenigen ins Visier nimmt, die »Vollkommenheit« nicht so verstehen wollen. Welche Positionen könnte er dabei meinen, um wen könnte es sich dabei handeln? Vielleicht um die Gruppe, die sich von der Predigt der judenchristlichen Missionare beeinflussen lässt, von denen in 3,2f die Rede war. Dann wäre Vollkommenheit die Kombination von Glaube und Gesetz: Vollkommen ist nur, wer gerade auch im und durch den Glauben das Gesetz erfüllt. Solche Verkündigung gab es im 1. Jahrhundert nicht selten (wovon der Galaterbrief ein beredtes Zeugnis ablegt). Oder aber es handelt sich um Charismatiker, die aufgrund der Geisterfahrung Vollkommenheit schon für die irdische Existenz proklamieren: Wer den Geist hat, ist vollkommen und von jeder Sünde erlöst. Das führt entweder in einen Libertinismus (»Alles ist mir erlaubt, nichts kann mir mehr schaden«) oder in eine rigide Moral (»Jetzt darf erst recht keine Sünde mehr geschehen«).

Beide Tendenzen enthalten Elemente der Wahrheit, führen aber jeweils in eine Aporie. Demgegenüber gilt es zu bedenken: Die Vollkommenheit vor Gott im Sinne der Gerechtigkeit kann dem Glaubenden nichts und niemand mehr streitig machen, denn sie ist in Christus ein für allemal festgesetzt. Vollkommenheit im Sinne der ehtisch-moralischen, psychischen und auch körperlichen Vollendung bleibt aber ausstehend, und zwar sowohl zeitlich (sie ereignet sich in der Zukunft bzw. in der Ewigkeit) als auch theologisch (sie ist nichts, was der Mensch in seiner irdischen Beschaffenheit aus Leistung erreichen oder als Besitz haben könnte). Wer anderer Meinung ist, gibt sich einer religiösen Illusion hin, die die Welt als Ort der Unvollkommenheit nicht ernst genug nimmt.

Wie aber steht Paulus zu anderen Meinungen (**15b**)? *Wenn ihr anderer Meinung seid, wird euch Gott auch dies offenbaren.* Auf den ersten Blick scheint es, als ob Paulus andere Meinungen durchaus zulassen würde. In Wirklichkeit ist er hier von seiner These so überzeugt, dass er andere Meinungen gar nicht mehr weiter diskutiert. Wer ihm nicht glauben will, möge sich direkt an Gott wenden, der ihm die Wahrheit offenbaren wird. Und mit Wahrheit meint Paulus selbstverständlich seine eigene Meinung, denn Gott wir sie *euch* mitteilen und nicht *mir.* Die Formulierung lässt keinen Zweifel zu: Es geht Paulus nicht darum, dass Gott quasi als Schiedsrichter zwischen verschiedenen Meinungen entscheidet, sondern darum, dass er denen, die anderer Meinung sind, das Richtige mitteilt, und zwar als Offenbarung, der zu widersprechen niemand wagen würde. Paulus nimmt in dieser Angelegenheit für sich quasi göttliche Autorität in Anspruch, und wenn nicht explizit, so doch implizit.

Es ist Paulus zugute zu halten, dass er sich grundsätzlich immer auf Diskussionen einlässt, denn sonst würde er keine Briefe schreiben, sondern Lehrreden verfassen. Der Kern seiner Theologie, nämlich die Rechtfertigung durch Glauben ohne Werke, steht jedoch nicht zur Diskussion – und Paulus geht in solchen Fällen offenbar so weit, dass er auch den Verlust einer Gemeinde in Kauf nimmt, wie das Beispiel der Galater verdeutlicht, die im (späteren) Römerbrief in der Liste der Kollekten spendenden Gemeinden fehlen (vgl. Röm 15,26).

Wie eine solche Offenbarung bei Streitfragen zustande kommt, verrät uns Paulus allerdings nicht. Es wird wohl mit Gebet und prophetischem Reden zu tun haben (vgl. 1Kor 14). Auch wenn uns diese Art der Konfliktlösung etwas archaisch vorkommt, so muss man sich doch ernsthaft fragen, ob das Element der Spiritualität, das hier zum Zuge kommt, am Ende nicht doch effizienter ist und vor allem verbindender als die z.T. sehr aggressiv geführte Diskussionskultur, mit der wir in der Gegenwart in allgemeinen Streitfragen zu entscheiden versuchen und oft entweder in ewige Diskussionen verfallen oder uns im Unfrieden trennen.

Die V. **16–17** enthalten Mahnungen, die den Übergang bilden von der ethischen Argumentation hinsichtlich der Vollkommenheit zu einem erneuten Angriff gegen die Feinde (18f). Diese Mahnungen versuchen, das Gesagte praktisch zusammenzufassen (**16**): *Was wir jedoch erreicht haben, das soll unsere Richtschnur sein.* Der Wortsinn ist relativ einfach zu verstehen: Im gemeinsamen Ringen um eine adäquate Lebensweise (denn das ist ja der Zusammenhang der Vollkommenheit, von der der Kontext handelt) soll das, was bereits an Positivem erreicht worden ist, als Beispiel dienen für die weitere Entwicklung. Die Richtschnur gibt das Maß und die Art und Weise vor und fordert den Betroffenen auf, sich an ihr auszurichten. Ähnlich wie beim Grundmodell der Ethik, wo der Mensch der Vorgabe Gottes entsprechend lebt, soll jetzt die Praxis des Apostels oder der Gemeinde, die offenbar von allen geteilt wird, maßgebend für die weiteren Schritte sein. Welche Praxis und welche Schritte damit allerdings gemeint sind, bleibt im Dunkeln.

Könnte es sein, dass Paulus den Philippern in erstaunlich konservativer Art rät, alles beim Alten zu belassen und dem bisherigen Weg auch weiterhin zu folgen? Diese Interpretation hat durchaus Sinn, wenn man davon ausgeht, dass die Gemeinde bisher in Einklang mit der Lehre und Ethik des Apostels gelebt hat und jetzt plötzlich durch fremde Einflüsse irritiert wird. Statt dem gesetzlichen oder charismatischen Anspruch nach Vollkommenheit nachzugeben, soll das, was sich bisher bewährt hat, als Orientierungspunkt für die künftige Entwicklung dienen. Allerdings ist das Vorgehen etwas differenzierter, denn anhand der Metapher der Richtschnur soll erreicht werden, dass die Philipper die Zukunft nicht in simplem Gehorsam gegenüber der Vergangenheit gestalten, sondern in kritischer Betrachtung des Erreichten. Die in sozialer wie in ethischer Hinsicht immer unerlässliche Reflexion dessen, was bisher geschehen ist, soll helfen, das Gute der Vergangenheit quasi als Essenz herauszufiltern, um es als Grundlage für das Kommende zu verwenden. Nicht also »gleich wie bisher« ist die Devise, sondern: »Prüft das Bewährte auf seine Tauglichkeit für das Kommende«. Ein sehr sinnvoller und auch moderner Ansatz also.

Die Konkretion der Theorie fällt dann etwas weniger modern aus (**17**): *Folgt meinem Beispiel, liebe Brüder und Schwestern, und schaut auf die, die auch so leben, so habt ihr uns als Vorbild.* Es mangelt Paulus offenbar nicht an Selbstbewusstsein, denn nun zeigt sich, dass die »Richtschnur des Erreichten« mit seinem Verhalten zusammenfällt. Grundsätzlich steht ihm diese Autorität durchaus zu, und die direkte Anrede als *Brüder und Schwestern* erhöht die Dringlichkeit der Mahnung, schafft aber zugleich auch familiäre Nähe. Es ist typisch für Paulus, dass er bei ethischen Fragen nicht mit Angst oder Strafe droht, sondern mit eigenem Beispiel zu überzeugen und zu motivieren versucht. In der Vergangenheit scheint er damit in Philippi erfolgreich gewesen zu sein, denn es gibt dort offenbar Gemeindeglieder, die dem Vorbild des Paulus gefolgt sind und bereits so leben wie er (17b).

Der Hinweis auf konkrete Personen innerhalb der Gemeinde, deren Lebenshaltung und -führung beobachtet, befragt und nachgeahmt werden kann (oder soll), verbindet V. 17 mit 16 und der dort aufgestellten Richtschnur. Obwohl Paulus zu Beginn des Verses nur auf sein Verhalten hinweist und damit die Regel im Grunde gleich selbst bricht, wird er am Ende des Verses dem Grundsatz der Überprüfbarkeit und der Allgemeingültigkeit ethischer Normen wieder gerecht, indem er gerade nicht nur sein Beispiel gelten lässt, sondern auch auf das der anderen hinweist. Wichtig dabei ist das Verb »schauen auf«, das im Griechischen immer auch den Aspekt des Prüfens und Analysierens hat.

Konkrete Nachfolge braucht immer beide Elemente: Argumentation und Imitation. Und beides ist möglich im miteinander geteilten Leben einer Gemeinde, denn hier findet der gemeinsame Diskurs statt, zugleich aber weist sie Sozialisationsformen auf, die denen eines familiären Miteinanders und Lernens entsprechen. Die Beziehungsebene, die für Paulus in theologischer Hinsicht zentral ist, findet ihr Pendant also auch in der Ethik. Glaube hat einschließenden Charakter, indem er zur Gemeinschaft vereint und sie inhaltlich prägt, während das Trachten des Pharisäers Paulus nach absoluter Erfüllung des Gesetzes ausschließend wirkt und letztlich den Täter vereinsamt.

Inwiefern aber sollen die Philipper dem Beispiel des Paulus folgen? Der konkrete Inhalt solcher Nachfolge ergibt sich aus den V. 12–16 und der Fortsetzung in V. 18. Es geht um die kreuzförmige Existenz, die um ihre Schwäche und Beschränktheit weiß und darum nicht nach persönlicher Vollkommenheit strebt, sondern sich in ihrer Niedrigkeit von Gott abhängig weiß. Das beste Beispiel dafür ist das Leben Jesu, dessen Herrlichkeit in der absoluten Niedrigkeit am Kreuz sichtbar wurde (vgl. dazu den Hymnus Phil 2,6–11). Erst, wenn der Mensch nicht mehr nach eigener Größe strebt (vgl. die *eigene Gerechtigkeit* in 3,6.9), ist er frei für das Wirken Gottes, das ihn groß macht, indem er zu einem gebenden, also diakonischen Menschen wird.

Das Gegenteil solcher kreuzesförmiger Existenz zeichnet Paulus in V. **18**, wo er sich den Feinden des Kreuzes widmet: *Denn viele leben so, von denen ich euch schon oft erzählt habe und es jetzt unter Tränen wieder tue: Sie sind nämlich Feinde des Kreuzes Christi.* Um wen es sich konkret handelt, ist unklar, den Philippern jedenfalls ist diese Gruppe aus früheren Erzählungen bekannt. Es könnte sich um eine Gruppe in Philippi handeln, es könnten aber auch Christen anderer Gemeinden sein, von denen Paulus immer wieder hört und warnend erzählt. Nimmt er damit Bezug auf seine Gegner in Rom (1,15f) oder die judaistischen Christen in Philippi, die er in 3,2 angegriffen hat? Es könnten alle sein, denn jede dieser Gruppen ist auf ihre Art dem, was Paulus unter »Kreuz« versteht, feindlich gesinnt.

Unverhohlen gibt Paulus zu, dass ihn der Gedanke an sie zum Weinen bringt. Offenbar empfindet Paulus ihre Bedrohung als groß, und zugleich verrät der Hinweis auf die starken Emotionen, dass diese Gruppe in der Vergangenheit eine größere Rolle im Leben des Paulus gespielt hat. Waren sie einst Weggenossen, die sich dann von ihm getrennt haben und ihn nun bekämpfen? Oder waren sie schon immer seine Gegner, jetzt aber besonders, weil sie in der Gemeinde in Philippi immer mehr an Einfluss gewinnen? Dass er sie nicht *Feinde Christi* nennt, zeigt, dass sie sich als Christen verstehen und an Christus glauben, als *Feinde des Kreuzes* aber eine Theologie vertreten, die nicht das Kreuz, sondern offenbar die Auferweckung zur Mitte hat.

Zwei Gruppen kommen in Frage: Entweder sind es Eiferer, die die Vollkommenheit im Gesetzesgehorsam suchen und argumentieren, aufgrund der Auferweckungskraft sei solche Vollkommenheit möglich – und auch nötig. Oder es sind Christen, die sich, ebenfalls aufgrund der Auferweckung, schon für so vollkommen halten, dass ihre weltliche Lebensweise keinen Einfluss mehr auf ihr Heil nehmen könne. Es wären dann sogenannte Libertinisten, die sich im vollen Heilsbewusstsein allen Lüsten und Lastern der Welt aussetzen.

Beide Wege sind für Paulus ausgeschlossen, denn für ihn hat die Art des Lebens und Sterbens Jesu einen direkten Zusammenhang mit dem Leben der Christen: Wie er sollen auch sie die Niedrigkeit des Kreuzes suchen, um dort von der Herrlichkeit Gottes erfüllt zu werden. Ein christliches Leben ist also nicht ein Leben, das den Menschen groß macht (sei dies durch absoluten Gesetzesgehorsam oder absolute Hingabe an die Welt), sondern ein Leben, das den Menschen klein macht, damit in ihm Gott groß werden kann. Und das heißt für Paulus immer ein Leben, das nicht nimmt, sondern gibt, wie ja auch Christus nicht genommen, sondern gegeben hat, und dies bis in den Tod hinein.

Genauere Hinweise auf die Identität gibt V. **19**: *Verderben ist ihr Ende, der Bauch ihr Gott und auf ihre Schande sind sie stolz, denn sie sind nur auf das Irdische aus.* Es scheint tatsächlich so zu sein, dass es sich um Libertinisten handelt, die sich intensiv der Welt widmen, weil sie glauben, dass ihr Heil in Christus auch durch ein lasterhaftes Leben nicht mehr infrage gestellt werden kann. Unter ihnen gab es im 1. Jahrhundert sogar solche, die sich der Sünde ganz bewusst aussetzten, um damit ihre Unabhängigkeit und Unverletzlichkeit unter Beweis zu stellen. Und vielleicht bringen sie Paulus gerade darum zum Weinen, denn eigentlich vertritt auch er eine freiheitliche Ethik, die sich nicht um die Sünde und das Gesetz zu sorgen braucht. Bei ihm allerdings führt die Freiheit in die aufopfernde Liebe für den Nächsten und den Verzicht, weg also vom Ich, hin zum Du. Die Lebensweise der Gegner ist also ein großes Missverständnis dessen, was Paulus eigentlich will, und wer sich so missverstanden sieht, dem mag tatsächlich nach Weinen zumute sein.

Der *Bauch* ist eine Umschreibung für das haltlose Sich-Einverleiben dessen, was die Welt zu bieten hat, und dies in kulinarischer, aber auch in grundsätzlicher Hinsicht. Es ist die Haltung, dass nur das Beste gut genug ist und nur das Maximum ausreicht. *Schande* ist ein Euphemismus für den Geschlechtstrieb, dem man sich hemmungslos hingibt. Beide Verhaltensweisen (Essen und geschlechtliche Liebe) sind nicht an sich schlecht, sondern werden es erst aufgrund ihres exzessiven Charakters, der ihnen quasi-göttlichen Status verleiht. Wer nur noch um seinen Bauch und seinen Lenden kreist, hat diese zu seinem Gott gemacht. Sich diese Freiheit voller Stolz herauszunehmen, und dies auch noch im Namen Gottes, ist für Paulus Zeichen genug, solchen den Untergang anzusagen.

Er spricht dabei interessanterweise nicht von der Hölle oder dem Gericht. Das ist auch gar nicht nötig, denn ins Verderben bzw. den Untergang führt ein Tun, das rücksichtslos Güter zusammenrafft und das eigene Ich maßlos auf Kosten anderer ausdehnt, ohnehin. Irgendwann wird der Widerstand der Ausgebeuteten zu groß – oder die Güter sind einfach alle aufgebraucht. Bereits in Röm 1,18–3,20 beschreibt Paulus die Sündhaftigkeit der Menschen dieser Welt, und er folgert daraus, Gott habe sie ihrem eigenen Begehren ausgeliefert. Die Strafe liegt also bereits im Tun selbst bzw. dessen unvermeidlichen Konsequenzen; es braucht gar kein zusätzliches Gericht, denn wer sich so rettungslos seinem Begehren preisgibt, wird am Ende von ihm selbst verzehrt.

Die Kritik an den Gegnern, sie seien nur auf das Irdische aus, ist kein Aufruf zur asketischen Weltflucht. Auch für Paulus ist alles Irdische Werk des Schöpfers; problematisch wird es erst, wenn das Irdische entweder für das Göttliche gehalten oder ganz von seinem Ursprung in Gott getrennt wird. Dann nämlich ist es entweder nicht mehr irdisch, sondern göttlich, oder aber nur noch irdisch. Aus den Gaben des Schöpfers werden reine Lebensmittel, die aufgrund mangelnder Dankbarkeit dem Schöpfer gegenüber gedankenlos konsumiert werden, bis hin zur Sucht. Die Welt ohne Gott verliert ihre geschöpfliche Würde und wird zum Tummelplatz der Selbstverwirklichung.

Wer also sind die Gegner, gegen die Paulus schreibt? Am ehesten, wie gesagt, Libertinisten, die sich in charismatischem Übereifer für so vollkommen halten, dass ihnen die Welt und ihre Versuchungen nichts mehr anhaben kann. Ob sich diese Gruppe mit einer solchen identifizieren lässt, gegen die sich Paulus im Philipperbrief wendet, bleibt unklar und ist auch in der Forschung umstritten. Klar jedoch ist: Sie alle widersprechen durch ihr Leben und ihren Glauben dem Kreuz Jesu bzw. seiner Interpretation durch Paulus. Diese Mannigfaltigkeit an Gruppierungen und Interpretationen des Christusereignisses macht auch auf erschreckende Weise deutlich, wie zerstritten und zersplittert das Christentum im 1. Jahrhundert war, wie wenig deutlich es noch zur Zeit des Paulus geworden war, was wirklich das Zentrum des Evangeliums ausmacht. Dass es Paulus gleichzeitig offenbar mit verschiedenen Missverständnissen aufnehmen muss, zeigt, wie energisch er für die Wahrheit kämpft und nicht aufgibt, es zeigt aber auch, dass seine eigene Position stets umstritten und oft wohl nur eine Stimme unter vielen anderen war, wenn auch eine sehr laute und, wie wir im Nachhinein feststellen können, sehr erfolgreiche.

Zum Schluss der Attacken gegen die Feinde und des ganzen Streitabschnitts (3,1–21) führt Paulus zwei credoartige Verse an (20f), die in ihren Grundaussagen der Tradition entnommen worden sein könnten, d.h. vor Paulus schriftlich oder mündlich formuliert und als solche weitergegeben und weiterverarbeitet worden sind. Im Vergleich zu seinem persönlich gehaltenen Glaubensbekenntnis in 3,4–11 fallen diese Verse eher allgemein und liturgisch-formelhaft aus, was eine Verwendung von und für die Allgemeinheit erleichtert (**20**): *Unsere Heimat jedoch ist im Himmel, und von dort erwarten wir den Heiland, den Herrn Jesus Christus.* Die himmlische Heimat ist eine alte Glaubensvorstellung, die Paulus als Kontrastmoment zur weltlichen Gesinnung der Gegner übernimmt. Wie immer jedoch, wenn er mit traditionellen Elementen arbeitet, lässt er sie nicht im gewohnten Rahmen stehen: Stand vor Paulus der Gegensatz zwischen dem guten Himmel und der bösen Welt im Vordergrund, der sich erst in der Ewigkeit auflöst, so liegt der Schwerpunkt jetzt auf der irdischen Existenz, die sich entweder im Glauben verankert und damit mit Gott verbunden weiß (Himmel wird zum Synonym Gottes) oder sich auf die rein weltlichen Zusammenhänge reduziert und sich auf das Materielle konzentriert.

So ist denn auch der Himmel nicht einfach Ort der christlichen Sehnsucht, wohin es alle Glaubenden zieht, sondern Ausgangspunkt des Weges Christi. Nicht also wir zum ihm, sondern er zu uns auf die Erde! Das ist eine wichtige Umdeutung der Tradition, denn nun ist die Welt nicht einfach Bühne des kosmischen Trauerspiels, sondern Ort der Rettung durch Gott und darum auch Ort der Berufung des Paulus: Hier ist sein Platz, hier sein Arbeitsfeld. Dementsprechend ist der Himmel zwar der identitätsstiftende Ort der Christen (im Sinne der wahren, eigentlichen Heimat), er ist aber nicht Ziel ihrer Mission, denn ihr Ziel ist die Welt (ohne dabei identitätsstiftend zu werden). Paulus nimmt hier vorweg, was Johannes später »in der Welt, aber nicht von der Welt« nennen wird (Joh 17,11–19).

Paulus erwartet den *Herrn Jesus Christus* als *Heiland* bzw. *Retter.* Dass Christus auf die Erde zurückkommt, zeigt, dass sie ihm alles andere als gleichgültig ist, sondern das Ziel des Heilsplans Gottes. Diese Vorstellung steht im Gegensatz zur Apokalyptik, wonach am Ende der Zeit der Messias zurückkehrt, um in der großen Endschlacht die Erde mitsamt den sündigen Menschen zu zerstören. Hier jedoch wird von der Hinwendung Gottes als Retter gesprochen, was allerdings ein Gericht grundsätzlich nicht ausschließt. Die Tatsache jedoch, dass es nicht genannt, obgleich es im Kontext von V. 19 durchaus passend wäre, darf nicht unterschätzt werden. Paulus lehnt die traditionelle Gerichtsvorstellung nicht per se ab (vgl. dazu auch Röm 14,10; 1Kor 6,9–11), aber es zeigt sich in seiner ganzen Korrespondenz immer wieder, dass er ihr eine weiterreichende Vision entgegenstellt (1Kor 15,20–58), nämlich die des kommenden Gottes, der die Seinen sammelt, heilt und verwandelt, ohne dass es dazu nötig wäre, vorher auch noch die Bösen oder die Sünder zu vernichten. Gott in Christus stellt sich gegen die Sünde, nicht gegen die Sünder (vgl. dazu auch die Ausführungen zur Sünde in Röm 5–6). Es ist dieselbe Bewegung, die wir bereits im Hymnus angetroffen haben: die Bewegung Gottes von oben herab nach ganz unten, indem er einer von vielen wird, um die vielen dem Einen zurückzubringen. Dieser Dynamik entspricht die ganze Theologie des Paulus – aber nicht nur sie, sondern auch sein Leben.

Dass Jesus Christus, wenn er zurückkehrt, rettend und nicht vernichtend eingreifen wird, war bereits in V. 20 klar, jetzt wird es explizit ausgesprochen (**21**): *der unseren niedrigen Leib verwandeln wird und ihn gleichgestaltet seinem herrlichen Leib mit der Kraft, mit der er imstande ist, sich das All zu unterwerfen.* Wann diese Wiederkunft stattfindet, lässt Paulus offen (zum zeitlichen Aspekt vgl. V. 11), unbestritten jedoch ist das Faktum, dass sie stattfindet, und zwar in der Zukunft. Wie schon Jesus selbst äußert sich Paulus nicht mehr genauer dazu, sondern erwartet, genau wie jener, die Vollendung der Gottesherrschaft im Kommen der Zeit.

Paulus interessiert sich primär für das individuelle Schicksal des Menschen, auf die kosmischen Dimensionen der Vollendung kommt er auch hier erst sekundär zu sprechen (wie er auch sonst kaum darüber schreibt mit Ausnahme von 1Kor 15,20–28). Paulus erwartet, dass mit dem Kommen Jesu der Leib des Glaubenden transformiert wird aus seiner irdischen Niedrigkeit in die göttliche Herrlichkeit, sodass der Mensch Christus gleichgestaltet wird. Diese Verwandlung entspricht der Bewegung Gottes: vom Himmel herab in die Niedrigkeit (weshalb auch der Mensch eine Existenz der Niedrigkeit führt bzw. führen soll) und zurück in die göttliche Herrlichkeit (wo auch die menschliche Existenz verherrlicht wird). Der Wille Gottes für den Menschen ist also nicht weniger als seine eigene Herrlichkeit. Denn der Mensch wird nicht erhöht oder vollendet, sondern verherrlicht, allerdings nicht autonom, sondern immer in Beziehung zu Christus. Mit der Gleichgestaltung ist also nicht einfach eine Identität gemeint (»der Mensch wird wie Christus«), sondern eine Identifizierung: Christus erkennt die Glaubenden so sehr als die Seinen an, dass sie, von ihm durchdrungen, auch werden wie er. Paulus spricht bewusst von einem Leib und nicht lediglich von der Seele, sodass man davon ausgehen kann, dass er sich den Menschen auch in der Ewigkeit in irgendeiner Weise körperlich vorstellt.

Und wenn der Mensch dann Christus gleichgestaltet ist – wie unterscheidet er sich von ihm? Gibt es überhaupt noch einen Unterschied? Paulus äußert sich nicht weiter darüber, wohl deshalb, weil er nur zu gut weiß, dass er sich auf Spekulationen einlassen müsste. Von Bedeutung ist einzig die Hoffnung der absoluten Nähe des Glaubenden zu Christus. Diese Unmittelbarkeit ist der Kern dessen, was Paulus mit *in Christus sein* meint, ein Sein, das er bereits jetzt als Realität wahrnimmt, das dann aber in Vollendung entfaltet sein wird: die völlige Durchdringung des Lebens durch Christus. Der Unterschied zwischen dem Jetzt und dem Dann besteht in ihrer Quantität und nicht ihrer Qualität; und was jetzt niedrig ist, weil der Weg Gottes auf der Erde der der Niedrigkeit ist, wird dann herrlich sein, weil es in der Unmittelbarkeit Gottes gar keine Niedrigkeit mehr gibt (und auch nicht zu geben braucht).

Den Schluss bildet ein Hinweis auf die Allmacht Jesu: Er wird sich das All unterwerfen mit der Kraft, die ihm aufgrund der Auferweckung verliehen wurde. Paulus denkt so radikal christologisch, dass Jesus nicht nur Retter und Erlöser ist, sondern auch Vollender, und zwar des ganzen Kosmos. Wie in Röm 11,36 ist Gott nur durch Christus in seiner Ganzheit erfahrbar, und wir sehen bereits hier die gegenseitige Durchdringung der trinitarischen Personen: Auch von Christus kann nun gesagt werden, dass er Schöpfer, Erlöser und Vollender ist, eine künstliche Trennung zwischen Vater und Sohn ist nicht mehr nötig, wie dies später der Evangelist Johannes auf den Punkt bringt: »Der Vater und ich (d.h. Jesus) sind eins« (Joh 10,30).

Die Kraft, mit der das All unterworfen wird, ist die Kraft der Auferweckung, dieselbe Kraft also, die schon Jesus von den Toten zurück ins Leben gebracht hat. Dabei bedeutet die Wendung *imstande sein* im Griechischen nicht, dass es eine Kraft sei, die nur allenfalls stark genug ist, sondern im Gegenteil, dass sie so stark ist, dass auf die Erwähnung weiterer Einzelheiten (wie, wann, womit u.a.) getrost verzichtet werden kann.

Wie schon V. 20 verzichtet auch V. 21 auf die Erwähnung des Gerichts, womit allerdings noch nicht gesagt ist, dass Paulus die Gerichtsvorstellung als solche ablehnen würde. Es zeigt sich aber erneut, dass er Gott vor allem von seiner rettenden Seite her wahrnimmt und reflektiert, und dies wohl einfach darum, weil dieser Aspekt so viel kreativer ist als der einer Scheidung zwischen Gut und Böse und einer anschließenden Belohnung oder Bestrafung. Das Evangelium, das Paulus verkündigt, ist eine befreiende und schöpferische Kraft, der jegliches Berechnen, Abwägen und Eingrenzen fremd ist. Über Paulus hinaus weiter zu denken könnte heißen, das Gericht so zu verstehen, dass es nichts anderes ist als das Verpassen oder sogar aktive Verzichten auf diese Kreativität, mit der Folge, dass der, der es verpasst, allein bei sich bleibt und auf sich selbst und das, was er selbst an Kreativität leisten kann, geworfen ist. Dass der Mensch bei einer solchen Reduktion seiner selbst auf das Tun seiner eigenen Hände selten das Beste aus sich hervorbringt, sondern im Gegenteil viel eher das Schlechteste, liegt auf der Hand: Wo der Mensch nur Mensch sein will, da wird er sich nur zu oft selbst zum Feind. Und damit auch allen anderen.

Damit endet das Streitkapitel 3,2–21, und wohl nicht zufällig steht am Schluss das hoffnungsvolle Bekenntnis zu Christus, der alle Niedrigkeit, auch die des Streites, verwandeln wird in Herrlichkeit.

Wie schon im vergangenen Abschnitt attackiert Paulus seine Gegner in aggressiver Weise. Und wie dort ist auch hier das Grundverständnis des Evangeliums der Streitpunkt. Ging es dort um das Tun, das zur Gerechtigkeit führt, so ist es jetzt das Tun, das aus der Gerechtigkeit resultiert. Hat nicht der Christ, der an Christus glaubt, alles, was er braucht? Ist ihm nicht die Kraft der Auferweckung Jesu übertragen und ermöglicht ihm ein Leben in Vollkommenheit und Machtfülle? Ist ihm nicht verheißen, all die Wunder zu tun, die auch Jesus getan hat? All dies stimmt, aber dem Menschen ist nirgends verheißen, selbstherrlich oder selbstständig über die Kraft Gottes zu verfügen. Paulus orientiert sich auch in dieser Frage am Kreuz Jesu: In der Niedrigkeit, der Abhängigkeit, der vertrauensvollen Hingabe im

Glauben kann und wird Gott im und durch den Menschen wirken, nicht jedoch zur dessen freien Verfügung. Es gibt keinen Zustand oder Zeitpunkt, an dem man Christus »hat«, an dem Perfektion erreicht wäre, an dem der Mensch vom Ursprung und Ziel der Auferstehungskraft unabhängig würde. Gottunmittelbarkeit ist dem Glaubenden in diesem Leben nicht gegeben, und wer im Namen des Herrn Wundertaten nach eigenem Gutdünken sucht, wird bald erfahren, dass er sich von Gott entfernt. Weil diese Frage letztlich auch wieder auf ein be- und verrechenbares Gottesverhältnis hinausläuft, greift Paulus so vehement durch. Die Hoffnung, Christus von Angesicht zu Angesicht zu begegnen und persönliche Vollendung zu erfahren, gibt Paulus nicht auf, aber er weiß, dass dies an einem Ort und in einer Zeit sein wird jenseits all dessen, was unser Leben jetzt bestimmt.

V

4,1–20
Abschließende Ermahnungen und Erwägungen

4,1–9
Ermahnungen für den Alltag

[4,1]Nun denn, meine geliebten und herzlich vermissten Brüder und
Schwestern, meine Freude und mein Siegeskranz, bleibt fest im
Herrn, Geliebte! [2]Euodia ermahne ich und auch Syntyche ermahne
ich: Sinnt auf dasselbe im Herrn! [3]Ich bitte auch dich, treuer Ge-
nosse, nimm dich ihrer an! Sie haben mit mir für das Evangelium ge-
kämpft zusammen mit Clemens und meinen übrigen Mitarbeitern,
deren Namen im Buch des Lebens stehen. [4]Freut euch im Herrn, je-
derzeit! Nochmals sage ich es: Freut euch! [5]Zeigt eure Güte allen
Menschen! Der Herr ist nahe! [6]Sorgt euch um nichts, sondern tut
Gott eure Bedürfnisse mit Danksagung kund in allen Gebeten und
Bitten. [7]Und der Friede Gottes, der alles Verstehen überschreitet,
wird eure Herzen und Gedanken behüten in Christus Jesus. [8]Im üb-
rigen, Brüder und Schwestern, was wahr ist, was ehrlich, was ge-
recht, was rein, was wohlgefällig, was ansprechend ist, wenn immer
etwas tauglich ist oder des Lobes wert: Darüber sollt ihr nachden-
ken! [9]Was ihr gelernt und bekommen und gehört und gesehen habt
von mir, das sollt ihr tun. Und der Gott des Friedens wird mit euch
sein.

Das vierte Kapitel folgt im wesentlichen dem Schema traditioneller Schlussworte, das unter anderem ethische Mahnungen, Dank, Grüße und den Segenswunsch enthält. Allerdings findet sich der Segenswunsch gleich viermal (V. 8.9.20.23, wobei V. 20 die Form eines Lobpreises aufweist), sodass manche Ausleger davon ausgehen, dass es sich nicht um einen ausgedehnten und auf mehrere Abschnitte aufgeteilten Briefschluss handelt, sondern um mehrere, die aus verschiedenen Briefen nachträglich zusammengetragen worden sind. Damit sind wir wieder bei der alten Diskussion über die Einheitlichkeit des Briefes angelangt, die auch hier damit beantwortet wird, dass Paulus nicht immer in gleicher Stimmung schrieb und den Brief nicht in einem Stück, sondern in mehreren Anläufen verfasste. Würde es sich tatsächlich um verschiedene Schlusspartien aus verschiedenen Briefen handeln, dann könnte man dem Redaktor nur attestieren, eine sehr schlechte und höchst offensichtliche Flickarbeiten vollbracht zu haben.

Der erste Abschnitt (V. 1–9) enthält verschiedene ethische Mahnungen zum Leben und Zusammenleben in der Gemeinde, der zweite ist eine ausführliche theologisch-spirituelle Danksagung für die Hilfeleistung, die Paulus von den Philippern erhalten hat (V. 10–20), den Schluss machen Grüße und der klassische Segenswunsch (V. 21–23).

V. **1** nimmt die Stimmung auf, die sich bereits am Ende des dritten Kapitels erstaunlicherweise vom Zorn bzw. der Aggression gegen die Feinde wieder hin zur Freude gewendet hat. Mit neuem Schwung beginnt Paulus den Briefschluss: *Nun denn, meine geliebten und herzlich vermissten Brüder und Schwestern, meine Freude und mein Siegeskranz, bleibt fest im Herrn, Geliebte!* Sprach Paulus in V. 18 noch von Tränen, so ist jetzt (wieder einmal) von der Freude die Rede. Zugleich jedoch zeigen sich auch inhaltliche Verbindungen zu Kap. 3: *Nun denn* dient nicht nur als Neueinstieg, sondern auch als direkter Anschluss an das Bekenntnis zum universellen Christus (3,20f), dessen hoffnungsvolle Perspektive wohl für den Stimmungsumschwung gesorgt hat, weil sie immer Grund zur Freude ist. Die Aufforderung, fest im Herrn zu bleiben, ist sowohl die logische Folge auf das Bekenntnis (wozu ein Bekenntnis, wenn nicht daran festzuhalten wäre?) als auch der einzige Weg, den inneren wie den äußeren Angriffen die Stirn zu bieten. Das Festhalten am Bekenntnis grenzt nicht aus, aber es grenzt ab von allem, was dem Zentrum des Glaubens nicht entspricht. Als dogmatisches Prinzip gilt, dass der Glaube an sich wie auch sein Vollzug nie in Stein gemeißelt, sondern immer dem Risiko ausgesetzt sind, sich zu verirren oder das Ziel zu verfehlen. Darum ist ein Appell an die Standhaftigkeit durchaus angebracht (vgl. dazu auch die Aufforderung, sich in praktischer Hinsicht an der Richtschnur 3,16 zu orientieren). Interessanterweise spricht Paulus aber nicht vom Glauben, sondern vom Feststehen in Christus. Christus als Person ist das Zentrum, der Glaube daran ist lediglich die Antwort, nicht aber die Mitte. Es ist immer wieder erstaunlich, wie konsequent Paulus Christus in allem in die Mitte setzt und den Menschen erst an zweite Stelle. Das ist nicht abwertend, sondern in höchstem Maße befreiend: Der Mensch darf ganz darauf vertrauen und davon leben, dass Christus ihm vorausgeht. Es geht also wesentlich um das Bleiben und Stehen, nicht um das Machen oder Werden.

Die verschiedenen Anreden der Philipper nehmen allesamt Bezug auf bereits Gesagtes: Geliebte (2,12), Geschwister (1,12; 3,1 u.a.), Vermisste (1,8), Freude (2,2.18), Siegeskranz (2,16), und sie schaffen sichtbare Verbindungen innerhalb des Briefes, was erneut für dessen Einheitlichkeit spricht. Paulus hat keinen Grund, der Gemeinde zu schmeicheln, seine Komplimente und Liebesbezeugungen sind ernst gemeint. Ansonsten wäre er geradezu ein Zyniker, zumal er den Vers mit einer erneuten Liebesbekundung schließt *(Geliebte)*. Seine Freude über das Wohlergehen der Gemeinde ist echt (4,10–20 wird im Detail zeigen, wie sehr die Gemeinde und Paulus im Alltäglichen verbunden sind), ebenso seine Liebe, seine Sehnsucht und sein Stolz. Von allem war bereits die Rede, es sei lediglich noch einmal auf das Element des Stolzes hingewiesen (wörtlich: *Siegeskranz*, modern etwa: *Medaille)*. Wie bereits in 1,26 und 2,16 gezeigt, ist der Siegeskranz keine Metapher für die Belohnung, die Paulus von Gott für seine Arbeit erwartet, sondern Ausdruck für das, was Gott sichtbar durch Paulus in der Gemeinde vollbracht hat. Darauf kann Paulus getrost stolz sein, denn er ist nicht stolz auf sich selbst, sondern auf Christus, der das Wollen und das Tun in ihm wirkt (2,13).

Die Reihenfolge der Formulierung ist erneut nicht zufällig gewählt: Zuerst spricht Paulus von der Liebe, dann fordert er zu Standhaftigkeit auf. Weil er die Philipper liebt, stellt er Forderungen, und nicht etwa umgekehrt, damit sie aufgrund ihres Gehorsams liebenswert würden. Auch hier, in einem an sich eher unbedeutenden Anredevers zu Beginn des letzten Kapitels, zeigt sich die für Paulus typische Bewegung Gottes zu den Menschen hin: Weil er sie liebt, macht er sich auf, ihnen in Christus rettend zu begegnen (vgl. dieselbe Bewegung im Hymnus 2,6–11). Die Umkehrung dieser Bewegung, die den Tod Jesu zur Voraussetzung der Liebe Gottes macht, ist ebenso weit verbreitet wie falsch.

Wie bereits im Römerbrief (16,3–16) nennt Paulus auch hier am Ende einige der Adressaten beim Namen und erlaubt uns, die Gemeinde in Philippi persönlich kennenzulernen (**2**): *Euodia ermahne ich und auch Syntyche ermahne ich: Sinnt auf dasselbe im Herrn!* Er beginnt mit zwei Frauen, die offenbar ein gewisses Ansehen haben (vgl. dazu v.a. V. 3).

Paulus sieht sich nicht veranlasst, der Tradition (auch der christlichen!) gemäß zuerst die Männer zu nennen und macht deutlich, wie ernst es ihm ist mit der Gleichheit aller in Christus (Gal 3,28). Die beiden Frauen sind ehemalige Heidinnen, wie ihr traditionell-griechischer Name verrät (Euodia: die den guten Weg geht; Syntyche: die Glückliche, Erfolgreiche). In den urchristlichen Gemeinden war es nicht üblich, dass bekehrte Heiden ihren Namen zum Zeichen des neuen Glaubens ändern – die Vergangenheit liegt hinter ihnen, was zählt, ist einzig Christus in ihnen. Dazu bedarf es keines Beweises durch einen neuen Namen (vgl. dazu auch 3, 13).

Ob die beiden Frauen zusammenarbeiten (offenbar sind sie in irgendeiner Form für das Evangelium tätig, V. 3) und dabei in Zwist geraten sind oder ob sich aufgrund verschiedener Ansichten ein Konflikt gebildet hat, wissen wir nicht, ebensowenig kennen wir den Zeitpunkt der Auseinandersetzung und dies, ob Paulus selbst davon weiß oder es ihm zugetragen wurde. Wahrscheinlich ist, dass sie nicht zu einer der erwähnten gegnerischen Gruppen gehören, sonst würde Paulus sie härter angehen. Vielmehr werden sie über ein nicht weiter nennenswertes Detail uneins sein, von dem Paulus irgendwie gehört hat und sich nun dazu äußert. Vom Streben nach demselben Ziel hat Paulus bereits ausführlich geschrieben (2,1–5), nun wird die Lehre praktisch umgesetzt.

In Zeiten der inneren und äußeren Spannungen und Anfechtungen (wovon die zahlreichen Attacken zeugen, die Paulus führen muss) ist nichts schändlicher als Zwist um Kleinigkeiten, die schnell, aber völlig zu Unrecht zu einem Flächenbrand werden können. Bevor dies geschieht, interveniert Paulus. Ob seine Mahnung gewirkt hat? Es ist zwar eine besondere Ehre, in einem Schreiben an die ganze Gemeinde persönlich erwähnt zu werden, in Form einer Mahnung ist die Ehre allerdings zweifelhaft.

Paulus ermahnt die beiden Frauen nicht zur Unterordnung (etwa unter den Bischof oder Diakon; vgl. 1,1), nicht einmal dazu, den Streit im Namen der Liebe zu begraben, sondern das zu suchen, was von Christus her (wörtl.: in Christus) das Einheitliche, das Verbindende ist.

Damit ist der Zwist der persönlichen Ebene entnommen und kann auf der Ebene des gemeinsamen, verbindenden Glaubens erörtert werden. Im Horizont des Christus, der für jeden Glaubenden gestorben und auferstanden ist und um dessen Evangelium sich die ganze Gemeinde bemüht, erscheinen persönliche Querelen nebensächlich, wenn nicht gar kleinlich. Keine Lösung jedoch wäre es, aufgrund dieses weiteren Horizontes die Geschichte gänzlich unter den Teppich zu kehren, denn eine solche Strategie ist selten von langer Dauer. Ein schnelles Gebet und eine oberflächliche Vergebung verschlimmern Streit in der Regel nur. Stattdessen muss er gerade aus der Perspektive des Christus so gelöst werden, dass er wirklich nebensächlich wird und dass darum auch echte Vergebung in geschwisterlicher Liebe geschehen kann. Alles andere wäre scheinheilig, damals wie heute. Der Verweis auf das Gemeinsame, das, wie wir bereits gesehen haben, besonders in der gemeinsamen Praxis und dem gemeinsamen Ziel zum Ausdruck kommt (»sinnen auf« hat immer einen praktischen Aspekt), ist dabei besonders wichtig, weil er der Sache den persönlichen, emotional geladenen Aspekt nimmt.

V. 3: *Ich bitte auch dich, treuer Genosse, nimm dich ihrer an! Sie haben mit mir für das Evangelium gekämpft zusammen mit Clemens und meinen übrigen Mitarbeitern, deren Namen im Buch des Lebens stehen.* Wer der namenlose Genosse ist, stellt die Interpreten vor Rätsel. Die einen sehen in der Bezeichnung Genosse (griech. *syzygos;* wörtl.: Jochgenosse) einen Eigennamen, was theoretisch möglich wäre; allerdings notiert Paulus im Allgemeinen bei Eigennamen kein Adjektiv (treuer Syzygos). Andere meinen, einen Verweis auf die Frau des Paulus zu sehen, die dieser zu ihrer Sicherheit in Philippi zurückgelassen habe. Das wäre jedoch eine ziemlich ungewöhnliche Anrede, und zudem erwähnen weder Paulus noch die Apostelgeschichte jemals eine Ehefrau des Apostels – es ist wahrscheinlicher, dass er ehelos geblieben ist (vgl. 1Kor 7,7). Schließlich wird man also annehmen müssen, dass wir den Namen des Genossen nicht kennen, dass er der Gemeinde jedoch bekannt ist und darum gar nicht erst genannt werden muss. Da es sich um die einzige direkte Anrede in der 2. Person im ganzen Brief handelt, können wir davon ausgehen, dass damit die Person angesprochen ist, die den Brief erhalten hat bzw. von der Paulus ausgeht, dass sie ihn vorlesen wird. Ist sie einer der Bischöfe oder Diakone (vgl. 1,1)? Wir wissen es nicht. Auf jeden Fall ist es eine allseits bekannte und geachtete Persönlichkeit, die Paulus schon lange kennt und schätzt.

An sie ergeht die Bitte, sich der beiden Frauen anzunehmen. Das wirft etwas mehr Licht auf ihre Biographie, stellt uns aber zugleich vor neue Rätsel: Entweder sind die beiden Frauen der Gemeinde bis dahin unbekannt und kehren mit Epaphroditus zum ersten Mal in Philippi ein, wo sie mit diesen Zeilen der Gemeinde und ihrem Schutz empfohlen werden. Allerdings wäre es ein sehr sonderbares Empfehlungsschreiben, das mit einer Mahnung beginnt. Oder aber die beiden Frauen gehören zur Gemeinde und waren auf einem zeitlich befristeten Einsatz mit Paulus unterwegs und sind schon vor dem Eintreffen des Briefes zurückgekehrt. Paulus zeichnet sie im Nachhinein als treue Mitarbeiterinnen aus, sodass die Bitte um Annahme eher die Empfehlung für ein Amt oder eine Aufgabe innerhalb der Gemeinde bedeutet. Aber auch hier wäre eine Amtsempfehlung sonderbar, die die beiden so streitbar zeichnet. Darum ist es am wahrscheinlichsten, dass es sich bei Euodia und Syntyche um unverheiratete oder verwitwete Frauen handelt, allenfalls Schwestern aus Philippi (verheiratete Frauen dürften auch für eine Missionsreise Mann und Kinder nicht verlassen), die ihren Lebensunterhalt aufgegeben bzw. in die Missionsarbeit investiert haben und nun in ihre Heimatgemeinde zurückkehren, allerdings mittellos, und darum sind sie auf besonderen Schutz bzw. Unterstützung angewiesen. Dass sie dabei zuerst ermahnt werden, hat durchaus Sinn, denn sie sollen sich der Hilfe, mit der Paulus offenbar fest rechnet, als würdig erweisen.

Alternativ (und von den meisten Auslegern vertreten) ist es auch möglich, dass die Bitte um Annahme sich nicht auf die allgemeinen Lebensumstände der Frauen bezieht, sondern um den konkreten Konflikt, in dem sie stehen. Der treue Genosse würde gebeten, ihnen im Konflikt schlichtend beizustehen. Dann wären die Frauen nicht erst kürzlich aus der Mission in die Gemeinde zurückgekehrt, sondern verkehren dort schon länger und sind jetzt zerstritten. Ihre Bekanntschaft mit Paulus würde dann schon länger zurückreichen.

Die Aufzählung weiterer Mitarbeiter (Clemens u.a.) unterstreicht einmal mehr, wie wenig die verbreitete Meinung von Paulus als Einzelkämpfer stimmt. Im Gegenteil, im Laufe der Jahre scheint er Dutzende von Mitarbeitern für längere oder kürzere Zeitabschnitte gehabt zu haben, was auf eine große Beliebtheit sowohl seiner Person als auch seiner Arbeit schließen lässt, auch wenn diese oft entbehrungsreich und gefährlich war.

Das *Buch des Lebens*, das den Schluss des Verses bildet, ist eine traditionelle Vorstellung (vgl. Ex 32,32; Ps 69,29; Dan 12,1; Offb 20,12.15), nach welcher Gott Buch führt über seine Erwählten. Wessen Name in diesem Buch steht, der wird ewiges Leben erhalten, und wessen Name fehlt, der wird der Verdammnis überführt werden am Ende der Zeit.

Paulus jedoch verzichtet, wie schon mehrfach in solchen Fällen, auf dieses apokalyptische Entweder-oder und nennt nur das Positive: Gott weiß um seine Menschen, er vergisst sie nicht, sondern merkt sie sich vor – sogar schriftlich! Es ist ein Bild der Hoffnung und des Vertrauens darauf, dass Gott treu ist, treu bleibt und zu seinem Wort steht. Man könnte ein solches Lob des Paulus für seine Mitarbeiter als Belohnung für besonders schwierige Dienste verstehen und den Eintrag ins Buch als dessen notarielle Beglaubigung. Es spricht im ganzen Brief jedoch nichts dagegen, im Gegenteil sogar sehr viel dafür, die Reihenfolge umzudrehen: Weil ihre Namen im Buch des Lebens stehen und sie von Gott gnadenhaft erwählt sind, deshalb werden sie zu brauchbaren und wertvollen Mitarbeitern und Mitarbeiterinnen. Auch hier empfiehlt es sich, dem Schema zu folgen, dem wir schon so oft begegnet sind: Gott beginnt, aus lauter Liebe und Gnade, und der beschenkte Mensch setzt fort, indem er tätig dem entspricht, wovon er lebt.

Eine solch hoffnungsvolle Sicht auf die in Gott geborgenen Menschen führt Paulus dazu, die Philipper erneut zur Freude aufzufordern, und dies sogar gleich doppelt (vgl. V. 3,1, der fast wörtlich wiederholt wird): *Freut euch im Herrn, jederzeit! Nochmals sage ich es: Freut euch!* (**4**) Auch wenn diese Aufforderung etwas seltsam anmutet – kann man sich auf Kommando freuen? –, so ist sie doch Zeichen dafür, wie sehr Paulus das Wirken Gottes in seinem Leben und dem der Gemeinde zum Anlass nimmt, nicht zu verzweifeln oder zu verzagen, sondern sich zu freuen und gerade damit seiner Dankbarkeit Ausdruck zu verleihen. Wenn Hoffnung ansteckend ist, dann ganz gewiss durch diesen Brief, in dem Paulus trotz aller Widrigkeit seiner Situation sich so von Christus getragen weiß, dass ihm nichts und niemand die innere Zuversicht und Gewissheit nehmen kann. Vielleicht ist der emotionale und bisweilen auch etwas cholerische Paulus nicht das beste Beispiel für innere Ausgeglichenheit und tiefen seelischen Frieden – das alles entspricht nicht seinem Naturell –, aber an Freude, Hoffnung und Unverzagtheit ist er kaum zu übertreffen.

Die Aufforderung zur Freude wird auf die Spitze getrieben, wenn Freude *jederzeit* verlangt wird – wer ist schon immer glücklich und fröhlich? Wohl nicht einmal Paulus selbst, wie dies etliche Verse in Kap. 3 zeigen. Aber es gelingt ihm immer wieder, zur Freude und Hoffnung zurückzufinden, und dies nicht aufgrund eigenen Bemühens, sondern im Zusammenhang mit Christus: In V. 1 war es der außerordentliche Einsatz des Epaphroditus für Christus, hier ist es die Gewissheit ewigen Lebens, die seine Freude zum Klingen bringt (vgl. V. 3). Sich mit Paulus jederzeit freuen sollen sich die Philipper eben nicht, weil das Leben stets Grund zur Freude böte, sondern weil der Grund zur Freude unabhängig vom äußeren Ergehen ist.

Kann man sich solcher Hoffnung und Freude entziehen? Wenn schon der Gemeindegründer im Gefängnis davon erfüllt ist, wie sollte die Gemeinde verzweifeln? Und ein Leben voller Hoffnung hat immer Konsequenzen für das Leben der Hoffnungslosen (**5**): *Zeigt eure Güte allen Menschen! Der Herr ist nahe!* Innere Freude ändert die Perspektive auf das Leben, die Welt und ihre Menschen, denn sie verschließt sich ihnen nicht, sondern tritt ihnen offen und von Herzen gütig entgegen. Tut sie das nicht, so ist sie nicht echt, wo sie aber echt ist, kann sie gar nicht anders, als dem Nächsten so zu begegnen, dass auch er von ihr erfüllt wird. Besteht Gottes Güte dem Menschen gegenüber in seiner Vergebung, Erwählung, Fürsorge und Liebe, so ist die Güte des Menschen, die sich aus seiner Freude ergibt, ein Verhalten, das keine Unterschiede macht (Vergebung), den Menschen für Gottes Liebe zu gewinnen sucht (Erwählung), sich der Bedürftigen erbarmt (Fürsorge), indem sie ihnen zukommen lässt, wessen sie wirklich bedürfen. Güte hat also viele Aspekte und lässt sich nicht auf Freundlichkeit oder Respekt reduzieren. Sie ist das Gott entsprechende und gemäße Verhalten des Menschen.

Und als ob es noch nicht klar genug gewesen wäre, in wessen Namen dies geschehen soll, fügt Paulus einen wohlbekannten, traditionellen und liturgischen Satz an: *Der Herr ist nahe!* Er bezieht sich auf die Predigt Jesu, die von der Nähe des Reiches Gottes sprach (Mk 1,14f), macht jetzt aber Jesus zum Subjekt, weil seine Auferweckung gezeigt hat, dass er nicht nur auf das Reich Gottes hinweist, sondern das Reich Gottes ist, also Gottes wirksame und heilsame Nähe zu den Menschen. Nahe ist es, weil es nicht mehr fern ist, das heißt: Es ist in unmittelbar erfahrbare Nähe gerückt. Nähe ist nicht quantitativ als Gegensatz zur Ferne zu verstehen, sondern qualitativ als Ausdruck der Unmittelbarkeit.

So ist auch die Nähe des Herrn zu verstehen: Wo immer sich Menschen ihm anvertrauen, da ist er nahe. Solche Nähe ermöglich erst (und nicht: fordert) das Tun des Guten, sie ist Grund, Kraft und Motivation. Nicht also, damit Gott nahe komme, sondern weil er nahe gekommen ist, soll und kann die Gemeinde in Philippi den Menschen ihre Güte zeigen. Diakonie als authentischer Ausdruck innerer Erfüllung wirkt in der Regel bedeutend attraktiver als die meisten, auf rasche Bekehrung ausgerichteten Missionspredigten.

Und weil Gott nahe ist, können Sorgen getrost beiseite gelegt werden (**6**): *Sorgt euch um nichts, sondern tut Gott eure Bedürfnisse mit Danksagung kund in allen Gebeten und Bitten.* Sorgen sind auch in Philippi oder der Kirche überhaupt nicht per se verschwunden, selbst wenn es guten Grund dafür gäbe. Aber als Gemeinschaft, die sich der zum Teil äußerst misslichen Situationen der Welt stellen muss, wird sie täglich mit Nöten und Ängsten konfrontiert, die sich im innerweltlichen Zusammenhang nicht lösen lassen. Sorgen sind jedoch kein Zeichen von Un- oder Kleinglauben, sondern einfach davon, dass das Leben zuweilen vor große Herausforderungen stellt. Zu Unglauben werden sie erst, wenn der irdische Horizont zum einzigen Bezugspunkt wird und darum auch die Möglichkeiten Gottes auf das innerweltlich Machbare beschränkt werden.

Paulus spricht deshalb auch nicht von mangelndem Glauben, sondern von der Gelegenheit, die Sorgen vor Gott zu bringen, dessen Wirken den Horizont wieder zu weiten vermag. Das Gebet ist für Paulus der klassische Ort der Gottesbegegnung, viel mehr noch als charismatische Ekstase oder himmlische Offenbarungen.

Das intensive, persönliche Gebet ist ein Erbe des Judentums, dessen Gebetstradition in den Psalmen exemplarisch sichtbar wird. Die römisch-griechische Religion hingegen kennt diesen existenziellen Zugang zur Gottheit nicht und beschränkt sich stattdessen auf Opfergaben und kultisch überlieferte Gebetsrituale. Für Paulus hingegen ist es nur natürlich, dass die Glaubenden ihre Bedürfnisse Gott vortragen, wobei damit nicht Luxuswünsche gemeint sind, sondern das alltäglich Notwendige, das für viele Menschen der Antike zu keiner Zeit selbstverständlich war.

Weil der Glaubende weiß, dass Gott seine Bedürfnisse kennt, soll er nicht in Angst oder Zweifel, sondern mit Dank beten und sich dabei auch dankbar an frühere Gebete erinnern, die Gott erfüllt hat. Die Zuversicht, die aus solcher Erinnerung erwächst, stärkt den Glauben und die Hoffnung darauf, dass Gott verlässlich bleibt, und darum darf der Glaubende bitten und zugleich danken, als hätte sich sein Gebet bereits erfüllt. In diesem Prozess von Not, Erinnerung, Dank und Bitte erweist sich das Paradox, das untrennbar mit dem Gebet verbunden ist: Einerseits weiß Gott um die Nöte des Menschen, noch bevor dieser sie formuliert hat (vgl. Mt 6,8), andererseits erübrigt sich das Gebet trotzdem nie, weil Gott offenbar gerne gebeten wird und Wert legt auf das Beziehungsgeschehen, das sich im Gebet ereignet. Denn hier allein schaut der Mensch weg von sich und seiner Sorge, sich nicht selbst sichern zu können. Nur das Gebet, in dem er sich Gott anvertraut und auf das Eigene verzichtet, befreit ihn von sich selbst und damit auch von seiner Sorge. Und wo die Sorge weicht, kehrt Freude ein. Der Aufruf, sich zu freuen angesichts seiner eigenen Sorgen, ist also nicht etwa zynisch gemeint, sondern im Gegenteil die beste Strategie.

V. 7: *Und der Friede Gottes, der alles Verstehen überschreitet, wird eure Herzen und Gedanken behüten in Christus Jesus.* Der Friedensgruß ist normalerweise ein Element des Briefschlusses, weshalb oft (fälschlicherweise) angenommen wird, V. 7 sei das ursprüngliche Ende des Philipperbriefes. Allerdings fehlen die Grüße und auch andere klassische Teile des Briefendes, sodass wir davon ausgehen können, dass Paulus den Brief hier noch nicht beenden will. Vielmehr variiert er das Schema und stellt die Schlussformel in einen neuen Zusammenhang, und zwar in den des von der Sorge befreiten Lebens. Wer sich vertrauensvoll an Gott wendet, dem ist Friede verheißen, wie er nur von bzw. in Christus möglich ist. Wohlgemerkt: Friede ist verheißen und wird den Betenden umgeben, er ist jedoch weder Resultat noch Lohn des Betens und darum auch nicht verfügbar, sondern nur Gabe und Akt der Gnade Gottes. Aber die Verheißung gilt schon jetzt, und sie wird den

Philippern zugesprochen, noch bevor sie mit dem Gebet überhaupt begonnen haben. Das ist der tiefere Grund, weshalb nicht ängstlich, sondern dankend gebetet werden soll.

Dass dieses Paradox reichlich komplex ist, wird auch Paulus bewusst gewesen sein. Aber er hält daran fest aufgrund der Erfahrung, dass die Verheißung Gottes bedeutend größer ist als alle menschliche Verstehensleistung. Auf der Erfahrungsebene erweist sich dieser Friede als so überwältigend, dass das Paradox des Gebets getrost als solches belassen werden und unverstanden bleiben darf. Denn wo Friede sich in die Seele des Menschen senkt, wird die Frage, weshalb und warum dies so ist, angesichts der überwältigenden Wirkung zweitrangig.

Was der Mensch an Frieden erfährt, betrifft ihn wesentlich (»Herz«) und erlöst ihn von seinem mangelnden intellektuellen Verständnis. Das Herz ist bei Paulus nicht nur der Sitz der Emotionen, sondern auch des Wollens, dessen also, was den Menschen zum unterscheidenden und entscheidenden Wesen macht. Und damit die überragende Wirkung des Friedens noch deutlicher wird, schließt Paulus das Denken (»Gedanken«) zusätzlich und sogar wiederholt mit ein. Herz, Gedanken und Verstand zusammen umschreiben die ganzheitliche Betroffenheit des Menschen durch diesen Frieden.

Wie aber wirkt dieser Friede konkret? Die hebräische Vorstellung des *schalom* (Friede) ist die eines umfassenden, Geist und Körper betreffenden, Wohlseins. Diese Bedeutung wird hier von Paulus auf die Situation der Sorge zugespitzt, indem der Friede zu ihrem Gegenstück wird: Gottes Friede lässt Herz und Hirn ruhig und getrost werden im Bewusstsein, dass Gott seine Menschen behütet und sich ihrer Sorgen annimmt. Friede zeichnet sich also aus durch Gelassenheit in Anbetracht der Sorgen, in einem erweiterten geistigen Horizont im Hinblick auf jede weltliche Engführung und in einer Ruhe aus, die sich auf die Unruhe des Herzens und des vergeblich um Verständnis ringenden Denkens legt.

Ist es reine Spekulation, zu vermuten, dass Paulus diesen Zuspruch auch – oder sogar gerade auch – an sich selbst richtet? Ist der Friede Christi, der das Denken zur Ruhe bringt und dem Herzen seine Sorgen nimmt, nicht genau das, wessen auch Paulus immer wieder bedarf, vielleicht sogar mehr noch als alles andere?

V. **8** setzt die Reihe der Ermahnungen, wie sie im letzten Teil des Briefes üblich sind, fort und präsentiert einen sog. Tugendkatalog: *Im übrigen, Brüder und Schwestern, was wahr ist, was ehrlich, was gerecht, was rein, was wohlgefällig, was ansprechend ist, wenn immer etwas tauglich ist oder des Lobes wert: Darüber sollt ihr nachdenken*! Solche Aufzählungen sind fest in der Tradition verankert (2Kor 13,11; 1Thess 5,12–22) und haben z.T. alttestamentliche, vor allem aber griechische Wurzeln. Auch die Stoa und andere Philosophenschulen fassen kurze Anweisungen für richtiges moralisches Verhalten zu einem dieser »Kataloge« zusammen. Was aber ist besonders christlich an der Aufzählung des Paulus an Wahrem, Ehrlichem, Gerechtem usw.? Eigentlich nichts, und auch die folgenden Begriffe (*wohlgefällig, ansprechend*) weisen deutlich auf ihren allgemein-moralischen Ursprung. Griechische Moralphilosophie argumentiert in der Regel nicht wie Paulus theologisch, sondern orientiert sich am Guten an sich, das sie *per se* als das zu erreichende Ziel erachtet. Was dem entspricht, ist immer Inhalt und Ziel des Handelns. Paulus scheut sich also nicht, auch heidnische Traditionen aufzunehmen, solange sie seiner Christologie nicht widersprechen. In der Frage der Motivation des Tuns und dessen Ziel gibt es allerdings erhebliche Unterschiede, die bis heute bestehen. Allgemeingültige, nicht religiöse Ethik und christliche Ethik mögen in gewissen Inhalten ähnlich oder sogar parallel verlaufen, Anfang, Mitte und Ende jedoch unterscheiden sich gewaltig: Ist es Christus, von dem, durch den und auf den hin menschliches Handeln bestimmt ist, oder ist es eine allgemeine, wie auch immer geartete Menschlichkeit oder Sachlichkeit, deren Hintergründe oft im Dunkeln bleiben und erst noch geklärt werden müssten.

Gerade darum fordert Paulus die Gemeinde nicht auf, solcher Ethik unbedacht Folge zu leisten, sondern sie zu prüfen. Was in der Welt gut und lobenswert ist, braucht dies im Raum des Christus noch lange nicht zu sein, es muss ausnahmslos dem, was aufgrund von Kreuz und Auferstehung gilt, entsprechen. Es bleibt jedoch auch im positiven Sinne prüfenswert, denn Paulus weiß natürlich, dass auch eine ernst gemeinte heidnische Morallehre nicht ohne Wahrheit ist. So sehr sich die Gemeinde von der Welt als Deutungshorizont abgrenzen soll, so sehr soll sie bereit sein für die Wahrheit Gottes, die sich offenbar auch im heidnischen Umfeld ereignet. Paulus verfügt über einen für die damalige Zeit enorm breiten Horizont und eine Freiheit, die ihn ermächtigt, die Wahrheit Gottes auch dort aufzuspüren, wo Gott explizit abgelehnt wird. Bereits in 1Thess 5,21, dem ältesten (erhaltenen) seiner Briefe, spricht sich Paulus für eine solche Haltung aus: *Prüft alles, das Gute behaltet.* Was gut und wahr ist, weil es von Gott her so ist, bleibt gut und wahr, auch in einem heidnischen Umfeld. Hier ist sich Paulus einig mit den Stoikern: Das Gute zu tun ist gut, weil es *per se* gut ist, Gutes zu tun.

Wichtiger allerdings als die moralischen Ratschläge ist für Paulus die Lern- und Lebensgemeinschaft mit den Philippern (**9**): *Was* *ihr gelernt und bekommen und gehört und gesehen habt von mir, das sollt ihr tun. Und der Gott des Friedens wird mit euch sein.* Die Richtung ist eindimensional gestaltet: Die Gemeinde soll von seinem Vorbild und Beispiel lernen. Natürlich steht ihm solche Autorität zu, jedoch geht leicht jener Aspekt verloren, dass in jeder Gemeinschaft das Lernen und Lehren gegenseitig geschieht und so beide Seiten voneinander profitieren.

Die Lerngemeinschaft in Philippi ist ganzheitlicher Natur, denn sie umfasst Denken, Rezipieren, Hören und Sehen. Das *kognitive* Lernen bezieht sich auf die Lehre des christlichen Glaubens, die Paulus während seines Aufenthalts weitergegeben hat. Zu denken ist dabei z.B. an die Rechtfertigungslehre oder an das Grundschema seiner Ethik.

Was er mit *bekommen* meint, ist etwas schwierig zu interpretieren, weil der ganze Lernprozess letztlich ein An- und Aufnehmen von Inhalten ist. Vielleicht spielt Paulus auf die Verleihung der Gaben des Geistes an, die er mit seiner Predigt initiiert hat (vgl. 1Kor 12), vielleicht fasst er damit aber auch nur die Gesamtheit dessen zusammen, was die Philipper im weiteren Sinne von Paulus als ihrem Gemeindegründer und Lehrmeister erhalten haben. Dass auch beim Lernen eine Parallele zu der Bewegung Gottes entsteht, auf die Paulus so oft verweist, ist interessant: Wie die Gnade nur empfangen werden kann und die einzige Tat des Menschen darin besteht, sie anzunehmen bzw. bereit dafür zu werden, so ist auch das Lernen ein Vorgang, den man nicht selbst bewirken, sondern nur quasi als Gabe des Lehrers empfangen kann. Und wie bei der Gnade spielt auch hier die Offenheit und die Bereitschaft zur Rezeption des Empfangenen eine entscheidend wichtige Rolle.

Das *Hören* bezieht sich primär auf die Predigt und die im kleineren Kreis von Lehrer und Schüler vorgetragene Unterweisung während der Anwesenheit des Paulus in Philippi, sekundär wohl aber auch auf all das, was der Gemeinde während der Abwesenheit des Apostels über ihn zugetragen worden ist an bedenkenswertem Verhalten und beispielhaftem Glauben. Und das *Sehen* schließlich ist das konkrete Beobachten der Glaubenspraxis des Paulus: wie er alltäglich lebt, betet, entscheidet, seinen Glauben bekennt und für das Evangelium kämpft.

Paulus hat, wie wir schon mehrmals gesehen haben, ein gesundes Selbstbewusstsein und traut sich durchaus zu, eine vorbildhafte Funktion innezuhaben, zumal die Gemeinde ja von ihm im heidnischen Umfeld gegründet worden ist, in dem außer ihm und seinen Mitarbeitern keine anderen Vorbilder vorhanden sind. Wie alle anderen Apostel der ersten Generation übernimmt auch Paulus die Rolle, die einst Jesus für die Jünger hatte: die des Rabbis, der der Gruppe vorangeht und mit Wort und Tat zeigt, welche Lebenspraxis dem nahen Reich Gottes entspricht. Wie in der Familie sind solche geistigen Väter und Mütter für den Lernprozess unumgänglich, sofern auch die Apostel bereit sind, ihre Gemeinde aus der Abhängigkeit von ihm in die Mündigkeit zu führen. Wenn nicht, sind die Weichen zur Sekte bereits gestellt. Dass dies bei Paulus nicht der Fall ist, dürfte aufgrund der Freiheit, zu der er die Gemeinden immer wieder herausfordert, deutlich sein (vgl. dazu z.B. Gal 5,1.13).

Das Ende der Schlussmahnungen bildet die Verheißung des Friedens, den Gott gibt und der er selbst ist. Aber auch hier ist zu beachten, dass es sich um eine Verheißung handelt und nicht um einen Lohn für Wohlanständigkeit oder Gehorsam.

Und es ist zudem entscheidend wichtig, dass nicht primär der Friede verheißen ist, sondern die Begleitung durch den Gottes des Friedens. Wer also dem folgt, worin er unterwiesen worden ist, das tut, was ihm einleuchtend scheint und dort anknüpft, wo er selbst auf Erfahrungen der Gnade vertrauen kann, darf damit rechnen, dass Gott als Ursprung und Ziel all seines Tuns und Glaubens mit ihm sein wird. Gott ist nie Belohnung, sondern immer gnadenhafter Beistand auf dem spirituellen Weg. Paulus weiß, wovon er spricht: Er erfährt Gott auf seinem eigenen Weg, selbst im Gefängnis.

Christliches Leben ist nie beliebig, und darum lohnt es sich stets, darüber nachzudenken und es zu prüfen. Die Ermahnungen des Paulus mögen etwas schulmeisterlich klingen, für damalige Verhältnisse sind sie aber sehr liberal, d.h. nicht einengend, denn sie wollen nicht beherrschen, sondern in persönliche Mündigkeit führen. Paulus fordert nicht Gehorsam, sondern Auseinandersetzung. Und dies immer vor dem Hintergrund des Gottes, an den zu glauben eine wahre Freude ist, weil er nicht distanziert oder kritisch oder argwöhnisch ist, sondern nahe. Freude entsteht in der Ethik, wo Ermahnungen, selbst wenn sie an sich sinnvoll sind, nicht als Forderungen auftreten, sondern im Namen dessen erfolgen, der Frieden verheißt und gewährt. Aus erfahrenem Frieden das Richtige tun ist nicht dasselbe wie für den Frieden das Richtige zu tun – die typisch paulinische Bewegung der Ethik macht den Unterschied aus. Und weil der Gott des Friedens keine Grenzen kennt, kann in dessen Namen jeder seine Güte grenzenlos allen zuteil werden lassen, weil er ja selbst grenzenlos erfüllt worden ist. Von Gottes Güte zu erzählen, heißt darum immer, Gottes Güte erfahren zu lassen. Mission ist immer auch Diakonie.

4,10–20
Leben in Armut und Reichtum

[10]Ich habe mich im Herrn außerordentlich gefreut, dass ihr endlich wieder einmal für mich sorgen konntet, was ihr ja schon früher tun wolltet, doch ihr hattet keine Gelegenheit dazu. [11]Ich sage das nicht aus einer Not heraus, ich habe nämlich gelernt, unabhängig zu sein in allen Lagen. [12]Ich weiß, wie es ist, bescheiden zu leben, ich weiß, wie es ist, im Überfluss zu leben. In alles und jedes bin ich eingeweiht: Sättigung und Hunger, Überfluss und Mangel. [13]Zu allem bin ich stark genug dank dem, der mir die Kraft dazu gibt. [14]Aber es ist gut, dass ihr euch in meiner Bedrängnis solidarisch gezeigt habt. [15]Ihr wisst ja, Leute aus Philippi, dass zu Beginn der Mission, als ich von Makedonien fortging, keine Gemeinde mit mir Gemeinschaft haben (wollte) im Geben und Nehmen außer ihr allein [16]und dass ihr mir, als ich in Thessalonich war, ein- und sogar zweimal Unterstützung gesandt habt. [17]Nicht, dass ich eine solche Gabe suchte, sondern ich suche den Gewinn, der sich zu euren Gunsten vermehrt. [18]Ich habe alles bekommen und habe nun mehr als genug. Ich bin mit allem versorgt, seit ich von Epaphroditus eure Gaben erhalten habe. Sie sind mir ein wohlriechender Duft, ein willkommenes, Gott gefälliges Opfer. [19]Mein Gott wird euch mit allem, wessen ihr bedürft, erfüllen nach seinem Reichtum, durch die Herrlichkeit in Christus Jesus. [20]Gott, unserem Vater, sei Ehre in Ewigkeit. Amen.

Nach den Ermahnungen folgt in der Regel ein kurzer Abschnitt mit Informationen, bevor die Grüße und der Segenswunsch den Brief beenden. So jedenfalls sieht es das antike Briefformular vor. Paulus durchbricht es insofern, als er die Informationen zu einem eigenen, theologisch interessanten Abschnitt über Bedürftigkeit und Abhängigkeit ausbaut (V. 10–20), den Schluss dafür entsprechend kurz hält, da er Segenswünsche schon vorher genannt hat (V. 21–23).

Die Verse 4,10–13 beschäftigen sich mit den Geschenken, die Paulus von der Gemeinde erhalten hat, doch es handelt sich dabei um mehr als lediglich einen herzlichen Dank (**10**): *Ich habe mich im Herrn außerordentlich gefreut, dass ihr endlich wieder einmal für mich sorgen konntet, was ihr ja schon früher tun wolltet, doch ihr hattet keine Gelegenheit dazu.*

Bereits die Verortung der Freude *im Herrn* zeigt, dass auch Geschenke geistlichen Charakter haben können, denn solche Hilfeleistung schafft Verbindungen, die weit mehr umfassen als nur Dankbarkeit und selbst große Distanzen und längere Zeitintervalle ohne Nachrichten oder Begegnungen überwinden. Für Paulus sind die Gaben sichtbares Zeichen der Gnade Gottes und des Glaubens, den er mit der Gemeinde lebt und teilt. Was *in Christus sein* konkret bedeutet, wird hier offensichtlich. Und auch die Sorge füreinander, die Paulus bereits in 2,2 propagiert hat, erhält jetzt ein alltägliches Gesicht.

Endlich einmal wieder sei Hilfe eingegangen, schreibt er, was auf eine Vorgeschichte schließen lässt, von der wir aber erst ab V. 15 Genaueres erfahren. Der etwas vorwurfsvolle Unterton ist nicht zu überhören, was auch Paulus gemerkt haben wird, denn er entschuldigt die Philipper gleich selbst: Es habe ihnen eben an Gelegenheiten gefehlt. Vielleicht hatten sie keine finanziellen Mittel, vielleicht war Paulus nicht erreichbar – wir wissen es nicht. Klar jedoch ist: Auch Paulus ist bedürftig und kann keineswegs in jeder Hinsicht aus dem Vollen schöpfen.

Ungelöst bleibt auch die Frage, wie denn die Fürsorge konkret aussah. Da die Reise von Philippi nach Rom doch einige Wochen in Anspruch nimmt, ist nicht davon auszugehen, dass Paulus mehrheitlich Lebensmittel erhalten habe. Vielmehr werden es unverderbliche, alltägliche Waren wie Kleider oder Schreibutensilien gewesen sein und höchstwahrscheinlich auch finanzielle Mittel.

Allerdings ist es Paulus wichtig, seine Bedürftigkeit sofort zu relativieren (**11**): *Ich sage das nicht aus einer Not heraus, ich habe nämlich gelernt, unabhängig zu sein in allen Lagen.* Er will damit nicht eigene Stärke demonstrieren, sondern seine Unabhängigkeit behalten, denn auf keinen Fall will er der Gemeinde zur Last fallen. Allein von Gott weiß er sich abhängig, und darum ist er gewiss, dass es für ihn immer einen Weg aus der Not gibt. An Menschen jedoch will er sich nicht binden, zu seinem Schutz und ihrer Entlastung. Trotzdem nimmt er die Unterstützung der Philipper an, selbst wenn er offenbar auch ohne sie in der Lage wäre zu überleben. Leider sind uns die genaueren Begleitumstände seiner Haft nicht bekannt, sodass wir nicht wissen, ob er für seine Nahrung arbeiten muss oder von der römischen Gemeinde unterstützt wird – oder ob der Staat für die Kosten der Gefangenen aufkommt. Sollte letzteres der Fall sein, dann kann man sich ausmalen, unter welchen prekären Umständen Paulus lebt.

Auf seinen langen Reisen hat er gelernt, sich mit dem durchzuschlagen, was er selbst hat oder selbst verdient. Immer wieder arbeitet er in seinem angestammten Beruf als Zeltmacher (Apg 18,3) und erwirtschaftet sich seinen Lebensunterhalt, obwohl er als Apostel das Recht hätte, auf Kosten der jeweiligen Gemeinde zu leben (1Kor 9,1–14.18). Doch dies versucht er nach Möglichkeit zu vermeiden, um unabhängig zu bleiben. Unabhängigkeit ist nicht zu verwechseln mit Autonomie, die sich jeder Beziehung (und damit auch jeder Kritik) entzieht; vor allem die zeitgenössische stoisch-kynische Philosophie war auf solche Autonomie aus und unterband Abhängigkeit nicht nur von Menschen, sondern von jeglichen Umständen, selbst den eigenen Gefühlen. Paulus jedoch will und muss unabhängig bleiben, damit er den Gemeinden nach wie vor auch kritisch begegnen kann und diese nicht von ihm abhängig werden. Wie ein Vater seine Kinder, so muss auch Paulus seine Gemeinden in die Freiheit eigener Verantwortung entlassen. Dazu ist es notwendig, auch seinerseits jegliche Abhängigkeit zu unterbinden, selbst wenn dies ein Leben in Armut und manchmal auch in Mangel bedeutet. Paulus nimmt dieses Leben in Kauf, nicht als Selbstzweck (wie dies zuweilen bei Asketen der Fall ist), sondern um damit dem Gedeihen der Gemeinden zu dienen.

Dass ihm keiner der verschiedenen Lebensumstände unbekannt ist, unterstreicht Paulus im folgenden V. **12**: *Ich weiß, wie es ist, bescheiden zu leben, ich weiß, wie es ist, im Überfluss zu leben. In alles und jedes bin ich eingeweiht: Sättigung und Hunger, Überfluss und Mangel.* Vielleicht waren es negativen Erfahrungen der Bindung an eine Gemeinde, die Paulus Unabhängigkeit in allen Lagen gelehrt haben, vielleicht ist es eine Haltung, die er schon immer lebte, jedenfalls ist er jetzt mit der ganzen Bandbreite materieller Versorgung vertraut. Paulus bewertet keinen dieser Zustände als geringer oder erstrebenswerter, sondern nimmt sie als das, was sie sind: Teil seiner Lebensweise, die ihn Unabhängigkeit gelehrt haben.

Erst in solcher Unabhängigkeit vom Materiellen, von Bindungen an die Gemeinden und von den ständig wechselnden Lebensumständen ergibt sich eine radikale Offenheit für das Wirken Gottes. Denn wer wenig oder gar nichts hat, ist angewiesen auf Gottes Hilfe, und so werden selbst Defiziterfahrungen zum Erlebnis der Gnade Gottes. Die Aufzählung der Umstände, in die Paulus eingeweiht ist, zeigt, dass er auf diesem Weg der Abhängigkeit von Gott allein keineswegs immer nur gehungert hat. Allerdings wäre es gefährlich, diese Lebensweise für alle und alle Fälle geltend zu machen – in Anbetracht des Hungers der Welt sogar zynisch. Aber sie gilt für Paulus, weil er sie selbst gewählt hat als Teil seiner Nachfolge in die Niedrigkeit, wie sie auch Christus für sich gewählt hatte. Paulus ist kein Prediger der Armut, aber er hat sie als geistlichen Weg entdeckt, den er gehen muss und gehen will.

Anhand der Breite der Skala möglicher Erfahrungen wird noch etwas deutlich: Mangel oder Überfluss sind nicht erstrebenswert, aber auch nicht tadelnswert. Genug oder sogar zu viel zu haben betrachtet Paulus grundsätzlich nicht als Problem oder Sünde (allenfalls dann, wenn es zu einer rein weltbezogenen und egoistischen Lebensweise führt), sondern als Umstände, die sich ereignen, sich aber auch wieder verändern. Er ist nicht nur äußerlich, sondern auch innerlich unabhängig und lässt sich von keiner Situation bedrängen. Und wer so unabhängig wird wie er, kann nehmen, was er braucht, und geben, wovon er genug hat. Wie bei Jesus (vgl. Mk 10,17–27) ist also auch bei Paulus Reichtum nicht ein Problem, sondern eine Frage der Verantwortung.

Diese Form der Unabhängigkeit ist selbstverständlich nicht Leistung aus eigener Kraft, sondern Gabe (**13**): *Zu allem bin ich stark genug dank dem, der mir die Kraft dazu gibt.* Zum letzten und vielleicht sogar zum eindrücklichsten Mal erscheint das Grundschema der paulinischen Ethik: Was der Mensch ist oder kann, verdankt er ganz dem Handeln Gottes, das den Seinen als ermöglichende Kraft immer vorausgeht. Für Paulus bedeutet dies konkret ein Leben in Armut und zuweilen auch in Not, ohne daran auch nur im Geringsten zu verzweifeln, aber auch ein Leben in Überfluss und Fülle, ohne sich davon abhängig zu machen. Gott beschert ihm kein Leben ohne Bedrängnis, sondern seine Gegenwart in und trotz aller Bedrängnis, zeige sie sich nun in Form der Not oder des Überflusses, denn beides vermag den Menschen zu bedrängen (spätere Handschriften ergänzten *Christus* als den, der Kraft gibt; vgl. LÜ vor 1984).

Ein kleines, aber wichtiges Detail stellt die Zeitstufe des Verbes dar: *Kraft geben* (griech. *dynamein*) steht im *Präsens*. Paulus hat die Kraft für sein Leben nicht in der Vergangenheit ein für allemal erhalten (etwa bei seiner Bekehrung), sodass er jetzt nach Gutdünken darüber verfügen könnte. Vielmehr erhält er in der jeweiligen Situation, was er gerade braucht. Auch in der göttlichen Befähigung des Menschen spielt die Dynamik der Glaubensbeziehung eine große Rolle. Dietrich Bonhoeffer, selbst Märtyrer und auf seine Weise Apostel des Kreuzes im Gefängnis, stellt dazu fest, dass Gott vom Menschen nie mehr fordere, als dieser tragen könne, ihm die Kraft dazu jedoch nie auf Vorrat gebe, sondern jeweils in der Situation selbst.

Darum geht es Paulus: Nichts hat er in der Hand, aber mit der Kraft Christi ist ihm alles möglich. Trotz seiner Kürze und seiner beinahe schon lapidaren Einfalt ist dieser eine Vers nichts weniger als das Lebensmotto des Paulus. Er enthält denn auch alle wichtigen Aspekte christlicher Theologie: die Christologie (Christus als Zentrum des Glaubens ermächtigt), die Soteriologie (Gott rettet den Menschen in Not durch Christus aus Gnade und nicht Verdienst), die Pneumatologie (allein im Glauben als Geschenk des Geistes geschieht diese Ermächtigung) und schließlich die Ethik (ein Leben für andere, weil Gott für mich ist). Dieser eine Vers wendet sich gegen alle ängstlichen Versuche, christliche Existenz an den schweren Seiten des Lebens vorbei zu führen, denn dem, der glaubt, ist alles möglich, auch das Ertragen des Leides. Aber er straft auch alle Anstrengungen Lügen, vor Gott eigene Stärke, Treue oder Gehorsam beweisen zu wollen, denn alles ist nur dank Christus möglich. Oder anders ausgedrückt: Was diesem einen Vers nicht entspricht, entspricht Paulus nicht – ja mehr noch: auch Christus nicht.

Auch wenn Paulus die Gaben nicht auf Leben und Tod benötigt, so schätzt er sie trotzdem und ist dankbar, denn sie sind ein äußeres Zeichen einer inneren Haltung, die etwas anachronistisch, aber durchaus treffend mit *Solidarität* wiedergegeben werden kann (**14**): *Aber es ist gut, dass ihr euch in meiner Bedrängnis solidarisch gezeigt habt.* Es ist die Haltung der Verbundenheit, der herzlichen Anteilnahme am Schicksal eines Menschen, die sich durch intensives Gebet und eben auch durch materielle Hilfe ausdrückt. Solche Solidarität bezieht sich nicht einfach auf Armut oder Gefangenschaft, wie ja auch Paulus keines dieser Worte verwendet, sondern auf Bedrängnis, womit Not im umfassenden Sinn gemeint ist. Eine solche Art der Lebenssolidarität verbindet die Gemeinde mit Paulus, und dies schon seit Jahren. Die Philipper, die ihr neues Leben Paulus verdanken, bleiben ihm treu bis an dessen Lebensende, und zwar ganz selbstverständlich. Widerspräche es nicht allem, was sie glauben und hoffen, wenn sie solche Hilfe ablehnten? Und gibt es überhaupt eine offensichtlichere Illustration des Leibes Christi (vgl. 1Kor 12,12–30) als solche solidarische Verbundenheit und Hilfsbereitschaft? Dass Paulus mit vielen seiner Gemeinden andere Erfahrungen macht, zeigt, dass es durchaus der Fall sein kann.

Die Geschichte dieser Solidarität reicht lange zurück, bis in die Zeit der Gründung der Gemeinde (vgl. Apg 16,11–40) (**15**): *Ihr wisst ja, Leute aus Philippi, dass zu Beginn der Mission, als ich von Makedonien fortging, keine Gemeinde mit mir Gemeinschaft haben (wollte) im Geben und Nehmen außer ihr allein.* Paulus verließ Philippi, nachdem er aus dem dortigen Gefängnis entlassen worden war, und machte sich westwärts Richtung Mazedonien auf. Über Amphipolis und Apollonia erreichte er Thessalonich, wo er zwar eine kleine Gemeinde gründen konnte, die Stadt aber aufgrund des daraus entstandenen Konflikts mit der Synagoge eilig verlassen musste. Mit seiner Begleitung zog er weiter nach Beröa und dann nach Athen (Apg 17,13–15). Es war in der Tat eine konfliktreiche Phase der paulinischen Mission, und es verwundert nicht, wenn sich Gemeinden weigerten, Paulus zu unterstützen oder auch nur aufzunehmen, mussten sie doch damit rechnen, in Schwierigkeiten zu geraten. Um welche Gemeinden es sich handelt, wissen wir nicht, da weder Paulus noch die Apostelgeschichte weitere Informationen liefert. Und es ist auch nicht eindeutig zu bestimmen, ob sich die Gemeinden vor Streit mit der Synagoge oder den Stadtbewohnern fürchteten, oder ob sie Paulus und seine Theologie nicht mochten.

Die Mehrheit der Ausleger versteht diesen Vers so, dass Paulus absichtlich von keiner anderen Gemeinde Unterstützung annehmen wolle, um unabhängig zu bleiben, und dass es darum eine Auszeichnung für die Philipper sei, wenn sie ihn unterstützen dürfen. Eine solche Erklärung verzerrt meiner Meinung nach jedoch die Perspektive: Paulus spricht von seiner Niedrigkeit und Bedürftigkeit, der die Philipper als einzige hilfreich begegnet sind, während andere die Gemeinschaft verweigert haben, er spricht aber nicht davon, dass er bei ihnen als einzigen eine Ausnahme mache, weil sie ihm so innig verbunden seien. Gegen eine solche Interpretation wird oft auf 1Kor 9,1–14 und 2Kor 11,7–11 verwiesen, wo Paulus explizit Unterstützung verweigert. Im Philipperbrief jedoch bezieht sich Paulus auf den Beginn der Mission in Europa und also auf eine andere Situation als die in den Korintherbriefen. Es ist allerdings nicht zu verleugnen, dass Phil 4,15 rein sprachlich eine Deutung im Sinne der Weigerung des Paulus, Unterstützung anzunehmen, möglich wäre. Meiner Meinung nach jedoch nur sprachlich.

Paulus missionierte gewöhnlich immer nach demselben Schema: Er suchte zuerst die Synagoge auf, um die Juden für Christus zu gewinnen, womit er jedoch meist nur wenig Erfolg hatte, sodass er sich den Heiden der Stadt zuwandte. Dass er offensichtlich auch mit christlichen Gemeinden in Konflikt geriet bzw. bei ihnen nicht gerne gesehen war, ist eine interessante und sonderbare Bemerkung, denn normalerweise wurden Missionare in den Gemeinden freundlich aufgenommen. Dass es sich tatsächlich um christliche Gemeinden handelt, ist nicht zu bezweifeln, denn das Wort *ekklesia* (wörtl.: herausgerufen, berufen, erwählt) verwendet Paulus nur für sie und nicht für politische Gemeinden. Es steht uns nicht zu, weitere Schlüsse über diese Verhältnisse zu ziehen, da wir keine genaueren Kenntnisse davon haben. Außer dem einen: Gestritten wurde in der Kirche von Anfang an.

Und in dieser Situation bilden die Philipper die Ausnahme, weil sie durch alles hindurch zu Paulus stehen. Sie pflegen die Gemeinschaft des Gebens und Nehmens, womit sowohl materieller als auch geistlicher Austausch gemeint ist, der nicht einseitig verläuft, sondern gegenseitig: Beide Seiten geben, beide Seiten nehmen, vielleicht nicht dieselben Dinge oder im selben Maß, aber als ausgleichende Gemeinschaft. Denn auch der Apostel wird durch die Glaubenserfahrungen der Gemeinde gestärkt – wo immer sich das Evangelium entfaltet, stärkt es die Menschen, die Anteil daran haben. Wenn Menschen durch ihn zum Glauben an Christus finden, weiß er sich auf dem richtigen Weg und wird selbst von der spirituellen Dynamik angesteckt, die das Wort in einer sich neu konstituierenden Gemeinde entfaltet.

Die Kraft des gegenseitigen Gebens und Nehmens scheint in Philippi so groß gewesen zu sein, dass die Gemeinde Paulus schon kurz nach seiner Abreise unterstützt hat (**16**): *und dass ihr mir, als ich in Thessalonich war, ein- und sogar zweimal Unterstützung gesandt habt.* Das ist umso erstaunlicher, als die Gemeinde so bald nach ihrer Gründung kaum viele Mitglieder zählte und über entsprechend geringes finanzielles Potenzial verfügte. Trotzdem ist es ihr gelungen, Paulus sogar zweimal zu unterstützen, was die Bedeutung der Gaben für sie wie auch für Paulus unterstreicht. Offensichtlich war es ihnen ein großes Anliegen, dass auch anderen Städten dasselbe widerfahre wie ihnen selbst. Es erstaunt allerdings auch etwas, dass Paulus in Thessalonich zwar eine (wenngleich kleine) Gemeinde gründet, von ihr vor Ort aber nicht genug Unterstützung erhält, sodass er auf die Philipper angewiesen ist.

Einmal mehr (vgl. 4,11 und auch 1Kor 9,1–14) scheint es Paulus wichtig zu betonen, dass er nicht auf Unterstützung der Gemeinde (bzw. der Gemeinden) aus ist (**17**): *Nicht, dass ich eine solche Gabe suchte, sondern ich suche den Gewinn, der sich zu euren Gunsten vermehrt.* Bei den Philippern macht er offenbar eine Ausnahme (erst jetzt kommt dieses Element zum Tragen, von dem wir schon in V. 15 sprachen, wo es jedoch noch nicht zur Diskussion stand). Nur jedoch unter der Bedingung, dass sie die Unterstützung nicht primär als persönliche Gabe zu seiner freien Verfügung betrachten, sondern als Beitrag an seine weiterführende Missionsarbeit.

Denn gewinnbringend kann die Unterstützung nur werden, wenn sie investiert wird, und dies ist im Falle des Paulus die Verbreitung des Evangeliums. Obwohl es im Detail schwierig sein dürfte, die genauen Verwendungszwecke aufzuzeigen, ist es Paulus wichtig, dass die Hilfe nicht ihm persönlich dient, sondern dem Evangelium und damit indirekt auch der Gemeinde. Bewirkt ihre Unterstützung die Gründung neuer Gemeinden, dann hat sie ihr Ziel erreicht: dass aus ihrem neuen Leben wiederum neues Leben werde, ihr Glaube also zu weiterem Glauben führe. Ob die neuen Gemeinden wissen, wer Paulus bei ihrer Gründung unterstützt hat, ist nebensächlich, wichtig bleibt nur, dass die Philipper erkennen, das Richtige getan zu haben, indem sie das Evangelium nicht für sich behalten, sondern es (zumindest indirekt) weitergegeben haben. Das Bild der Frucht, das bei Paulus öfters verwendet wird (z.B. Gal 5,22f; vgl. auch Joh 15,1–8) spricht am deutlichsten aus, worum es geht: Wenn der gute Same gepflanzt ist und der Baum wächst, bringt er von selbst Frucht, weil ihm nichts daran liegt, für sich zu bleiben, aber alles, dass es mehr von dem Guten gebe, von dem er selbst lebt.

Ein zusätzlicher Effekt der Unterstützung ist die Stärkung der Gemeinde durch die Sammlung an sich (sofern die Hilfe nicht von einer einzigen wohlhabenden Person allein stammt, was aber aufgrund der sozialen Verhältnisse in Philippi kaum der Fall sein dürfte). Geben und also vom Eigenen absehen zu können, um das gute Werk zu unterstützen und für ein gemeinsames Ziel einzustehen, lehrt sie, wovon Paulus im Brief immer wieder schreibt: einig zu sein, auf das Gleiche aus zu sein, sich als ein Leib zu verhalten. Geben und Nehmen ist immer auch ein geistlicher Prozess, der sich für alle in allem äußerst fruchtbar erweisen kann.

Epaphroditus hat die Gaben gebracht und bringt mit dem Brief auch den Dank zurück (vgl. 2,25–30) (**18**): *Ich habe alles bekommen und habe nun mehr als genug. Ich bin mit allem versorgt, seit ich von Epaphroditus eure Gaben erhalten habe. Sie sind mir ein wohlriechender Duft, ein willkommenes, Gott gefälliges Opfer.* Nach der etwas repetitiven theologischen Argumentation zur Unterstützung wird jetzt die Dankbarkeit des Paulus sichtbar (obwohl er im ganzen Kapitel das Wort »Dank« bzw. »danken« nicht verwendet): Er weiß sich reich beschenkt und hat nun mehr, als er braucht. Bei aller missionarischen Zweckbindung dieser Gaben mag für den mittlerweile doch recht bejahrten Apostel ein gewisser Trost darin liegen, dass er seine Gefangenschaft in Rom weder in völliger Einsamkeit noch in völliger Armut verbringen muss. Nichts wird dem schaden, der in Christus ist, weil Christus für ihn sorgt, und dies eben (meist) nicht durch Wunder vom Himmel, sondern durch wunderbare Unterstützung entfernter Geschwister.

Man vermeint zwischen den Zeilen zu lesen, dass Paulus für einmal wortlos ist, wortlos glücklich und darum zu beinahe poetischen Worten aus dem Umfeld des Opferdienstes am Tempel in Jerusalem greift. Er vergleicht die Unterstützung mit einem Brandopfer, das wohl riecht und Gott gefällt, weil es (wie vorgeschrieben) von perfekter Natur ist – im Fall der Philipper von Herzen kommt. Das Opfer ist theologisch gesehen weder Strafe noch gutes Werk oder berechnende Gabe an Gott, sondern ein Akt der Dankbarkeit gegenüber der Quelle aller Güter. Als einen solchen Akt will Paulus auch die Gaben der Philipper ehren: als Zeichen ihrer Dankbarkeit Gott gegenüber, dem sie nicht mehr opfern (müssen), dessen Knecht sie aber bei seiner Arbeit beschenken dürfen. In 2,17 hat sich Paulus selbst als Opfergabe für die Philipper bezeichnet, und nun profitiert er seinerseits von ihrem Opfer. Der Kreis schließt sich, Geben und Nehmen halten sich die Waage.

Dies auch in spiritueller Hinsicht (**19**): *Mein Gott wird euch mit allem, wessen ihr bedürft, erfüllen nach seinem Reichtum, durch die Herrlichkeit in Christus Jesus.* Wie die Philipper Paulus zum Segen wurden, so wird Gott auch sie segnen. Dass dieser Segen keine Belohnung für die erhaltenen Gaben oder gar die geheime Motivation der Philipper ist (»wir geben Paulus, um von Gott zu erhalten«), zeigt sich schon an der seltenen Bezeichnung *Mein Gott*. Sie drückt eine tiefe Betroffenheit des Paulus aus (vgl. dazu auch 1,3) und verleiht dem Segen eine außergewöhnlich persönliche Note. Es ist kaum vorstellbar, dass Paulus so schreiben würde, wenn er davon ausgehen müsste, dass die Philipper unlauteren Herzens gegeben haben. Weil er sich jedoch so konkret gesegnet weiß, vertraut er darauf, dass Gott auch die Philipper segnen wird. Der Segen ist hier wie auch sonst Ausdruck des Glaubens und der Hoffnung, dass Gott den Seinen beisteht. Gott gibt nicht aufgrund von Leistung, sondern aufgrund seines Reichtums, und das ist ein kategorialer Unterschied.

Es spiegelt sich hier der Glaube daran, dass Gottes Reichtum unermesslich ist und ihm darum auch nichts unmöglich bleibt, wie dies Paulus gerade bis zum Überfluss erfahren hat. Die Metapher des Reichtums ist eine der Situation angepasste Variation der Allmachtsvorstellung, die gekoppelt wird mit der Vorstellung von der Herrlichkeit Christi, des Auferstandenen. Beide Metaphern ergänzen sich gegenseitig: Gottes Reichtum zeigt sich darin, dass er Jesus, den Gekreuzigten, verherrlicht zum Christus, vor dem sich jedes Knie beugt (vgl. 2,6–11). Und die Herrlichkeit Christi bestimmt den Reichtum Gottes als Akt der Gnade und nicht der Berechnung. Paulus unterlässt es nie, theologische Aussagen christologisch zu durchdringen und sämtliche Aspekte Gottes von Christus her zu beleuchten und zu bestimmen. Diese Christozentrik ist sein Markenzeichen und zugleich auch sein Vermächtnis an die Kirche. Nicht immer ist es dieser in der Geschichte gelungen, ihre Optik so geschärft zu behalten, aber immer wieder ist sie in Aufbrüchen oder sogar Abspaltungen daran erinnert worden (vgl. dazu die Bewegungen des Franziskus, der Reformation, des Pietismus oder der Erweckungen, die allesamt außerordentlich christozentrisch waren). Eine Kirche, die sich nicht auf Christus als ihr alleiniges Zentrum beruft, ist nicht christliche Kirche.

Nach dieser christologischen Perspektive weitet Paulus seine Optik zu einem das Thema abschließenden theologischen Lobpreis aus (**20**): *Gott, unserem Vater, sei Ehre in Ewigkeit. Amen.* Weil es sich dabei um ein Gebet handelt, das alle betrifft, wird Gott als *unser Vater* angesprochen. *Ehre* hat im griechischen Urtext dieselbe Bedeutung wie *Herrlichkeit* (V. 19); weil der Lobpreis aber vom Menschen auf Gott hin erfolgt, ist *Ehre* die angemessenere Bezeichnung. Der Mensch kann Gott ja nicht verherrlichen, sondern nur von ihm verherrlicht werden. Gott die Ehre zu erweisen bedeutet primär, ihn Gott sein zu lassen: ihn im Glauben, Beten und Handeln weder für eigene Zwecke zu instrumentalisieren noch ihn aus dem eigenen Leben auszuschließen, sondern ihn als den zu verehren, der er ist: der ohnmächtig Allmächtige, der ferne Nahe, der rettende Richter. Ehre ist also weder ängstlicher Gehorsam noch anmaßende Vereinnahmung, sie ist die Erkenntnis und das Bekenntnis, dass es nichts Besseres gibt als Gott.

Paulus bekennt sich dazu, und dies nicht nur jetzt, da er durch die Philipper Gottes Gnade erfahren hat, sondern für alle Ewigkeit. Und was eine solche Vertrauensaussage und zugleich Lebenshingabe konkret bedeutet, lässt sich aus keinem seiner Briefe besser ermessen als dem an die Philipper.

Mit dem abschließenden *Amen* endet nicht etwa der Brief (oder ein Teilbrief, wie oft und fälschlich angenommen wird), sondern lediglich der Lobpreis, der liturgischen Charakter hat und darum ganz selbstverständlich mit einem Amen schließt. Es zeigt das Ende des Gebets an und bekräftigt, dass das Gesagte nicht lediglich informativen Charakter hat, sondern spirituellen. Was zwischen der Gemeinde und Paulus geschieht, hat die rein irdischen Dimensionen schon lange überschritten, und darum passt zum Abschluss der Dankeszeilen nichts besser als ein Lobpreis, auch wenn er vielleicht etwas pathetisch klingen mag.

Unabhängigkeit, wie sie Paulus sucht, ist nicht zu verwechseln mit Autonomie. Denn um Selbstbestimmung geht es Paulus nicht, weiß er sich doch ganz von Christus bestimmt. Unabhängig von Menschen und Umständen will er jedoch um jeden Preis bleiben. Beziehungen leiden in der Regel unter Abhängigkeiten, weil sie ein Gefälle zwischen den Beteiligten schaffen; dies selbst dann noch, wenn sie gegenseitig oder sogar gewollt sind. Paulus kann den Gemeinden nicht mehr kritisch gegenübertreten, wenn er sich von ihnen aushalten lässt. Und er kann nicht auf eigenen Füßen stehen, wenn er sich von äußeren Umständen wie dem Wetter, der Versorgungslage oder der Reisekasse bestimmen lässt. Darum muss er unter allen Umständen leben können. Die Kraft dazu gibt ihm nicht äußere Sicherheit, sondern innere Gewissheit, denn er lässt sein Leben nicht geprägt sein von dem, was er hat oder kann, sondern von dem, was er von Christus empfängt - manchmal mehr, manchmal weniger, aber immer genug. Dies ist gewiss einfacher gesagt als getan, aber dennoch genau die Haltung, die eine tiefe Spiritualität auszeichnet. Paulus ist indes kein Stoiker, der in allem unberührbar und unbeweglich bleibt, denn er zeigt immer wieder, wie sehr ihn das Schicksal seiner Geschwister bewegt. Nie jedoch haben diese Sorgen das letztes Wort, sondern immer Christus, der ihm die Kraft gibt, die ihn in allem stark genug und unabhängig macht.

Unter dieser Perspektive erhält auch die Unterstützung der Philipper ein ganz anderes Gesicht. Mittel zur Linderung des Hungers benötigt Paulus gar nicht. Vielmehr dient sie dazu, Paulus Freiraum zu verschaffen und damit indirekt der Sendung des Apostels, damit er tun kann, wozu er berufen ist. Die Philipper ermöglichen ihm, anderen widerfahren zu lassen, was ihnen selbst durch ihn widerfahren ist, nämlich den Einbruch des Reiches Gottes in ihr Leben. Ist Unterstützung so gedacht, dann ist sie nicht bindende, subsidiäre Hilfe, die der größten Not entgegentritt, sondern freisetzender Multiplikationsfaktor. Die Gefängnissituation in Rom ist allerdings eine Ausnahme, und wir wissen nicht, ob die Philipper Paulus in dieser konkreten Not unterstützen oder für seinen weiteren Weg ausrüsten wollen. Es ändert allerdings nichts am Charakter der Gabe sowie der Bereitschaft, sie anzunehmen.

4,21–23
Briefschluss

[21]Grüßt jeden Heiligen in Christus Jesus! Es grüßen euch die Brüder und Schwestern, die mit mir sind. [22]Es grüßen euch alle Heiligen, am meisten aber jene aus dem Haus des Kaisers. [23]Die Gnade des Herrn Jesus Christus sei mit eurem Geist.

Die Grüße leiten das definitive Ende des Briefes ein, wie dies bei Paulus oft der Fall ist (Röm 16,3–16; 1Kor 16,19; 2Kor 13,12; 1Thess 5,26) und dem antiken Briefschema entspricht (**21**): *Grüßt jeden Heiligen in Christus Jesus! Es grüßen euch die Brüder und Schwestern, die mit mir sind.* Persönlich wird in diesem Brief niemand genannt, weder als Sender noch als Empfänger der Grüße (anders z.B. Röm 16,3–16.21), dafür aber jeder einzeln gegrüßt, weil die Gemeinde nicht ein namenloses Kollektiv ist, sondern der Leib Christi, in dem jeder einzelne seine Bedeutung hat. Grüße sind denn auch mehr als nur Höflichkeitsfloskeln, denn sie geben den Menschen im Hintergrund die Möglichkeit, Teil der Nachrichten und damit auch der Beziehung zu werden. Zudem ist der Gruß unter Christen ein Zeichen ihrer Verbundenheit miteinander und mit Christus.

Der bzw. die Heiligen sind nicht eine auserwählte, moralisch höherstehende Gruppierung innerhalb der Gemeinde, vielmehr ist jeder heilig, der zu Christus gehört, weil Christus ihn heilig macht, d.h. vor und für Gott angenehm (vgl. 1,1). »Heilig« als Selbstbezeichnung der Christen ist also nicht ein elitärer Begriff, sondern allein in Christus begründet als Ausdruck seiner Gnade.

Der Begriff der Heiligkeit bezieht sich wesentlich auf die Gemeinde, denn die Heiligen gehören zusammen und bilden den Leib des Christus. Dieser kirchliche Aspekt der Heiligen zeigt sich darin, dass die Mitarbeiter des Paulus zwar auch zum Leib des Christus gehören, nicht aber zur Gemeinde, und darum nennt er sie nicht *Heilige*, sondern *Brüder und Schwestern*. So sehr Paulus den Akzent immer wieder auf den persönlichen Glauben legt, so wenig individualistisch ist gerade sein Kirchenverständnis. Im Gegenteil, es weist immer auf die Gemeinschaft und deren Einheit. Es ist sicherlich kein Zufall, dass sich außer dem Philemonbrief alle seine (erhaltenen) Schreiben an eine Gemeinde und nicht an eine Einzelperson richten.

Dass die Namen auch der grüßenden Mitarbeiter nicht genannt werden, kann Hinweis auf vieles sein, u.a. darauf, dass sie den Adressaten allesamt bekannt. Oder aber auch darauf, dass sie für die Philipper Unbekannte sind, sodass auch ihre namentliche Nennung keine Identifikationshilfe bietet. Dennoch werden sie genannt, denn Paulus ist nie Einzelkämpfer, sondern von Mitarbeitern umgeben. Und gerade wenn die Mitarbeiter den Philippern unbekannt sein sollten, sind ihre Grüße umso wichtiger, weil sie die Verbundenheit aller Christen miteinander in Christus aufzeigen, ob sie sich nun persönlich kennen oder nicht. Dies stimmt in Anbetracht der vielen Auseinandersetzungen unter Christen nachdenklich – damals in Philippi wie auch heute noch.

Wenn im folgenden Vers nun trotzdem von *Heiligen* die Rede ist, so sind damit nicht die Mitarbeiter des Paulus gemeint, sondern die Mitglieder der Gemeinde in Rom (**22**): *Es grüßen euch alle Heiligen, am meisten aber jene aus dem Haus des Kaisers.* Auch wenn sie im Brief nach den ersten Versen kaum mehr erwähnt werden (vgl. 1,14f), so ist doch zu vermuten, dass sie in regem Kontakt mit Paulus standen. Sonst gäbe es wohl keinen Grund, ihre Grüße auszurichten.

Interessant ist die besondere Nennung der Mitglieder des Kaiserhauses. Weshalb sie hier als einzelne (und einzige) Gruppe hervortreten, ist nicht klar – vielleicht bestehen persönliche Beziehungen zwischen ihnen und den Philippern. Noch bedeutender aber ist der soziale Aspekt dieser Bemerkung: Offenbar ist die Gemeinde in Rom bereits so groß und gut vernetzt, dass sie bis ins Kaiserhaus reicht. Es ist kaum anzunehmen, dass Familienmitglieder des Kaisers zur Gemeinde gehören, da die römische Aristokratie auch religiös sehr konservativ war und sich kaum auf ein solches Abenteuer eingelassen hätte – entsprechend ist uns aus römischen Quellen auch nichts bekannt. Vielmehr wird es sich um Sklaven oder niedrige Angestellte der (zugegebenermaßen sehr großen) kaiserlichen Familie handeln, die gewöhnlich zum Haus dazugezählt werden. Diese Gruppe stellt für die Gemeinde sicherlich einen großen Prestigegewinn dar (falls sie auf solches überhaupt Wert legte) und wird vielleicht deshalb besonders genannt, um zu zeigen, wie groß und einflussreich die christliche Familie bereits ist. Sollte dies der Fall sein, so will Paulus die Philipper damit stärken und ermutigen und keinesfalls billig beeindrucken – das wäre nicht in seinem Interesse.

Die Mitgliedschaft solcher aus dem Haus des Kaisers widerlegt das alte Vorurteil, wonach das Christentum sich zu Beginn nur unter den allertiefsten Schichten habe ausbreiten können. Denn die Sklaven einer reichen Familie wie eben z.B. der des Kaisers waren zwar nicht frei und dementsprechend gesellschaftlich ohne Aufstiegsmöglichkeiten, aber sie waren oft gut ausgebildet und hatten verantwortungsvolle Posten inne, besonders dann, wenn sie aus Griechenland stammten und etwa als Lehrer oder Sekretäre dienten. Der Kaiser hat selbstverständlich auch in anderen Städten Angestellte und Sklaven für seine lokale Residenzen, aber es ist fraglich, ob auch diese als *aus dem Haus des Kaisers stammend* bezeichnet würden. Wenn nicht, dann ist V. 22 ein weiterer wichtiger Hinweis auf Rom als Abfassungsort des Briefes (vgl. dazu die Einleitung).

Eine Formel, wie sie so oder auch leicht variiert öfters am Ende eines Briefes erscheint (vgl. 1Kor 16,23; 2Kor 13,13; Gal 6,18 u.a.), bildet den Abschluss (**23**): *Die Gnade des Herrn Jesus Christus sei mit eurem Geist.* Sie ist dicht gestaltet und bringt nochmals, quasi definitiv, das Wichtigste zur Sprache. *Gnade* ist das Kernstück der paulinischen Theologie, denn sie drückt die Grundhaltung Gottes dem Menschen gegenüber aus: Er ist gnädig, nicht berechnend, zuvorkommend, nicht vergeltend, Gebender, nicht Fordernder. Diese Gnade hat eine Geschichte, ein Gesicht und einen Namen, denn sie ist untrennbar mit Jesus von Nazareth, dem Gekreuzigten, verbunden. Weil er zur Herrlichkeit Gottes auferweckt wurde, ist er der Herr, und dies ist eine Bezeichnung, die vom Alten Testament her nur Gott selbst zukommt. Mit anderen Worten: Jesus Christus ist nicht nur der Botschafter Gottes, er ist Gott selbst. Er ist nicht nur Übermittler des Glaubens, sondern dessen Inhalt, nicht nur Verkündiger, sondern Verkündigter. Was formelhaft daherkommt und schnell nachgesprochen wird, ist in Wirklichkeit die Revolution Gottes: dass ein Mensch Gott ist und Gott Mensch, dass der Tod überwunden und das Ende der Zeit eingeläutet ist, dass Gott richtet, indem er rettet.

Die Gnade sei mit *eurem Geist,* sagt Paulus und meint damit nicht den Heiligen Geist, der in den Glaubenden wohnt, sondern den Geist als das, was den Menschen lebendig macht und in Beziehung zu Gott setzt, vergleichbar dem Atem (griech. *pneuma,* dt. sowohl »Atem, Luft« als auch »Geist«). Da die eigenen Lebensmöglichkeiten des Menschen begrenzt sind und so auch seine Kraft zum Leben, soll die Gnade Gottes nicht lediglich als Dekoration *auf* den Menschen zu liegen kommen, sondern *mitten in ihn hinein* und ihn von innen, eben: von seinem Geist aus, erhalten und erneuern.

Und wenn der Mensch so von Gottes Gnade erfüllt ist, dann wird er in die Dynamik hineinbewegt, die ihn seiner selbst entnimmt und befreit, um ihn in Christus, dem Ort und Ursprung der Gnade, neu entstehen zu lassen als ganzheitliche Existenz, sodass er lebt, aber nicht mehr er selbst, sondern Christus in ihm und er in Christus.

Die letzten Worte des Briefes unterstreichen noch einmal die Bedeutung der Gemeinschaft zwischen Gemeinden, die sich wahrscheinlich gar nie begegnen werden, trotzdem aber dieselbe Mitte und dasselbe Ziel haben. Dass kulturell, sozial und biographisch so verschiedene Menschen einander so verbunden sein können, liegt nicht an ihren gemeinsamen Interessen, denn die sind unter Umständen schnell wieder verschieden. Es liegt daran, dass die Gnade Gottes keine Unterschiede kennt und darum Menschen zusammenzuführen vermag, die nichts gemeinsam haben außer dem, dass und worin sie sich haben beschenken lassen. Das Geschenk der Gnade ist nicht ein Accessoire unter anderen, sondern betrifft den Kern des Menschen und gestaltet ihn wesentlich. Das Gemeinsame all derer, die an Christus glauben, ist also das, was er in ihnen neu geschaffen hat – und die Freude, die dieser neuen Schöpfung entspringt.

VI

Zusammenfassung

1. Die Freude als Leitmotiv

Der Philipperbrief ist wahrscheinlich der letzte Paulusbrief, den wir kennen, und er wurde unter widrigsten Umständen im Gefängnis in Rom geschrieben. Zwischen den Zeilen schimmert die Schwere dieser Situation immer wieder durch: Verzweiflung, Angst, Unsicherheit betrüben den Apostel (z.B. 1,20–26). Angesichts dessen, was ihm widerfährt und noch widerfahren wird, nämlich die Hinrichtung vor den Stadttoren Roms, ist dies nur allzu verständlich. Und doch bleiben solche Gefühle immer im Hintergrund, denn das strahlende Thema des Briefes sind weder Kummer noch Klage, sondern ist die Freude. 15mal erscheint der Begriff (als Verb: 1,18.19; 2,17 (2mal).18 (2mal); 3,1; 4,4 (2mal).10; als Nomen: 1,4,25; 2,2.29; 4,1), und es findet sich kein Thema, kein Kapitel, das ohne ihn auskäme.

Paulus freut sich über das Gebet, die Verkündigung von Christus, den Glauben, die Gemeinschaft, die Unterstützung aus Philippi u.a., und dies in einer Situation, in der den meisten Christen die Freude abhanden gekommen wäre. Er freut sich so sehr, dass es geradezu ansteckend ist: Wer den Philipperbrief liest, kann sich ihr gar nicht entziehen. So wird es wohl auch den Philippern gegangen sein, und das war das Ziel des Paulus: sie nicht in Kummer zu stürzen, sondern ihnen zu zeigen, wie es wirklich um ihn steht. Als alter, kampferprobter, vielgereister und zwar nicht immer, aber oft erfolgreichem Mann fällt es ihm wohl etwas leichter, dem kommenden Tod ins Ansicht zu schauen, und wahrscheinlich ist Paulus auch einfach ein Mensch, der sich selbst vom Elend nicht beeindrucken lässt. Dies allein jedoch erklärt seine Freude noch nicht – ein genauer Blick auf die verschiedenen Themen des Briefes lässt erahnen, dass sie aus ganz anderer Quelle stammt.

2. Die Überfülle der Gaben Gottes

Der Philipperbrief ist ein klassisches Gelegenheitsschreiben, das nicht primär auf theologische Fragen (1. Korintherbrief) oder

Konflikte (2. Korintherbrief) reagiert und auch nicht systematisch die wichtigsten theologischen Themen aufführt (Römerbrief), sondern einem Mitarbeiter als Begleitschreiben auf den Weg nach Hause mitgegeben worden ist. Entsprechend kurz sind die argumentativen Abschnitte, entsprechend wenig wird theologisch gearbeitet, wie wir dies z.B. aus dem Römer- oder dem Galaterbrief gewohnt sind. Selbst der kurze Philemonbrief, der sich auf ein einziges Thema konzentriert, weist im Verhältnis zu seiner Länge mehr an theologischer Auseinandersetzung auf. Nicht so der Philipperbrief: Er widmet sich vor allem den involvierten Personen und ihrem Ergehen, fragt nach, ermahnt, erklärt, dankt. Und wird gerade so zur Goldgrube für die vielen Fragen, die wir bezüglich des Alltags einer christlichen Gemeinde haben.

Und doch finden sich mitten in diesen Alltagsfragen einige der prägnantesten theologischen Sätze des Paulus. Ohne Ausnahme handeln sie allesamt von dem, was Gott den Menschen in Christus gnädig gewährt. Sei dies Anfang und Ende allen Tuns (1,6), sei dies Wollen und Tun als Motivation und Bewältigung des Handelns (2,13), sei es Vollendung des Leibes und des Lebens in der himmlischen Heimat (3,20f) oder Geborgenheit und Gelassenheit in Christus (1,18–20). Denn der Mensch verfügt von sich aus nicht über das, was er für ein gelingendes Leben bedarf, er wird aber stark genug für alles, was das Leben mit sich bringt durch Christus, der die Kraft dazu gibt (4,13). Obwohl Paulus nur wenig zur Rechtfertigung des Sünders schreibt, fehlt auch sie nicht: Gott gewährt Gerechtigkeit nicht aufgrund dessen, was der Mensch als sein eigenes Werk vorzuweisen hat, sondern aufgrund des Vertrauens, das er in Gottes Zusage legt (3,7–11).

Dabei ist für all diese Kernsätze festzustellen, dass die Ebene des Menschen nie ausgeklammert wird und der Zusage immer auch das folgt, was der Mensch aufgrund des Gewährten nun tätig umzusetzen gehalten ist. Gott schenkt Anfang und Ende des Tuns, er entlässt den Menschen jedoch nicht aus der Pflicht, tätig zu sein. Das gilt auch für das Wollen und Tun sowie die Kraft, das Leben zu bewältigen: Sie alle sind eindeutig Gaben Gottes, und sie alle führen den Mensch in ein ihnen entsprechendes Tun. Und auch für den Glauben selbst gilt: Er ist das Geschenk Gottes und zugleich die ihm entsprechende Antwort des Menschen.

Es scheint, als ob dem alten Paulus die Gnade Gottes, die immer wieder Grund zu Zuversicht und Hoffnung gibt, zum alles überragenden Thema geworden ist. Nicht zu verwechseln wäre sie jedoch mit einer »billigen Gnade«, die über allem einfach beide Augen zudrückt und Gottes gnädiges Handeln durch Gleichgültigkeit ersetzt. Das zeigen allein schon der vielfältige Kampf, den

Paulus den Gegnern der wahren Gnade liefert (1,15–20; 3,2–11), und die vielen, ernsten Ermahnungen an die Adresse der Gemeinde (2,1–4.12–18; 3,17–21; 4,4–7.8f). Trotzdem aber ist und bleibt er der große Apostel der Gnade: Was Jesus für die Menschen der Welt gelebt hat, das verkündigt Paulus in dessen Namen: den großherzigen, gnädigen und charmanten Gott (Letzteres greift auf, was das griech. Wort für »Gnade« ursprünglich meint). Damit ist der erste und zugleich der tiefste Grund der Freude ausgemacht.

3. Die Gemeinschaft als Lebensgrundlage

Da Spiritualität sich nie im luftleeren Raum entfaltet, sondern in einer konkreten Situation, werden die Gaben Gottes, von denen eben die Rede war, sichtbar in der Gemeinschaft der Philipper untereinander und mit Paulus. Gerade aufgrund seines fortschreitenden Alters und seiner Haft in Rom haben die Beziehungen zu seinen Gemeinden und der in Philippi im Speziellen einen ganz besonderen Stellenwert. Sie gewähren dem heimatlosen Paulus Heimat, sie garantieren dem ständig Reisenden, dass auch in seiner Abwesenheit das Evangelium gepredigt und gelebt wird. Viel mehr als bloße Kontrolle kommt in diesen Beziehungen zum Vorschein, dass Gemeinde im Grunde Familie ist. Nicht zufällig nennt Paulus darum die Menschen in Philippi »Brüder und Schwestern« (1,12; 3,1.13 u.ö.), denn sie alle sind dank Gott, ihrem Vater, zu einer Familie geworden, und gerade in Bezug auf die Philipper ist es nicht übertrieben, sie als seine Familie zu bezeichnen. Zu keiner anderen Gemeinde hat er eine derart innige Beziehung, von keiner wird er so großzügig unterstützt (4,10–20). Gerade hier aktualisiert sich Gemeinschaft konkret und situationsspezifisch. Solche Gemeinschaft, in der die Gaben Gottes zu ihrer Entfaltung am Nächten kommen, wird zu einem weiteren Grund wahrer Freude.

Doch Gemeinschaft besteht, selbst wenn sie innerlich nicht zerrüttet ist (wie z.B. in Korinth, 1Kor 1,10–17; 11,17–22), nicht nur aus einem von allen selbstverständlich geteilten Glauben, sie muss vielmehr intensiv gepflegt und gelebt werden, soll sie denn tatsächlich zur tragenden Lebensgrundlage werden; und dies gleich in doppelter Hinsicht: Gemeinschaft, die das Leben des Einzelnen trägt, aber auch Gemeinschaft, die davon lebt, dass sie nicht nur von sich selbst getragen wird, sondern von der Quelle des Lebens. Darum ermahnt Paulus die Philipper immer wieder zur Einheit, zur Verfolgung eines Zieles, zur Rücksicht aufeinander und zum

Dienst aneinander (1,27–30; 2,1–4). Gemeinsame Interessen vergehen schneller als erwartet, und gerade darum ist es von eminenter Bedeutung, in einer Gemeinde Strukturen zu etablieren und auch zu leben, die von der emotionalen Tagesform des Einzelnen unabhängig bleiben. Dazu gehören selbstverständlich die Gottesdienste und die Fürsorge für die Bedürftigen, aber es bedarf noch eines anderen, auf das Paulus mit dem Bild des Leibes Christi andeutungsweise Bezug nimmt (1Kor 12), erst aber im Philipperbrief vollends ausarbeitet. Es ist die Einheit, die aus der Niedrigkeit erwächst.

4. Die Niedrigkeit als Charakteristikum christlicher Existenz

Niedrigkeit als Existenzweise wird im Philipperbrief in mehrfacher Hinsicht verdeutlicht: zum einen durch die soziale Rolle des Paulus, der als Gründer auch der Vater der Gemeinde ist, nicht aber ihr Übervater. Sein Bemühen, der Gemeinde auch aus der Ferne hilfreich zur Seite zu stehen und sie auf den rechten Weg zu weisen, ist nicht zu übersehen (1,9f; 23–26.29f; 2,12–18; 3,2–11.17f; 4,9). Zugleich aber wird immer wieder deutlich, dass er die Eigenverantwortlichkeit der Gemeinde vorantreibt (1,6.29f; 2,17f; 3,15.16; 4,17.19) und sogar eigene Abhängigkeit von ihr zulässt (1,19; 4,10–20).

Zum anderen erörtert die Passage 3,12–16 in theologischer Hinsicht das Konzept der Niedrigkeit, indem diese beschrieben wird als die menschliche Beschränktheit in spiritueller Perspektive: Der Mensch ist stets nur unterwegs, er ist nie angekommen und hält dabei nichts in seinen Händen (3,12: *Nicht, dass ich es schon in Händen hielte oder vollkommen wäre)*, vielmehr lebt er kreuzförmig in bewusster und vertrauensvoller Abhängigkeit von Christus (3,9f.17–21).

Des Weiteren zeichnen die Selbstaussagen des Paulus in Bezug auf seine materiellen Lage (4,10–20) das Bild eines Menschen, der die ganze Bandbreite erlebt hat und sich nicht mehr von den äußeren Umständen aus dem Lot werfen lässt. Er hat keine materiellen Ansprüche mehr, sondern lebt von dem, was ihm gnädig zufällt. Nicht die totale Armut kennzeichnet die Niedrigkeit, sondern der Verzicht, seinen Wert und Status an äußeren Gütern zu messen.

Und schließlich erhält die Niedrigkeit ihre Letztbegründung durch den christologischen Hymnus 2,6–11. In ihm wird der Weg Jesu vom Himmel herab bis in den Tod sowohl explizit als Heilsweg Gottes als auch implizit als Weg der Nachfolge beschrieben.

Darauf bezieht sich Paulus, wenn er den Hymnus im Kontext der Ermahnungen nach Einheit als beispielhafte Haltung Jesu präsentiert (2,5f). Gemeinschaft entsteht durch Einheit, Einheit in einem fundamentalen Sinn jedoch entsteht erst durch den gegenseitigen Dienst in Niedrigkeit (2,3f). Nicht, weil alle dasselbe glauben, ist die Gemeinde geeint, sondern weil keiner sich für so wichtig erachtet, dass er oder sie über den anderen zu stehen kommt. Vielmehr soll es das Ziel eines jeden Einzelnen sein, nach dem zu trachten, was dem Nächsten zugute kommt. Solche Gesinnung führt zu echter Gemeinschaft, weil niemand mehr nur für sich schaut, sondern jeder auch für den anderen. Es ist nicht getan mit einer strukturierten Versorgungsplanung, vielmehr ist es eine Frage der persönlichen Einstellung. Gelingt es – und es scheint, dass dies in Philippi zu großen Teilen der Fall ist –, dann ist am Ende für alle gesorgt, und dies ist ein weiterer Grund zu großer Freude. Die Arbeit an der Einstellung des Einzelnen ist jedoch schwierig, und darum ist es kein Zufall, dass Paulus das Konzept der Niedrigkeit nicht theologisch, sondern hymnisch darstellt.

5. Der Hymnus als paulinisches Gleichnis

Paulus ist sicher nicht aufgrund seiner poetischen Leistung zu einem der größten, wenn nicht gar zum größten Theologen der Christenheit geworden; die Argumentation und das praktische, am eigenen Leben erklärte Beispiel sind Formen, die ihm viel eher behagen. Dass er das Christusereignis aber trotzdem so poetisch zur Sprache zu bringen vermag (2,6–11), ist nicht primär ihm selbst zu verdanken, sondern der Person, die den Hymnus komponiert hat. Paulus hat ihn leicht verändernd (va. 2,8c) übernommen und damit eine wichtige theologische Leistung vollbracht: die Abkehr von der alles bestimmenden Argumentation hin zur poetischen, wirkungsvollen Sprache.

Schon Jesus hatte diesen Schritt getan: Er verkündigte seine Lehre am liebsten in Gleichnissen, weil diese Alltagsgeschichten mit ihren spirituellen Pointen persönliche Erfahrungen zum Klingen bringen und so den Inhalt des Gesagten in existentieller Weise mit dem Leben der Hörer verbindet. Paulus scheint dieser Redeform nicht ganz zu vertrauen, wohl deshalb, weil sie ihm zu wenig präzise erscheint. Damit hat er zwar Recht, zugleich aber unterschätzt er den Wirkungsgrad poetischer Sprache, gerade auch im Vergleich zu sachlicher Begriffssprache. Manchmal jedoch verlässt auch er sich auf solche Sprachformen (vgl. dazu auch 1Kor 12.13 u.ö.) und setzt darauf, dass ein bekanntes Lied nicht nur zum Mitsingen, sondern auch zum Nachleben animiert. Gerade das, was im Kontext des Briefes (Ermahnung zur Einheit durch Niedrigkeit) und der Theologie insgesamt von besonderer Bedeutung ist, kommt besser zur Geltung, wenn es außerhalb des theologischen Jargons erzählt wird. So sehr das konkrete Alltagsleben immer auch konkrete Anweisung und Argumentation braucht, so sehr braucht das vom Konkreten und Alltäglichen oft bedrängte Leben auch eine Sprache, die über es hinwegweist auf eine Realität, die nicht weniger konkret ist, dem zu Erwartenden aber entgegensteht, weil sie den Menschen nicht nur fordert, sondern in kreativer Weise an ihm zu arbeiten beginnt.

Die Gleichnisse Jesu und auch die Hymnen oder Bilder des Paulus sprechen tiefe Ebenen der Seele an, die im Alltag oft verschüttet oder bestenfalls brach liegen, die Ebene nämlich der starken persönlichen Betroffenheit, aus der Hoffnung, Kraft und Vertrauen erwachsen. Niedrigkeit zu predigen ist das eine, sie wie Paulus vorzuleben das andere. Beides aber bleibt oft im Vorbildhaften, Unpersönlichen stecken. Die Geschichte Jesu jedoch, der sich seiner Göttlichkeit entledigte und alles aufgab, um den Seinen selbst noch im schmählichen Tod nahe zu sein, hat eine ungeheure Integrationskraft, die dazu ermutigt, den Weg in die Niedrigkeit selbst zu gehen, weil dort der wartet, der zu größter Macht erhöht worden ist.

Und es ist dieselbe Kraft, die auch aus der Lebensgeschichte des Paulus strömt, die er uns im dritten Kapitel (3,4–11) erzählt: wie er in alle theologischen Höhen stieg und Ansehen und Macht anhäufte, um einzusehen, dass all dies belanglos ist, weil es Gott in keiner Weise beeindruckt, und wie er dann alles aufgab, um nicht mehr sich und aus sich zu leben, sondern für Christus. Es ist zwar kein Hymnus, den Paulus auf sich selbst dichtet, aber erneut ein Gleichnis, das einen spirituellen Weg zeichnet, der manchem Hörer nicht fremd sein wird und ihn darum bestätigt, ermutigt und zu weiteren Schritten herausfordert. Und wenn es gelingt, Menschen auf dieser Ebene ihrer Seele zur berühren, werden Veränderung, Hoffnung und Aufbruch möglich. Dass es geschieht, zeigt das Beispiel des Epaphroditus (2,25–30) – und wenn es geschieht, wird es zum weiteren Grund der Freude.

6. Der Brief zum Leben

Obwohl Paulus etwa im Vergleich zum Römerbrief kein systematisches Schreiben verfasst, enthält auch der Philipperbrief alle wichtigen Themen: die Heilslehre (»Soteriologie«: Was Gott uns gibt), die Lehre von Christus (»Christologie«, hier in Form eines Hymnus, der die Person und den Weg Jesu beschreibt), die Ethik (Leben in Niedrigkeit zum Vorteil des Nächsten), die Lehre von der Kirche (»Ekklesiologie«: Einheit und Gemeinschaft in der Nachfolge), die Seelsorge (»Poimenik«, verdeutlicht an der gegenseitigen Anteilnahme zwischen Paulus und der Gemeinde und am Beispiel des Epaphroditus) und schließlich die Lehre von den letzten Dingen (»Eschatologie«: die Vollendung des Menschen und der Welt). Alle diese Aspekte sind jedoch in die konkrete Situation in Rom oder Philippi eingebettet, nichts wird theoretisch abgehandelt, alles steht in einem lebensnahen Zusammenhang.

Man könnte es auch so formulieren: Im Philipperbrief kommt wie in keinem anderen Schreiben des Paulus das Leben in seiner ganzen Fülle zur Sprache: Hoffnung und Verzweiflung (1,20–26), Liebe und Konflikte (2,25 – 3,3), Rücksicht und Rücksichtslosigkeit (1,12–19), Leben und Tod (1,21–26; 2,19–30), Irrweg und Erlösung (3,4–11). Das ständige Auf und Ab der Gefühlslage, die verschiedenen Personen, die in ihren Sorgen und Mühen beschrieben werden, die vielen Beziehungen, die gepflegt, gemahnt und getröstet werden, all dies macht den Brief zu einem wahren Panoptikum gelebten Lebens. Und weil er ein Brief der Freude ist, lässt er nicht verzagen, selbst dann nicht, wenn das Leben anspruchsvoll ist und die Perspektive unklar. Er erinnert immer wieder daran, wie schon vor langer Zeit ein Mann in Rom und eine Gemeinde in Makedonien einander immer wieder Hoffnung machten und gemeinsam den Widrigkeiten trotzten, weil sie darauf vertrauten, dass der Tod nicht mehr das letzte Wort hat, seit Jesus vom Himmel herab bis in den Tod und weit darüber hinaus gestiegen ist. Darum ist dieser Brief nicht nur ein Brief vom Leben, sondern ein Brief zum Leben – ein Brief, der Mut macht, Hoffnung erweckt und Vertrauen schafft in den, der Anfang und Ende, Tun und Wollen, Kraft und Vollendung wirkt: Jesus Christus, Gott und Herr über allen, Bruder und Freund mit allen, Ursprung des Lebens in allen.

Literatur

1. *Wissenschaftliche Kommentare*

Gordon D. Fee, Paul's Letter to the Philippians (The New International Commentary on the New Testament), Grand Rapids, Michigan 1995

Joachim Gnilka, Der Philipperbrief (Herders theologischer Kommentar zum Neuen Testament 10/3), Freiburg/Basel/Wien ^{4}1968

Ulrich B. Müller, Der Brief des Paulus an die Philipper (Theologischer Handkommentar zum Neuen Testament 11/1), Leipzig ^{2}2002

N.T. Wright, Philippians: A Critical and Exegetical Commentary (International Critical Commentary), Washington ^{13}2012

2. *Allgemeinverständliche Kommentare*

Paul-Gerhard Müller, Philipperbrief; Philemon (Stuttgarter Kleiner Kommentar, Neues Testament 11), Stuttgart ^{2}1992

Gerhard Barth, Der Brief an die Philipper, Zürich ^{1}1979

Wilfried Eckey, Die Briefe des Paulus an die Philipper und an Philemon, Neukirchen-Vluyn 2006

K. Grayston, Letters of Paul to Philippians (Cambridge Bible Commentaries), Cambridge 2008

Moises Silva, Philippians (Baker Exegetical Commentary on the New Testament), ^{2}2005

Nikolaus Walter, Die Briefe an die Philipper, Thessalonicher und an Philemon (Das Neue Testament Deutsch 8/2), Göttingen ^{18}1998

Der Philemonbrief

Inhalt

Einleitung

Der Philemonbrief ist der kürzeste und, theologisch betrachtet, der unbedeutendste von allen Briefen, die uns von Paulus überliefert wurden. Diese Einschätzung lässt sich leicht erhärten: Mit seinen 25 Versen kann er keinem der anderen Briefen längenmäßig auch nur ansatzweise das Wasser reichen, und inhaltlich kommt keines der sonst zentralen Themen zur Sprache: Rechtfertigung, Christologie, Ekklesiologie, Eschatologie usw. – sie fehlen allesamt.

Aber gerade das macht den Philemonbrief so attraktiv. Als einziger ist er nämlich ein Gelegenheitsschreiben, das sich nicht als Lehrbrief an eine Gemeinde richtet, sondern als Privatbrief an eine Einzelperson. Nur hier sehen wir, wie Paulus seine persönliche Korrespondenz erledigt, und das erlaubt uns einmalige Einblicke in seine Privatsphäre und das Alltagsleben einer Gemeinde. Zudem erlaubt uns der Brief wichtige Rückschlüsse auf das soziale Zusammensein verschiedener Gesellschaftsschichten im frühen Christentum, das keineswegs konfliktfrei vor sich ging. Im Philemonbrief wird wie in keinem anderen die Theologie des Paulus auf den Prüfstein gelegt: Gelingt es ihr, sich auch in der Praxis der konkreten Lebensprobleme zu bewähren, oder ist sie bloß eine schöne, aber unbrauchbare Rede? Wäre der Philemonbrief ein Gemeindebrief wie all die anderen, so wären diese Details wohl zu wenig wichtig gewesen und darum gar nicht genannt worden.

Der Anlass des Briefes lässt sich relativ leicht rekonstruieren: Philemon ist ein wohlhabender Christ, der von Paulus bekehrt wurde und zumindest zeitweise dessen Mitarbeiter war (ob am selben Ort oder in derselben Sache anderswo, lässt sich nicht mehr genau sagen). Philemon hat nun einen Sklaven mit Namen Onesimus (und vielleicht noch weitere, die nicht namentlich bzw. als solche genannt werden), der ihm schlechte Dienste leistet, weil er offenbar faul ist und unzuverlässig. Irgendwann entschließt sich Onesimus, seinem Herrn zu entlaufen, was in der Antike ein schweres Vergehen darstellte und bei Wiederergreifung nicht selten mit dem Tod bestraft wurde. Die antike Gesellschaft war so grundsätzlich von Sklavenarbeit abhängig, dass sie sich auf keinen Fall leisten konnte und wollte, dass Sklaven reihenweise weglaufen. Darum also solche drakonischen Maßnahmen.

Onesimus aber sucht Zuflucht bei Paulus, den er vielleicht anlässlich eines Besuches bei Philemon persönlich kennengelernt oder von dem er über seinen Herrn gehört hatte. Weshalb er ausgerechnet zu Paulus flieht, wird aus dem Brief nicht deutlich, klar aber ist, dass Onesimus nicht von seinem Herrn misshandelt worden ist und darum Schutz bei Paulus hätte suchen müssen. Vielmehr wird er auf seiner Flucht eingesehen haben, dass ein Leben außerhalb des Gesetzes anstrengend und gefährlich ist, und darum wendet er sich an Paulus, weil er dessen Fürsprache erhofft. Ob er von Anfang an geplant hatte, Paulus aufzusuchen, ist fraglich, denn es musste auch ihm klar gewesen sein, dass Paulus ihn höchstwahrscheinlich zurückschicken wird. Als er jedoch Paulus im Gefängnis aufsucht, kommt er zum Glauben an Christus, wird aber von Paulus dennoch zurück zu seinem Herrn geschickt.

Paulus entscheidet sich für das Recht (Onesimus gehört noch immer Philemon) und hofft auf christliches Erbarmen. Dass der Brief erhalten blieb, zeigt, dass er angekommen ist – Onesimus ist also tatsächlich zurückgekehrt. Über die weiteren Geschehnisse wissen wir nichts, der Tradition zufolge wurde Onesimus freigelassen und später Bischof von Ephesus (so jedenfalls gemäß Anspielungen im Epheserbrief von Ignatius (IgnEph 1,3; 2,1; 6,2) – ob diese Tradition den historischen Tatsachen entspricht, wissen wir nicht).

Wo aber hat sich all dies abgespielt? Der Brief selbst macht keine Angaben. Hinweise finden wir jedoch im Kolosserbrief, genauer in der Grußliste Kol 4,10–17. Sie ist mit der von V. 24 des Philemonbriefes über weite Strecken identisch. Was bedeutet das? Sollte der Kolosserbrief authentisch und also von Paulus selbst verfasst worden sein, dann wären die genannten Mitarbeiter identisch, in Kolossae wohnhaft und Philemon als Grüßende bekannt, sodass anzunehmen ist, dass dieser in der Nähe (oder sogar selbst in Kolossae) gewohnt hat. Ist der Brief aber pseudepigraphisch, also von anderer Hand geschrieben, etwa von einem Sekretär oder einem Schüler des Paulus in seinem Sinn (wahrscheinlich nach dessen Tod, um die paulinische Lehre weiterzuführen), dann könnte die Namensliste auf existierende Personen zurückgreifen oder sie aus dem (früheren) Philemonbrief kopiert haben, um dem eigenen Schreiben mehr Authentizität zu verleihen. Die Sache ist ziemlich verworren. Wie dem aber auch immer sei: Es spricht wenig dagegen, dass die Verwandtschaft zwischen dem Philemon- und dem Kolosserbrief auf einen Kolossae nahe gelegenen Wohnort von Philemon hinweist. Von hier aus ist Onesimus also geflüchtet, und hierhin kommt er mit dem Brief zurück.

Wohin aber flüchtet er, und wo schreibt Paulus den Brief? Es muss ein Ort sein, an dem Paulus längere Zeit inhaftiert ist, denn in V. 1 bezeichnet er sich als »Gefangenen«. Traditionellerweise (und in der Forschung noch immer bevorzugt) wird Ephesus genannt, weil er zum einen – wie 2Kor 1,8–11 andeutet – auch dort im Gefängnis saß und zum anderen sich Ephesus in relativer Nähe von Kolossae befindet, sodass es für Onesimus ein leichtes gewesen wäre, hierher zu fliehen. Dann würde die Abfassung des Briefes in die erste Hälfte der 50er Jahre fallen.

Allerdings sprechen einige Gründe gegen Ephesus als Abfassungsort: Erstens nennt sich Paulus in V. 9 einen »alten Mann«, was gegen die Verfassung in den frühen 50ern spricht. Zweitens scheint Paulus im Gefängnis von Rom eine gewisse Bewegungsfreiheit zu haben (Apg 28,30 spricht von Hausarrest), und dies ist auch der Grund, weshalb er für Onesimus gute Verwendung hätte, sodass er ihn behalten möchte (V. 13). Hier verbrachte er seine letzten beiden Lebensjahre und wartete auf den Ausgang seines Prozesses. Als er etwa im Jahr 56 n.Chr. die Kollekte, die er auf seinen Reisen für die Urgemeinde sammelte, in Jerusalem überbrachte und bei dieser Gelegenheit den Tempel besuchte, wurde er von den Juden aufgegriffen und wegen angeblicher schwerer Unruhestörung den Römern übergeben (Apg 21,29). Daraufhin überführte man ihn in die Provinzhauptstadt Caesarea und machte ihm den Prozess, im Verlauf dessen Paulus von seinem Recht als römischer Bürger Gebrauch machte, direkt an den Kaiser als der höchsten Instanz zu appellieren. Darum wurde er nach weiteren zwei Jahren nach Rom überführt, wo er wiederum zwei Jahre warten musste. Diese Zeit verbrachte er mit intensiver Arbeit (eben z.B. des Philipperbriefes), und dies in einer Form von Gefangenschaft, die es ihm erlaubte, regen Kontakt mit Mitarbeitern zu pflegen. Diese Voraussetzung gilt aber nicht für die Haft in Ephesus. Wir wissen zwar wenig darüber, aber das wenige, was bekannt ist, spricht eindeutig dagegen, dass Paulus einen Diener oder Mitarbeiter bei sich hätte haben können (und sehr wahrscheinlich hat diese Haft auch nicht so lange gedauert). Drittens ist sich die Forschung einig, dass der Philipper- und der Philemonbrief von derselben Situation des Paulus ausgehen. Selbst sprachlich atmen die beiden Briefe dieselbe Luft. Sollte der Philipperbrief in Rom geschrieben worden sein, wie dies im vorliegenden Kommentar angenommen wird, dann ist auch der Philemonbrief dort verfasst worden. Viertens ist Rom in der Antike eine Millionenstadt, in der ein entlaufener Sklave trotz der hohen Polizeipräsenz gut untertauchen kann, besser wohl als in Ephesus, wo er oder zumindest Philemon bekannt gewesen sein dürften. Und schließlich ist fünftens der Weg von Kolossae nach Rom zwar beträchtlich, man darf die damalige Verkehrssituation aber nicht unterschätzen. Innerhalb von 2–4 Wochen ist eine solche Strecke zu bewerkstelligen. Und Onesimus wird gut daran getan haben, das Weite zu suchen. In Rom traf er wahrscheinlich auf Landsleute oder Christen, die ihm den Weg zu Paulus zeigten (oder ihm diesen Kontakt überhaupt erst vorgeschlagen haben).

Alles in allem spricht also nichts dagegen, aber viel dafür, dass auch der Philemonbrief in Rom verfasst worden ist. Eine offene Frage ist: Wurde er vor oder nach dem Philipperbrief verfasst? Wahrscheinlich vorher, denn Paulus spricht noch mit bedeutend größerer Zuversicht über seinen Prozess und die Freilassung als im Philipperbrief (vgl. seine mehr als nur angedeutete Verzagtheit in Phil 1,19f). Damit wäre der Philemonbrief der zweitletzte (geschrieben Ende der 50er, Anfang der 60er Jahre), der Philipperbrief hingegen der letzte der uns erhaltenen Briefe des Paulus.

Kommentar

1–3
Der Briefkopf

[1]Paulus, Gefangener wegen Christus Jesus, und der Bruder Timotheus an den geliebten Philemon, unseren Mitarbeiter, [2]und die Schwester Apphia und an Archippus, unseren Mitstreiter, und an die Gemeinde in deinem Haus. [3]Gnade sei mit euch und Frieden von Gott, unserem Vater, und dem Herrn Jesus Christus.

V. **1**: *Paulus, Gefangener wegen Christus Jesus, und der Bruder Timotheus an den geliebten Philemon, unseren Mitarbeiter.* Dem antiken Briefschema entsprechend beginnt Paulus bei sich selbst – das ist demnach nicht unhöflich, sondern üblich. An zweiter Stelle folgt Timotheus als Koautor des Briefes, der in irgendeiner Form mitgearbeitet hat (vielleicht ist er der Schreiber, denn in der Regel diktiert Paulus seine Briefe; vgl. V. 19 und Gal 6,11; sicherlich aber wird er dem Apostel inhaltlich oder formal beigestanden haben). Von Anfang an spricht Paulus Klartext und verschweigt seine missliche Lage nicht: Er sitzt im Gefängnis. Allerdings gibt es auch gar nichts zu verschweigen, denn er ist wegen Christus inhaftiert (zu den genaueren Umständen der Verfassung des Briefes s. oben S. 177–180). Normalerweise bezeichnet er sich je nach Situation der Gemeinde als Apostel (Gal 1,1; 1Kor 1,1; 2Kor 1,1) oder als Knecht (Röm 1,1; Phil 1,1), nicht jedoch hier. Grund dafür dürfte der Brief an sich sein, denn Paulus hat Onesimus im Gefängnis kennengelernt, schreibt von dort und nennt sich darum »Gefangener«. Es ist kaum anzunehmen, dass er aufgrund seiner schwierigen Lage Mitleid erregen oder auf seine besondere geistliche Leistung hinweisen möchte; das wäre sehr untypisch für Paulus. Wenn er sich schon rühmt, dann rühmt er sich Gottes (1Kor 1,31). Schlicht und ehrlich nennt er seine Situation beim Namen: Als Angeklagter in einem Kapitalprozess ist er äußerst gefährdet. Er wird aufgrund seines Tempelbesuchs in Jerusalem der Störung der öffentlichen Ordnung und des Friedens bezichtigt und muss mit der Todesstrafe rechnen (Apg 21,27; um diese Anklage handelt es sich allerdings nur dann, wenn der Brief aus seiner Gefangenschaft in Rom stammt. Dass er seiner Arbeit nicht in gewohnter Weise nachgehen kann, versteht sich von selbst. Hinzu kommt, dass verschiedene Gerüchte und Versionen über den Grund seiner Inhaftierung kursieren (vgl. Phil 1,15–17). Mit einer einfachen Formulierung macht Paulus dagegen klar: Er ist *wegen* (oder auch *für) Christus* im Gefängnis, er ist kein Krimineller, sondern Evangelist, seinem Glauben und seinem Gott treu bis in den Tod. Aber auch hier im Gefängnis ist er nicht alleine, und selbst hier schweigt er nicht: Aus dem Philipperbrief wissen wir, dass er selbst am Ende der Welt, was römische Gefängnisse in der Tat waren, seinen Glauben an Christus verkündigt (Phil 1,12–14), und der Philemonbrief zeigt uns, dass er Besuch empfangen kann (z.B. Onesimus) und selbst jetzt noch bereit ist, dort zu helfen, wo Hilfe nötig ist.

Seine Haftbedingungen müssen etwas erleichtert gewesen sein, denn er steht offenbar in regem Kontakt mit seinem Mitarbeiter Timotheus (und mit anderen; vgl. V. 23f). Dieser ist der treuste und offenbar auch der fähigste von allen, denn keiner begleitet Paulus so lange wie er (er wird in vielen Briefen erwähnt: 2Kor 1,1; 1Thess 1,1; Phil 1,1). Nach Apg 16,1–3 stammt er aus Derbe oder Lystra (im Süden des heutigen Anatoliens) der Nähe der heutigen südöstlichen Küste der Türkei) und hat sich Paulus anlässlich eines Zwischenhalts angeschlossen. Aufgrund der verschiedenen Erwähnungen in den Briefen kann man davon ausgehen, dass er über die Jahre hinweg vom Schüler zum Mitarbeiter und schließlich auch zum Sohn (oder Bruder, wie er hier genannt wird) in Christus geworden ist. Paulus reist also nie alleine, und selbst im Kerker hat er seinen treusten Freund um sich. Timotheus selbst scheint nicht in Haft zu sein, sondern lebt frei in der Nähe des Gefängnisses. Er ist ein berührendes Beispiel für christliche Treue und Solidarität in der Not und damit auch dafür, wie im Raum des Christus (vgl. die paulinische Lieblingsformulierung *in Christus*, V. 20) Menschen nicht vereinsamen, sondern in besonderer Weise einander zugewandt bleiben.

Nach der Angabe der Absender folgt als Adressat Philemon, der als »geliebter Mitarbeiter« besonders hervorgehoben wird. Es ist zum einen eine Frage der literarischen Konvention, gerade in einem Privatbrief wie diesem, den persönlich bekannten Adressaten mit liebevollen und schmeichelnden Worten zu umgeben, zum anderen aber ist Philemon ein Mitarbeiter, der mit Paulus in früheren Zeiten zusammengearbeitet hat (vgl. V. 6.14.19.20). In welcher Form dies geschah, ist uns nicht bekannt. Sicher ist, dass Paulus Philemon zum Glauben an Christus geführt hat (V. 19.20) und dass dieser nun die Gemeinde in seinem Haus leitet (V. 2f). Ist diese Aufgabe der Grund, weshalb er »Mitarbeiter« genannt wird? Diese Bezeichnung verwendet Paulus oft, und nicht alle Mitarbeiter werden dieselben Aufgaben übernommen haben: die einen missionarische, die anderen administrative und wieder andere diakonische. Genaueres erfahren wir nicht über Philemon; seine mit Paulus verwobene Biographie bleibt, wie so manches, im Dunkeln.

Die gegenwärtige Situation jedoch kommt im Philemonbrief im Vergleich etwa zum Galater- oder 2. Korintherbrief, wo die Abfassungs- und Gemeindeverhältnisse bis heute nicht eindeutig geklärt sind, deutlich an den Tag: Wir wissen nicht nur über die Problemstellung genau Bescheid (vgl. V. 8–14), sondern sogar über die Bewohner von Philemons Haus (**2**): *und die Schwester Apphia und Archippus, unseren Mitstreiter, und an die Gemeinde in deinem Haus.* Apphia dürfte die Frau Philemons sein, denn nur ihr kommt die Ehre zu, in einem Privatbrief an zweiter Stelle genannt zu werden. Sie ist eine »Schwester«, also ein Mitglied der christlichen Familie, die sich um Christus als ihrem Zentrum formiert und nicht aufgrund von Bluts- oder Heiratsverwandtschaft besteht. Wo Christus in der Mitte ist, verschwinden Unterschiede, ob Frau oder Mann, reich oder arm, frei oder unfrei (Gal 3,28). Auch Frauen genießen in der Gemeinde Ansehen und übernehmen geistliche Aufgaben (z.B. als Prophetin [1Kor 11,5] oder als Diakonin [Röm 16,1]). Die Nennung der Hausherrin an prominenter Stellung hat aber nicht nur mit Höflichkeit oder Freundschaft zu tun, sondern auch mit ihrer Rolle als Vorsteherin der Haushaltes, was sie gemäß antiker Tradition zweifelsohne war. Ihr sind alle Arbeiten im Haus unterstellt und damit auch alle Sklaven. Wenn Paulus also den Sklaven Onesimus retten will, muss er sich gut mit dessen primären Vorgesetzten stellen.

Wer Archippus ist, wissen wir nicht, und auch die Bezeichnung als »Mitstreiter«, die Paulus öfter verwendet, scheint sich nicht sehr von der eines »Mitarbeiters« zu unterscheiden. Es wurde vermutet, er sei der Sohn der Familie, weil er gleich nach der Ehefrau genannt wird, er könnte aber auch ein führendes Mitglied der Gemeinde sein, dem Paulus freundschaftlich verbunden ist. Es wäre sogar möglich, dass er ein Sklave oder Angestellter der Familie ist: Archippus heißt: »Herr der Pferde« – vielleicht verrät (wie es in der Antike häufig der Fall ist) der Name die Funktion des Sklaven, in diesem Fall also die des Stallmeisters oder sonst einer zentralen Aufgabe im Haus. Offenbar ist auch er Christ, obwohl er entsprechend seinem Namen als Heide geboren wurde. Er hat sich bekehrt (war Paulus daran beteiligt? Oder Philemon?), hat aber seinen heidnischen Namen behalten, was von der theologischen und spirituellen Weite zeugt, welche die paulinische Mission überall verbreitet: Das Alte ist vergangen, nur das Neue zählt (2Kor 5,17). Christliche Identität ist wesentlich vom Glauben an den Herrn bestimmt und nicht von Namen oder der Vergangenheit.

Philemon beherbergt (und leitet, wie es scheint) eine Hausgemeinde, die typische Form christlicher Gemeinschaft des 1. Jahrhunderts außerhalb bedeutender Städte, wo Gemeinden wie z.B. in Jerusalem meist größer waren.

Seit Beginn des Christentums, also seit dem Osterereignis, gibt es Hausgemeinden; sie entstehen ganz selbstverständlich als Versammlung im Haus eines der Mitglieder, das groß genug war, die zunächst kleinen Gruppe aufzunehmen (vgl. Apg 1,13; 2,2f.42–47; 5,42, aber auch Joh 20,19). Am Anfang dürften diese Versammlungen öffentlich gewesen sein (wie sich ja auch die Jerusalemer Gemeinde zunächst im Tempel traf; vgl. Apg 2,46), mit zunehmender Größe und Ausstrahlung wuchs jedoch auch die Rivalität zum Judentum oder zu der lokalen heidnischen Kultgemeinde (vgl. den Aufruhr in Ephesus, Apg 19,23–40), sodass das Haus nun nicht mehr nur Raum, sondern auch Schutz bot. Ob der Gastgeber auch der Gemeindeleiter war, ist wohl von Gemeinde zu Gemeinde verschieden, im Falle von Philemon scheint es der Fall gewesen zu sein (vgl. V. 5.6.7). Hausgemeinden sind uns bekannt aus Korinth (Apg 20,20), Troas (Apg 20,8), Laodizea (Kol 4,15) u.a.; interessanterweise spricht einiges dafür, dass in Rom mehrere Hausgemeinden parallel existiert und sich erst viel später zu einer großen Gemeinde zusammengeschlossen haben, was wahrscheinlich an der Größe der Stadt und den entsprechenden Entfernungen zwischen den einzelnen Gemeinden liegt. Sobald eine Gemeinde eine gewisse Größe erreicht hat, genügte ein normales Haus nicht mehr, es musste ein Versammlungshaus bzw. spezifische Versammlungsräume gesucht werden. Hier wie dort fanden die Gottesdienste und die gemeinsamen Gebets- und Lobpreiszeiten statt, aber auch die Mahlgemeinschaften (1Kor 11,17–34), eventuell auch die Speisung der Armen, und sicher Beratungen und Treffen der Leiterschaft. Eine Hausgemeinde hatte wohl 5–25 Mitglieder, die aus ganz verschiedenen sozialen Schichten stammen konnten (vgl. 1Kor 11,17–34), in seltenen Fällen vielleicht 40, dann wurde der Raum zu eng und die Aufgaben zu vielfältig, sodass die Ämter der Bischöfe und Diakone eingeführt wurden, um die Gemeinde effizienter zu führen (vgl. Phil 1,1). Die Hausgemeinde bildete für das frühe Christentum oft der Ort, an dem man sich nicht nur traf, sondern an dem die Gemeinde lernte und übte, als Gemeinde zu leben und die Vielfalt und Verschiedenheit ihrer Mitglieder nicht als Hindernis, sondern als Ausdruck des vielfältigen Leibes Christi zu verstehen. Ein solcher sozialer Nukleus hat eine ganz besondere Dynamik, was zum einen attraktiv ist und darum zu Wachstum führt, zum anderen aber auch schwierig, sodass Konflikte unvermeidlich werden (vgl. dazu den 1. Korintherbrief, der fast in seiner ganzen Länge nur solche Konflikte bespricht).

Hausgemeinden finden sich noch heute überall dort, wo das Christentum entweder verfolgt wird (etwa in China oder muslimischen Ländern) oder wo sie aufgrund ihres charismatisch-dynamischen Charakters eine attraktive Alternative zu Amts- oder Großkirchen bilden.

Der Grußteil schließt bei Paulus traditionell mit dem Zuspruch der Gnade (**3**): *Gnade sei mit euch und Frieden von Gott, unserem Vater, und dem Herrn Jesus Christus. Gnade* (wörtlich: *Charme*) ist Gottes freie, unbedingte, liebe- und heilvolle Zuwendung zum Menschen, die diesem als Geschenk zufällt und mit nichts erworben oder verdient werden könnte. *Friede* ist die konkrete Auswirkung dieser Gnade beim bzw. im Menschen: Wo Gott sich dem Menschen heilvoll zuwendet, erfährt dieser Frieden. Solcher *schalom* (so die hebräische Bezeichnung) umfasst weit mehr als nur politische oder seelische Beruhigung, nämlich die Erfahrung einer von Gott geordneten und versorgten Existenz in einer ebensolchen Welt. *Friede* ist demnach ein ganzheitliches, existentielles, soziales und politisches Konzept. Insofern hat dieser Friede immer auch eschatologischen, also endzeitlichen Charakter: Was am Ende der Zeit sein wird, wenn das Reich Gottes sich vollständig und kompromisslos entfaltet hat, das ist bereits jetzt ansatzweise und kompromisshaft in Christus erfahrbar.

Dieser Segenswunsch gilt allen, nicht nur den Hauptadressaten und Gesprächspartnern bzw. persönlich Bekannten von Paulus. Gott wendet sich zwar den Individuen zu, aber das Ziel seiner Zuwendung ist immer die aus ihr resultierende Gemeinschaft der Glaubenden. Denn Gott ist nicht der ferne Wolkenthroner, sondern der nahe Vater, der seine Kinder um sich sammelt. Obwohl die Vatermetapher auch dem Judentum bekannt ist, wird sie erst im Christentum vollumfänglich entfaltet und spielt in allen Traditionsströmen des Neuen Testaments eine wichtige Rolle. Christus als Herr beansprucht seine Sohnschaft nicht für sich alleine (im Sinne von: »Ich der Herr, ihr die Knechte«), sondern gewährt und ermöglicht sie denen, die ihm vertrauen, indem sie an ihn glauben. Gott als Vater anzusprechen wusste schon das Volk Israel, es tat dies aber nur zögerlich (Jer 31,9; Jes 63,16; 64,7). Jesus, der Sohn, lehrt die Seinen, Gott gar nicht mehr anders denn als Vater zu kennen.

Dass Jesus hier trotzdem als Herr und nicht als Sohn angesprochen wird (V. 3c: *der Herr Jesus Christus)*, hängt zum einen mit dem liturgischen Charakter der Segensformel zusammen und zum anderen damit, dass die Christen Jesus nicht primär als den Sohn Gottes, sondern als den Herrn des Lebens und der Welt verehren. Die Vorstellung von Jesus als einem Bruder ist uns zwar sehr geläufig, aber doch auch sehr modern – die Antike konnte damit nur wenig anfangen.

Zur Verehrung Jesu als Herrn trägt auch die traditionelle Messiasvorstellung bei, die wohl schon zu Lebzeiten auf Jesus übertragen wurde, ihre Entfaltung aber erst nach Ostern erfahren hat. *christos* ist die griechische Übersetzung des hebräischen Ehrentitels *maschiach* (= der Gesalbte), die ursprünglich dem König als Gottes Gesalbtem galt, sich aber gegen Ende des Alten Testaments und in der zwischentestamentlichen Zeit auf den endzeitlichen Retter verlagerte. Wird Jesus »Christus« genannt, kommt damit zum Ausdruck, dass sich in ihm die alttestamentliche Prophezeiung des endzeitlichen Erlösers erfüllt hat. Der Ausdruck *Jesus Christus* ist also nichts weniger als das Bekenntnis, dass in Jesus Gott dem Menschen heilvoll und endgültig begegnet. Wer Gott ist, was Gott will, wie Gott handelt, zeigt sich in Jesus nicht nur exemplarisch, sondern definitiv. Diese Bedeutung behält der Titel »Messias«, auch wenn er schnell, d.h. noch zur Zeit der Abfassung des Neuen Testaments, zu einer Formel wird und nun eher als Titel, Bezeichnung oder Eigennam verstanden wird denn als Bekenntnis. Ebenso verhält es sich mit der Bezeichnung Jesu als *Herr:* Im Alten Testament ist dieser Titel für Gott reserviert (hebr. *adonaj,* griech. *kyrios).* Wenn im Neuen Testament nun Jesus als *Herr* bezeichnet wird, dann ist dies eine Gottesprädikation: Jesus ist »mein Herr und mein Gott« (Joh 20,28). Die heute sehr geläufige Formel »Herr Jesus Christus« ist im Grunde also das vollständige Bekenntnis, dass Jesus Gott in Person ist, der den Menschen und der Welt das endzeitliche Heil bringt.

Interessant sind die vielen Plurale: »Gnade sei mit *euch*«, »von Gott, *unserem* Vater« u.a.: Wo Gott ist, ist Gemeinschaft. Gott in sich ist bereits vielfältig, und diese Vielfalt setzt sich dynamisch in der Vielfalt all der Menschen fort, die von Christus als Mitte zu Beziehung und Gemeinschaft miteinander gerufen werden.

Da es sich beim Philemonbrief um ein Privatschreiben handelt, ist der Ton von Anfang an erwartungsgemäß familiär und freundlich, und doch übertrifft er die übliche Höflichkeit solcher Korrespondenz bei weitem. Paulus weiß sich den Adressaten – Philemon und seine Familie bzw. seine Mitbewohner – sehr eng verbunden und bringt dies auch zum Ausdruck. Diese Verbundenheit rührt aber nicht lediglich von gemeinsamen Erlebnissen her, sondern besteht aufgrund des beiden Seiten geschenkten Glaubens. Nicht gemeinsame Vergangenheit oder gegenwärtige Arbeit definieren sie, sondern das Vertrauen in Christus als Mitte des Lebens. Darum kann Paulus, ohne sich anzubiedern, von Brüdern und Schwestern, ja sogar von den Geliebten sprechen, denn dazu sind sie in Christus geworden. Und vor diesen muss er seine Situation weder beschönigen noch braucht er Mitleid – es ist der Weg, den er im und wegen des Glaubens gewählt hat, und dazu steht er mit aller Konsequenz. Wer Christus vertraut, braucht sich seines Glaubens nicht zu schämen. Im Gegenteil: Er soll sich gesegnet wissen.

4–7
Die Danksagung

[4]Ich danke meinem Gott jedes Mal, wenn ich bei meinen Gebeten an dich denke, [5]denn ich höre von deiner Liebe und dem Glauben, [die] du für den Herrn Jesus hast und für alle Heiligen. [6]Möge der Glaube, den wir miteinander teilen, wirksam sein [in dir], indem du all das Gute erkennst, das in uns ist, auf Christus hin. [7]Viel Freude und Ermutigung habe ich erfahren aufgrund deiner Liebe, denn die Herzen der Heiligen sind durch dich gestärkt worden, [lieber] Bruder!

Mit V. **4** (*Ich danke meinem Gott jedes Mal, wenn ich bei meinen Gebeten an dich denke)* beginnt das sogenannte *Proömium,* die Danksagung und Fürbitte, die in vielen Paulusbriefen den Anfangsgrüßen folgt (vgl. z.B. Röm 1,8–12; 1Kor 1,4–9; Phil 1,3–6). Je nach Situation fällt sie inhaltlich anders aus, immer aber stellt Paulus an den Anfang, wofür er Gott im Blick auf die Empfänger des Briefes danken kann. Wo das für ihn schwierig ist (z.B. im 2. Korinther- und im Galaterbrief), fehlt eine solche Danksagung.

Hier jedoch steht Philemon ganz im Vordergrund (die Mitadressaten verschwinden bis zum Friedensgruß am Ende des Briefes, V. 25), und auch, wenn es inhaltlich nicht unpassend wäre, den Adressaten, von dem man Hilfe erwartet, mit besonderem Lob zu bedenken, so besteht doch kein Grund zur Annahme, Paulus schmeichle Philemon. Denn zum einen scheint Philemon wirklich ein guter Freund zu sein (vgl. V. 1), zum anderen findet sich diese Formulierung praktisch identisch auch an andere Stelle, z.B. im Philipperbrief, der sehr wahrscheinlich auch in Rom (wohl kurz nach dem Philemonbrief) geschrieben worden ist (Phil 1,3f). Paulus ist seinen Mitarbeitern und Geschwistern in Christus eng verbunden, er denkt gern und oft an sie und betet regelmäßig für sie (vgl. auch die sehr persönlichen Worte, die Paulus für seine Brüder und Schwestern in Philippi findet, Phil 1,7–11; 4,14–20). So bleibt die Beziehung auch über große Distanzen und schwierige Situationen hinweg verbindlich.

Die Emotionalität des Dankes wird erhöht durch die Wendung *»Ich danke meinem Gott«*, mit der Paulus den Bereich der allgemeinen Gottesrede verlässt und in denjenigen seiner persönlichen Spiritualität wechselt, der wir sonst eher selten begegnen (vgl. z.B. Röm 9,1–3). Dieselbe Anrede findet sich in den Psalmen in Momenten besonderer Dankbarkeit (Ps 31,15; 86,12) oder großen Leides (Ps 22,2f; 71,4). Eine weitere Intensivierung des Dankes erreicht Paulus durch *jedes Mal:* Er denkt nicht nur manchmal an Philemon, sondern bei jedem Gebet. Wie Paulus betet, ist uns im Detail nicht bekannt. Seiner jüdischen Erziehung gemäß wird er sicher Psalmen rezitieren, und aus 1Kor 14,18f wissen wir, dass er auch häufig in Zungen betet, einer in besonderer Weise vom heiligen Geist geleiteten Art des Betens. Daneben gehören die Fürbittegebete für seine Gemeinden, Mitarbeiter und Geschwister offenbar zu den täglichen Gebeten.

Den Grund des Dankes für Philemon beschreibt V. **5**: Der Glaube an Jesus und die Nächstenliebe, die Philemon für die Gemeinde zeigt *(denn ich höre von deiner Liebe und dem Glauben, [die] du für den Herrn Jesus hast und für alle Heiligen)*. Paulus wird darüber wohl von früher wissen und Aktuelles von Onesimus und anderen Besuchern oder Berichterstattern gehört haben. Griechisch ist der Satz etwas kompliziert, weil er chiastisch (d.h. übers Kreuz) aufgebaut ist: Die Liebe bezieht sich auf die Gemeinde und der Glaube auf Jesus. Zugleich ist beides nicht zu trennen: Der Glaube an Jesus zeichnet sich immer durch konkrete Nächstenliebe gegenüber den Menschen aus, da er selbst das Element der Liebe enthält. Gott liebt den Menschen und schenkt ihm Glauben, der auf diese Liebe sowohl Gott als auch den Menschen gegenüber mit Liebe reagiert bzw. seinem Wesen entsprechend nicht anders kann, als mit Liebe zu reagieren. Es ist die Natur der Liebe, über sich selbst hinauszuwachsen und sich im Gegenüber zu vollenden (vgl. dieselbe Struktur im Liebesgebot Mt 22,36f).

Glaube wird hier explizit als »Glaube an den Herrn Jesus« verstanden. Die Nachfolge Christi erfüllt sich also nicht in einem Glauben, der wie bei Jesus allein dem Vater gilt (»glauben *wie* Jesus«), sondern in einem Glauben, der auf Jesus, den Christus, selbst zielt (»glauben *an* Jesus«). Jesus ist nicht lediglich Verkündiger, er ist der Verkündigte.

Mit den *Heiligen,* denen die Liebe Philemons gilt, sind die Mitglieder seiner Hausgemeinde gemeint (vgl. V. 2). Das *Heilige* (hebr. *qadosch)* ist im Alten Testament wie in vielen Religionen das für Gott *Ausgesonderte,* Besondere, Reine. Zum Allerheiligsten im Tempel hat nur der Hohepriester Zugang, und auch dies nur einmal im Jahr am Versöhnungstag, wenn der schützende Vorhang geöffnet wird. Selbst dann jedoch muss der Priester die Bundeslade, die sich hinter dem Vorhang befindet und die Gegenwart Gottes andeutet, mit Weihrauch verhüllen, damit ihn Gottes gegenwärtig gedachte Herrlichkeit nicht vernichtet. Im Neuen Testament sind die Heiligen nicht mehr die *für Gott* ausgesonderten Besonderen, sondern die *von Gott selbst* ausgesonderten Gewöhnlichen. Diejenigen also, die durch Christus Gott gehören und ihm dadurch unmittelbar nahe geworden sind – näher noch als der Hohepriester der Bundeslade kommen durfte. *Heilige* ist also nicht eine Selbstbezeichnung arroganter Sektierer oder eine an besonders fromme Menschen nach ihrem Tod verliehene Ehrenbezeichnung, sondern Ausdruck tiefer theologischer Reflexion: Christus hat durch sein Sterben und Auferstehen alles, was den Menschen von Gott trennt, entfernt, sodass der Glaubende nun in Gottes Unmittelbarkeit lebt.

Diesen Heiligen, d.h. den Mitgliedern der Gemeinde, ist Philemon in besonders liebevoller Art zugeneigt und erhält dafür das Lob des Paulus. Nicht, weil er es verdient hätte, sondern weil er transparent wurde für die Liebe Gottes, die durch ihn die Menschen um ihn herum zu erreichen vermag.

V. **6** ist nur schwer zu übersetzen und zu verstehen *(Möge der Glaube, den wir miteinander teilen, wirksam sein [in dir], indem du all das Gute erkennst, das in uns ist, auf Christus hin)*. Er stellt eine Bitte, genauer: eine Fürbitte dar und konkretisiert das Gebet in V. 4: Der Glaube, den Philemon mit Paulus und allen anderen Christen teilt (V. 5), möge ihn in seiner Erkenntnis leiten. Ziel dieser Erkenntnis ist »das Gute, das in uns ist«, und damit ist nicht eine menschlich-moralische Qualität gemeint, sondern das, was Gott in den Menschen legt. »Auf Christus hin« verdeutlicht: Gut ist, was der Sache von Christus dient, jetzt und für den Zeitpunkt, da er zurückkehren wird. Die Wendung hat auch eine endzeitliche Note. Paulus bittet Gott also, dass Philemon erkennen möge, was er aufgrund seines Glaubens bereits im Herzen trägt, nämlich das, was Christus entspricht und das Kommen seines Reiches unterstützt. Im Zusammenhang mit der Liebe, von der Paulus in V. 5 und erneut in V. 7 spricht, wäre dies ein Verhalten, das den Mitmenschen seine Liebe für Christus widerspiegelt. Mit anderen Worten: Verhalte dich so, wie du es bereits glaubst, lass deinen Verstand das erkennen, was dein Glaube schon lange in dein Herz gelegt hat. Es geht um die Übereinstimmung der intellektuellen Einsicht mit der existentiellen Erfahrung. In Hinblick auf Onesimus, auf den Paulus ja erst noch zu sprechen kommt, ist diese Aufforderung eine Vorwegnahme der Bitte von V. 10. Der Glaubensexistenz soll die Glaubenserkenntnis folgen, die dann in eine entsprechende Glaubenshaltung in praktischen Angelegenheiten mündet.

Am Ende des Dankes- und Fürbitteteils fasst Paulus die beiden vorherigen Verse zusammen und beteuert, dass die Güte des Philemon nicht nur die Gemeinde, sondern auch ihn selbst gestärkt habe (**7**): *Viel Freude und Ermutigung habe ich erfahren aufgrund deiner Liebe, denn die Herzen der Heiligen sind durch dich gestärkt worden, [lieber] Bruder!* Die Wendung: *Herzen* der Heiligen heißt wörtlich: ihre *Eingeweide,* und wie diese *gestärkt werden,* zeigt die wörtliche Übersetzung: *zur Ruhe kommen.* Die Liebe Philemons besteht also darin, dass er den Geschwistern Lebenskraft und Lebensmut verleiht und sie dadurch entlastet. Damit dürften Zuspruch, Trost und Ermutigung gemeint sein, wie sie gute Unterweisung, Predigt und Seelsorge leisten können, wenn sie durch göttliche Vollmacht die Herzen der Glaubenden erreichen. Philemon wird immer wieder ihren Glauben gestärkt und in positiver Weise herausgefordert haben, sodass sie auch in einem heidnischen und z.T. feindlich gesinnten Umfeld Christus treu bleiben konnten. Zugleich aber dürfen wir vermuten, dass Philemon – in welchem Maß auch immer – die Mitglieder seiner Gemeinde ebenso in sozialer Hinsicht stärkt, z.B. anhand von Geldspenden, Lebensmitteln, rechtlichem Beistand u.a. Liebe, die aus Glauben an Christus erwächst, wird im Alltag konkret – muss im Alltag konkret werden. Die Liebe Jesu für die Menschen erschöpfte sich nicht in der Predigt, sondern in der hingebungsvollen Zuwendung seiner Heilungen, Speisungen, Wunder. Indem Philemon zum Werkzeug dieser Liebe wird, erweist er sich als echter Bruder, und zwar nicht nur von Paulus, sondern auch von Jesus. Und dieses Beispiel konkreter Nachfolge ist wahrlich Grund zur Freude – und Grund genug, sie auch anerkennend beim Namen zu nennen. Falsche Bescheidenheit wäre hier fehl am Platz.

Dass auch Paulus Ermutigung durch das Verhalten Philemons erfahren hat, selbst in großer Entfernung, ist ein Hinweis auf die Echtheit seiner Freude. Sie ist nicht geheuchelt, denn er sieht in Philemon Christus am Werk. Das Gute, das Christus wirkt, ist immer inspirierend, durch wen auch immer es geschieht. Dass Paulus als geistlicher Vater von Philemon (vgl. V. 19f) es zulässt, dass er selbst von seinem Kind ermutigt wird, spricht für seine Demut und geistliche Reife – aber auch für seine Bedürftigkeit, gerade als Gefangener im römischen Kerker.

Dass jemand wegen seines Glaubens im Kerker sitzt, aber kein Wort der Klage verliert, sondern im Gegenteil intensiv dem Gott dankt, für den er im Gefängnis ist, lässt die Tiefe seines Vertrauens gerade auch in solch misslicher Situation erahnen. Hinzu kommt, dass Paulus nicht einmal für ihm widerfahrene Hilfeleistung dankt, sondern für die Großzügigkeit und Liebe, die Philemon seiner Hausgemeinde erweist. Das Leben des Paulus zeigt exemplarisch: Es geht nicht primär um die eigene Sache, es geht um die Sache Gottes, die sich in der Liebe, dem Glauben und dem gegenseitigen Vertrauen äußert. Und darüber kann sich Paulus freuen, als ob es ihm selbst widerfahren wäre. Wo die Liebe Gottes sich auch in den Taten der Menschen konkret zeigt, dort inspiriert sie diejenigen, die sich für dasselbe investieren, seien sie nun gegenwärtig oder weit entfernt. Darin überschneiden sich Gottes Werk und des Menschen Tat.

8–21
Der Hauptteil: Thema und Diskussion

8Nun aber: Obwohl ich in Christus sehr wohl das Recht habe, dir zu gebieten, was es zu tun gilt, 9bitte ich dich lieber, um der Liebe willen: Ich, Paulus, ein alter Mann, und nun auch [noch] Gefangener wegen Jesus Christus. 10Ich bitte dich für mein Kind, das ich im Gefängnis gezeugt habe: Onesimus. 11Er war dir früher unnütz, jetzt aber ist er dir wie mir äußerst nützlich [geworden]. 12Ich schicke ihn dir zurück – mit anderen Worten: mein Herz. 13Eigentlich wollte ich ihn bei mir behalten, damit er mir an deiner Stelle diene, da ich ja aufgrund des Evangeliums im Gefängnis sitze. 14Ohne deine Zustimmung jedoch wollte ich nichts unternehmen, damit du deine Güte nicht aus Zwang, sondern freiwillig erweisen kannst. 15Vielleicht war er darum für eine kurze Zeit [von dir] getrennt, damit du ihn [jetzt] für immer behalten kannst, 16nicht mehr aber als Sklaven, sondern als viel mehr, nämlich als geliebten Bruder, der er für mich tatsächlich ist, mehr aber noch für dich – vor der Welt und im Herrn. 17Wenn du mich für deinesgleichen hältst, so nimm ihn auf wie mich. 18Wenn er dir aber Unrecht getan hat oder dir etwas schuldet: Schreib es mir auf! 19Ich, Paulus, habe dies eigenhändig geschrieben: Ich werde dafür aufkommen. Um dich nicht daran zu erinnern, dass du [im Grunde genommen] dich selbst mir schuldest. 20Ja, [lieber] Bruder, ich möchte mich freuen über dich im Herrn! Mach mir [doch] diese Freude in Christus. 21Ich bin überzeugt, dass du mir gehorchen wirst, und darum habe ich dir geschrieben, denn ich weiß, dass du noch viel mehr tun wirst, als ich von dir verlange.

Die V. 8–21 bilden den Briefkorpus und insofern die Diskussion über das aktuelle Problem. In den V. 8–14 kommt die Situation zur Sprache: Paulus bittet für Onesimus, einen Philemon entlaufenen Sklaven, der zu ihm geflohen und ihm mittlerweile sehr ans Herz gewachsen ist. Dieser erste Teil ist von großer emotionaler Dichte. Im zweiten Teil (V. 15–21) argumentiert Paulus zugunsten von Onesimus und versucht, Philemon zu überzeugen, den Sklaven fortan wie einen Bruder zu betrachten und auch entsprechend zu behandeln. Diese Argumentation läuft auf die Freilassung von Onesimus hinaus, auch wenn Paulus dies mit keinem Wort ausspricht.

V. **8** eröffnet den Hauptteil des Briefes mit der Bitte und der dazugehörigen Argumentation: *Nun aber: Obwohl ich in Christus sehr wohl das Recht habe, dir zu gebieten, was es zu tun gilt.* Nach der intensiven Vergewisserung der Freundschaft in den V. 1–7 ist das Terrain für die Diskussion geebnet, aber Philemon weiß ohnehin, dass Paulus auf die Frage nach dem Schicksal des Sklaven zu sprechen kommen wird, denn Onesimus ist ja mit diesem Brief zu ihm zurückgekehrt (V. 12–14).

Paulus verzichtet auf sein apostolisches Recht, in geistlichen Fragen auch bei Angelegenheiten anderer zu entscheiden. Um welche Kompetenzen es sich dabei handelt, wissen wir nicht genau, wahrscheinlich ist es ein Gewohnheitsrecht, das sich auf geistliche, seelsorgerliche und administrative Fragen und Konflikte bezieht, die sich in den von Paulus gegründeten Gemeinden stellen (vgl. dazu aber seine Zurückhaltung bei Konflikten in Gemeinden, die er nicht selbst gegründet hat, Phil 1,15–20). Falls Paulus gar nicht der Gemeindegründer war, dann ergibt sich dieses Recht aus der zentralen Rolle, die er im geistlichen Leben von Philemon spielt (vgl. V. 20). Wie dem auch immer sei: Paulus verzichtet freiwillig auf das ihm zustehende und offenbar unumstrittene Recht, seine Entscheidung durchzusetzen. Damit verhält er sich ganz seiner freundschaftlich-brüderlichen Beziehung zu Philemon entsprechend.

Es ist ein Recht, das sich nur aus Christus legitimiert (vgl. V. 8a: *in Christus),* und dessen Autorität zeigt sich am liebsten in Form der Liebe (**9a**: *bitte ich dich lieber, um der Liebe willen).* Auch Philemon selbst begegnet seiner Gemeinde nicht autoritär, sondern liebevoll (V. 5.7). Dasselbe gilt für Paulus: Er mag über Philemon stehen, aber immer auch unter Christus – oder besser: in Christus, und in diesem Raum gilt nur die Liebe. Liebe jedoch befiehlt nicht, sondern bittet.

Die Bitte ist die evangelischste aller Redeformen, weil sie dem Gegenüber den größtmöglichen Freiraum gewährt, ihn aber immer auch zu einer kreativen Antwort einlädt. Und sie spiegelt die Art und Weise wider, wie Gott selbst mit uns spricht: In Christus befiehlt er nicht, sondern bittet um Gehör (vgl. Mt 13,9: »Wer Ohren hat zu hören, der höre«; Apk 3,20: »Ich stehe vor der Türe und klopfe an«; 2Kor 5,20: »Wir bitten anstelle von Christus: Lasst euch versöhnen!«). Darum verzichtet auch Paulus darauf, zu befehlen – und es bleibt ihm nur die Hoffnung, dass Philemon trotzdem das Richtige tut. Diese Spannung zwischen der klaren Vorstellung, was es zu tun gilt, und der Freiheit, die er Philemon für die Entscheidung lässt, prägt den weiteren Verlauf der Argumentation.

Paulus nennt sich selbst einen alten Mann und Gefangenen wegen Christus, aber nicht, um Mitleid zu erregen (**9b**: *Ich, Paulus, ein alter Mann, und nun auch [noch] Gefangener wegen Jesus Christus*). Das wäre weder seiner selbst noch Philemon würdig. Vielmehr macht er ganz ehrlich darauf aufmerksam, dass er selbst nach weltlichen Maßstäben weder über Macht noch Gewalt gegenüber Philemon verfügt. Dieser könnte sein Anliegen diskussionslos ablehnen und würde dabei nicht einmal das Gesetz brechen, im Gegenteil: Er würde Recht und Ordnung Geltung verschaffen. In der Schwäche des Paulus jedoch wird die Kraft Christi stark, die sich ja auch in Philemons Nächstenliebe seiner Hausgemeinde gegenüber erweist. Paulus appelliert also bereits jetzt, d.h. bevor er sein Anliegen überhaupt formuliert hat, mehr an die Konsequenz als an den Gehorsam Philemons (auch wenn der Gehorsam noch eine Rolle spielen wird; vgl. V. 21).

So sehr die Bescheidenheit seiner Bitte der Liebe entspricht, so sehr entspricht die Demut des Paulus dem Weg Jesu: Dieser stieg aus der Herrlichkeit Gottes hinab in die Niedrigkeit der Welt, gehorsam bis in den Tod am Kreuz (vgl. den Philipperhymnus Phil 2,6–11). Paulus folgt Jesus bis in die konkrete Lebensführung nach und wählt auch für sich eine Kreuzesexistenz, die selbst den Weg ins Gefängnis nicht scheut. In Phil 1,12–14 erfahren wir, dass Paulus selbst diesen Ort nicht als gottlos, sondern als gotterfüllt erlebt, und er nutzt seine missliche Situation zum authentischen und vollmächtigen Zeugnis für Christus, der dort stark wird, wo Paulus schwach ist (2Kor 12,9f). Wer sich jedoch für einen solchen Weg entscheidet, dem bleibt oft nur die Bitte – alles andere wäre inkonsequent und würde den Weg, den Gott vorgegangen ist, verleugnen. Darum bekennt Paulus: »Ich bin alt, ich bin schwach, ich bin gefangen. Und darum bitte ich dich im Namen dessen, der so wurde, wie ich bin.«

Und erst jetzt fällt der Name, auf den der Brief von Anfang an abzielt: Onesimus (**10**: *Ich bitte dich für mein Kind, das ich im Gefängnis gezeugt habe: Onesimus*). Er ist zwar nicht sein leiblicher, aber sein geistlicher Sohn, denn Paulus hat ihn während dessen Zeit an seiner Seite im Gefängnis zu Christus geführt. Vermutlich ist er bei dieser Gelegenheit auch getauft worden, wie es üblich war. Die Bekehrung wird im Neuen Testament oft als Wiedergeburt (Joh 3,3–21) oder wie hier als (erneute) Zeugung verstanden, weil mit ihr nicht nur einfach die Lebensrichtung gewechselt wird, sondern ein ganz neues Leben beginnt. Neu ist weniger die moralische Komponente des Lebens, d.h. die Einsicht und der Wille, das Leben von jetzt an gut und konsequent zu führen, obwohl auch sie eine Rolle spielt. Neu ist vor allem das Eingeständnis, dass das Wesentliche des Lebens nicht aus eigener Kraft geleistet werden kann, dass der Mensch also oft an sein Ende kommt und scheitert, wichtiger aber noch: Dass er alles, was seine Gottesbeziehung betrifft, nicht machen, sondern nur empfangen kann. Das ist der Kern der paulinischen Rechtfertigungslehre, und das ist auch das, was Paulus Onesimus gelehrt haben wird.

Für Onesimus muss es zudem eine echte Offenbarung gewesen sein, Gott als persönliches Gegenüber zu erkennen, als Schöpfer und Erlöser, als Vater und Herr. Im Vergleich zu der sterilen römisch-griechischen Religion, die wesentlich auf der Angst vor den oft missgünstigen Göttern aufbaut und die Interaktion zwischen Mensch und Gott vor allem als Tauschhandel interpretiert (»do ut des« – »ich gebe, damit du mir auch gibst«), bietet das Christentum dem antiken Menschen einen bedeutend persönlicheren Glauben an. Nicht mehr das angstvolle Tun oder das berechnende Geben spielen eine Rolle, sondern das dankbare Empfangen und das gnädig gewährte Sein aus und in Gottes Hand. Dieser Unterschied zwischen antiker und christlicher Religion ist nicht hoch genug einzuschätzen und bildet einen ganz wesentlichen Faktor für die Ausbreitung des neuen Glaubens.

Paulus beansprucht für sich das geläufige Bild des geistlichen Vaters, aus dessen Hand der Konvertit sozusagen sein neues Leben erhält. Damit drückt er seine emotionale Nähe zu Onesimus aus, die in diesem Fall besonders groß gewesen sein muss, denn Paulus hat in seinem Leben Dutzende Menschen zum Glauben geführt, aber nur ganz wenige erscheinen namentlich in seiner Korrespondenz. Eindrücklich wird auch für ihn gewesen sein, dass eine solche Bekehrung im Gefängnis geschah, einem Ort der Trübsal und des zerfallenden, nicht des neuen Lebens. Gerade solche Erlebnisse sind bestimmend dafür, dass Paulus seine Haft als sinnvolle Zeit in Gottes Nähe erkennt.

Mit der Erwähnung des Onesimus ist das Hauptthema des Briefes genannt, ohne dass wir Genaueres über die Hintergrundsgeschichte erfahren. Sie lässt sich jedoch aus den Versen 11 und 12 zumindest ihren Hauptzügen nach rekonstruieren.

V. **11**: *Er war dir früher unnütz, jetzt aber ist er dir wie mir äußerst nützlich [geworden].* Onesimus scheint schon früher durch schlechte Leistungen oder mangelnden Gehorsam aufgefallen zu sein. Er lernte den Apostel wohl anhand eines Besuches bei Philemon kennen oder hörte zumindest durch andere von ihm. Auf jeden Fall nimmt er bei ihm Zuflucht, nachdem er aus dem Hause Philemons geflohen ist. Wir wissen nicht, was vorgefallen ist, dass er sich zu diesem ultimativen Schritt entschieden hat, aber auch er wird gewusst haben, dass einem entlaufenen Sklaven eine schwere

Strafe drohte, im Allgemeinen das Todesurteil. Entlaufene Sklaven wurden im ganzen Reich steckbrieflich und z.T. mit Sondereinheiten der Polizei gesucht – das Imperium konnte es sich nicht leisten, dass Flucht für Sklaven eine echte Option wurde, denn die gesamte Gesellschaft war auf der Sklavenarbeit aufgebaut. Ohne Sklaverei wäre das Römische Reich wie alle anderen antiken Großreiche und Kulturen auf der Stelle untergegangen.

Sklaven werden in der Antike nicht als echte Menschen erachtet, sondern als instrumentum vocale, also als stimmhaftes Werkzeug, als Sachen, die wie das Geschirr und das Vieh zum Haushalt gehören. Sklaven waren vollständig im Besitz des Herrn, sie selbst jedoch durften keinen eigenen Besitz haben, keine Familie aus eigenem Entschluss gründen, und wenn es ihnen erlaubt war (in der Regel mit einem Partner ebenfalls aus dem Sklavenstand), dann waren auch ihre Kinder Besitztum des Herrn. Der Herr beanspruchte vollständige Verfügungsgewalt über seine Sklaven (auch z.B. in sexueller Hinsicht), und es war ihm erlaubt, sie nach eigenen Gutdünken zu züchtigen. Er durfte sie jedoch nicht grundlos quälen oder töten, aber Kontrollen oder allfällige Gerichtsverfahren verliefen fast immer zu seinem Vorteil.

Gründe dafür, Sklave zu werden, gab es viele, allen voran die Kriegsgefangenschaft (für Soldaten wie auch Zivilpersonen), in welche die Römer auf ihren zahlreichen und großflächigen Kriegszügen Millionen von Menschen führten. Daneben waren die Geburt in einer Sklavenfamilie und die Verurteilung durch ein Gericht bei Kapitalverbrechen zum Dienst als Rudersklave auf den Galeeren die häufigsten Ursachen. Es war auch möglich, sich selbst auf eine bestimmte Zeit als Sklave zu verkaufen, um Schulden zu tilgen.

Die Sklaven wurden nach ihren Fähigkeiten eingesetzt: als einfache Landarbeiter, im Haushalt oder in der Betreuung der Kinder. Gebildete Sklaven (vor allem aus Griechenland) konnten durchaus als Hauslehrer oder sogar als Hausverwalter tätig sein, und in solchen Stellungen war es ihnen z.T. sogar erlaubt, Trinkgelder entgegenzunehmen und sich so gewisse Dinge zu leisten, unter Umständen sogar einen eigenen Sklaven.

Selten war jemand Sklave auf Lebzeiten, in der Regel wurden Sklaven freigelassen, wenn sie ungefähr das dreißigste Lebensjahr erreicht hatten. Dies geschah nicht als Akt der Gnade, sondern des kalten Kalküls: Konnte ein Sklave bei guter Führung mit seiner Freilassung rechnen, arbeitete er gehorsam und beflissen, sodass sein Herr gut zwanzig Jahre von seiner Arbeitskraft profitierte. Da gerade bei strenger körperlicher Arbeit nach dieser Zeit erste oder sogar ernsthafte Beschwerden nicht selten auftraten, war es für den Herrn meist billiger, den Sklaven freizulassen, als ihn bei geringerer Arbeitsleistung weiterhin zu ernähren. Zudem hatte ein freigelassener Sklave auch weiterhin gewisse Pflichten gegenüber seinem ehemaligen Herrn zu erfüllen.

Sklaven besaßen nicht nur Wohlhabende, auch eher ärmere Bevölkerungsteile konnten sich oft zumindest einen Sklaven leisten. Nach heutigen Verhältnissen kostete ein einfacher, ungebildeter Sklave im Schnitt etwa soviel wie ein Kleinwagen, wobei die Preise je nach Kriegszug und entsprechendem Angebot stark variierten. Manchmal kam es sogar vor, dass Sklaven eigene Sklaven hatten oder sich freikauften, indem sie dem Herrn einen Ersatz an ihrer Stelle boten. Dieses Detail zeigt, wie tief verwurzelt das System der Sklaverei war, weil es sogar von Sklaven selbst nicht hinterfragt, sondern im Gegenteil nicht selten gestützt wurde.

Onesimus also ist ein schlechter Sklave, er nimmt Reißaus, flieht und landet bei Paulus, von dem er sich Schutz oder sogar Befreiung erhofft (für weitere Fragen dieser Flucht vgl. die Einleitung oben S. 177f). Es ist ein langer Weg nach Rom, zumal er permanent in der Gefahr steht, aufgegriffen und zurückgeführt zu werden. Aber er schafft es und stellt Paulus vor ein großes Problem: Wie soll er sich in Bezug auf das Eigentum seines Freundes verhalten? Paulus äußert sich praktisch nie zur Sklavenfrage, und wenn, dann vor allem in geistlicher und nicht in sozialer Hinsicht (Gal 3,28; 1Kor 7,21–24). Darf er von Philemon verlangen, den Sklaven freizulassen? Oder muss er ihn zurückschicken? Was bedeutet es, dass Onesimus schon früher negativ aufgefallen ist? Die Situation verändert sich schlagartig (und wird noch komplizierter), als sich Onesimus bei Paulus im Gefängnis bekehrt. Jetzt ist er nicht mehr nur ein Sklave, sondern auch ein Bruder in Christus. Ist seine Bekehrung fingiert? Rechnet sich Onesimus größere Chancen aus, wenn er sich wie sein Herr zum Christentum bekennt? Wir wissen es nicht. Paulus jedoch nimmt seine Bekehrung ernst, und offenbar ändert sich damit auch die Arbeitsmoral von Onesimus, denn jetzt ist er ein äußerst brauchbarer Bruder geworden (griechisch ergibt sich mit dem Namen ein Wortspiel, weil *onesimos* wörtlich »nützlich, brauchbar« bedeutet). Auch diese Wende deutet auf die Ernsthaftigkeit und Nachhaltigkeit seiner Bekehrung hin. Und schließlich ist der Philemonbrief darum erhalten, weil Onesimus ihn tatsächlich abgeliefert hat und nicht untergetaucht ist, aller Gefahr zum Trotz, die ihm von seinem Herrn drohte. Die Bekehrung durch Paulus scheint tatsächlich aus einem unwilligen Sklaven einen kooperativen und arbeitsamen Bruder gemacht zu haben. Paulus jedenfalls ist begeistert von ihm, und Onesimus hat ihm im Gefängnis wertvolle Dienste geleistet.

Trotzdem entschließt sich Paulus, Onesimus zurückzuschicken (**12**): *Ich schicke ihn dir zurück – mit anderen Worten: mein Herz.* Ein riskantes Unterfangen, könnte es doch das Todesurteil für Onesimus bedeuten. Paulus aber vertraut auf die Kraft der Bitte. Und stellt zugleich sicher, dass Philemon sich der Tragweite des Geschehens bewusst ist: Es handelt sich bei diesem Brief nicht lediglich um ein Gefälligkeitsschreiben für einen entlaufenen Sklaven, das Paulus beiläufig diktiert (wie es auch sonst aus der Antike überliefert ist). Es ist vielmehr eine äußerst ernste Angelegenheit, denn Onesimus ist ihm so lieb geworden, dass er gleichsam zu einem Teil seiner selbst wurde – zu seinem Herz. Paulus ist nicht nur sein geistlicher, sondern quasi sein biologischer Vater. Das *Herz* bezeichnet im Neuen Testament weniger den Sitz des Lebens, als vielmehr den der Emotionen. Was auch immer mit Onesimus geschieht, es betrifft Paulus ebenso sehr. Unterschwellig setzt Paulus mit einer solchen Aussage Philemon unter Druck, und dieser könnte es sogar als Drohung auffassen. Es geht aber auch nicht bloß um einen geringfügigen Freundschaftsdienst, sondern um Leben und Tod. Und darum wirft Paulus sein ganzes Gewicht in die Waagschale.

Er ist sich der Ambivalenz seines Vorgehens jedoch bewusst, und darum versucht er, Philemon zu beschwichtigen und den Druck zu verringern (**13**): *Eigentlich wollte ich ihn bei mir behalten, damit er mir an deiner Stelle diene, da ich ja aufgrund des Evangeliums im Gefängnis sitze.* Er erklärt seine Vorgehensweise, um allfällige Missverständnisse aus dem Weg zu räumen. Da Onesimus nach seiner Bekehrung offenbar gute Dienste leistet, möchte ihn Paulus am liebsten bei sich in Rom behalten. Geistlich gesehen hätte er die Befugnis dazu, da ihm als spiritueller Vater das Leben des Konvertiten zusteht, nicht aber rechtlich, denn der Sklave ist noch immer Eigentum seines Besitzers. Dazu kommt, dass auch Philemon in der Schuld des Apostels steht, was jedoch erst in V. 19f genauer erläutert wird. Die Vorstellung des »Dienstes an Stelle von« findet sich auch in anderen Briefen (vgl. Phil 2,30), und wenn man sie nicht nur aus ökonomisch-rechtlicher Sicht betrachtet (Abarbeiten eines Schuldbetrags), sondern auch in spirituell-diakonischer, dann offenbart sich hier ein wichtiger Zusammenhang zwischen Nehmen und Geben, Dienst der Verkündigung und die ihr folgende Diakonie. Christen rechnen einander keine Schulden auf, sie bleiben einander aber verbunden und verpflichtet aufgrund dessen, was sie gemeinsam erlebt und gnädig von Christus erhalten haben. Paulus pocht nirgends darauf, dass ihm gedient werde, ja, in den Gemeinden, in denen er gerade arbeitet, lehnt er sogar die ihm angebotene Unterstützung aus missionsstrategischen Überlegungen ab (1Kor 9,1–18; 2Kor 11,7–11; 1Thess 2,9). Wo ihm aber Gemeinden, in denen er früher gearbeitet hat, aus freien Stücken Unterstützung anbieten, nimmt er die Gabe gerne an (2Kor 11,8f; Phil 4,10.15). Dabei fühlen sich die Gemeinden nicht zum Dienst genötigt, sondern erfüllen ihn gerne als Zeichen ihrer Zuneigung dem Apostel gegenüber und als Zeichen des Dankes Gott gegenüber, indem sie seinen Dienern, die er zu ihrer Rettung gesandt hat, nun ihrerseits dienen. Das ist das Grundschema der paulinischen Ethik: Gottes Tat in Christus bewegt den Menschen dazu, seinerseits tätig zu werden, und dies nicht, um Christus zu gefallen oder mit einem guten Werk zu beeindrucken, sondern weil er dafür leben will, woraus er selbst bereits lebt.

Paulus begründet seinen ursprünglichen Wunsch, Onesimus bei sich zu behalten, am Ende des Verses noch einmal, indem er auf seine Situation im Gefängnis hinweist. Der von Paulus erhoffte Dienst ist also nicht Ausdruck einer grundsätzlich, ihm zustehenden Leistung, sondern bezieht sich auf die widrigen Umstände seiner konkreten Situation. Christliche Diakonie ist keine Pflichtleistung, sondern orientiert sich immer am Konkreten, sie tut im Namen Christi, was getan werden muss, weil es die Situation erfordert und nicht Ehrerbietung oder Respekt.

Zugleich aber baut Paulus mit dem Verweis auf seine schwierige Lage die Spannung zwischen seiner klaren Erwartungshaltung und der Freiheit, die er Philemon lässt, wie am Ende von V. 12 erneut auf, um sie dann gleich wieder abzubauen (**14**): *Ohne deine Zustimmung jedoch wollte ich nichts unternehmen, damit du deine Güte nicht aus Zwang, sondern freiwillig erweisen kannst.* Philemon soll selbst entscheiden, wie er bezüglich Onesimus handeln will, und darum schickt Paulus diesen zurück. Es wäre ihm ein leichtes gewesen, Onesimus im Namen Jesu quasi zu akquirieren, Philemon den Entscheid aus der Ferne mitzuteilen und ihn so vor vollendete Tatsachen zu stellen, dem sich Philemon aller Wahrscheinlichkeit nach nicht widersetzen wird – oder wollte er den Apostel Paulus bei der Polizei anzeigen? Stattdessen aber überlässt Paulus Onesimus der vollen Verfügungsgewalt seines Herrn und vertraut darauf, dass dieser die richtige Entscheidung fällt – und das tut, was es im Namen Jesu zu tun gilt. Nicht aufgrund von Autorität oder Schulden soll er sich entschließen, sondern aufgrund seines Glaubens. Ein mutiger, aber konsequenter Entscheid des Paulus. Anders jedoch wären all seine Worte zur Freiheit (z.B. Gal 5,1.13) und zur gegenseitigen Rücksichtnahme und Unterordnung (Phil 2,1–4) wertloses Geschwätz.

Erneut lässt er Philemon nicht im Unklaren darüber, was er von ihm erwartet: ein Zeichen seiner Güte. Offen bleibt, wem gegenüber sie geübt werden soll: Onesimus gegenüber, indem er ihn nicht dem Gericht ausliefert, sondern ihn als Mitglied seiner Gemeinde betrachtet, zu dem er mit seiner Bekehrung faktisch geworden ist? Bisher hat es Philemon der Gemeinde gegenüber ja nie an Güte mangeln lassen (vgl. V. 5.7). Oder Paulus gegenüber, indem er ihm Onesimus zurückschickt und so seinen Dienst an ihm vollendet? Beides wäre möglich, und auch wenn Paulus Philemon erneut unter Druck setzt, so lässt er ihm die Freiheit, selbst zu entscheiden. Ganz außer Acht hingegen lässt er die Möglichkeit, dass Philemon keines von beidem wählt und Onesimus hinrichten lässt. Stillschweigend steht diese Variante gar nicht zur Diskussion. Philemon wird gar nicht anders können, als gut zu handeln. Damit aber ist ein Teil der Grundfrage bereits in aller Stille beantwortet: Christen sollen ihre Geschwister als solche behandeln, selbst dann oder gerade wenn sie Sklaven sind.

Indem Paulus Philemon (indirekt) unter Druck setzt, macht er ihm deutlich, dass er als Christ jederzeit in dieser Spannung steht zwischen dem Tun des Guten und dem Tun dessen, was ihm einträglich ist. Dieses Dilemma ist dem Glauben eigen, weil er vom Glaubenden verlangt, sein Leben in der Welt nach Maßstäben auszumessen, die nicht mit denen dieser Welt korrespondieren. Es ist dies letztlich das Dilemma des Menschen, der das Paradies verlassen musste, die Fähigkeit, zwischen gut und böse zu unterscheiden, aber behielt. Was es zu tun gilt, weiß der Mensch – ob er sich aber auch entsprechend entscheidet, ist ihm überlassen. Hier liegt der Anstoß zur Sünde. Und es wird deutlich, dass diese nicht einfach ein moralisches, sondern vielmehr ein existentielles Problem ist.

Die V. 15–21 bilden die Argumentation des Konfliktfalls, auch wenn es sich dabei nicht um eine klassische Argumentation handelt, wie wir sie aus Gal 2–3 oder Röm 5–7 kennen. Es ist vielmehr eine familiär gehaltene Mischung aus Begründung, Überzeugung und Bitte.

Paulus verleugnet den Fehler von Onesimus nicht und redet ihn auch nicht schön, sondern bezeichnet ihn als Trennung, die einen schmerzvollen Verlust impliziert (**15**): *Vielleicht war er darum für eine kurze Zeit [von dir] getrennt, damit du ihn [jetzt] für immer behalten kannst.* Dass er passiv formuliert, lässt im Griechischen ein sogenanntes *passivum divinum* anklingen, eine Passivform ohne handelndes Subjekt, die Gott als Urheber des Geschehens impliziert. War die Flucht eine göttliche Intervention, um Onesimus zum Glauben zu führen? Für Paulus muss es fast so scheinen, zumindest hat er guten Grund, das Ereignis als Teil des göttlichen Heilsplanes zu verstehen. Dieser Plan endet jedoch nicht in der Freilassung von Onesimus, sondern im Gegenteil in der noch engeren und vor allem viel längeren Verbundenheit von Herrn und Sklave. Der von Gott mit neuem Leben im Glauben beschenkte Onesimus wird nun seinerseits zum Geschenk für seinen Herrn, der ihn »für immer behalten« mag.

Was aber bedeutet »behalten«? Dieses Verb stellt nicht nur die Auslegung seit Jahrhunderten vor Probleme, sondern dürfte auch Philemon selbst den Kopf zerbrochen haben. Wie ist ein Sklave, der Christ geworden ist, an seinen christlichen Herrn gebunden? Muss er jetzt, da er ein Bruder geworden ist, freigelassen werden, weil es in Christus keine Unterschiede mehr gibt zwischen Freien und Sklaven (Gal 3,28)? Verliert der Herr also einen Sklaven, gewinnt dafür aber einen Bruder in Christus, dem er fortan auf Augenhöhe begegnet? Der Herr befände sich dann in der paradoxen Situation, dass er zwar alles daran setzen soll, seinen Haushalt zu Christus zu führen, sollte dies aber gelingen, jedesmal einen Teil seines Besitzes verliert. Er hätte darum verständlicherweise kaum Interesse daran, dass die Sklaven seinen Glauben teilen.

Oder ist der Sklave jetzt, da auch er den Glauben seines Herrn teilt, diesem nicht nur vor dem Gesetz, sondern auch noch vor Christus Gehorsam schuldig, und dies sogar vorbildlich und auf ewig? In diesem Fall hätte der Sklave wohl kaum Interesse, sich zu bekehren. Die Frage ist knifflig, weil sie letztlich enthüllt, dass die neue Religion mit dem alten System nicht vereinbar ist (was selbstverständlich bis in die Neuzeit viele Christen nicht davon abgehalten hat, mit haarsträubenden Hilfskonstruktionen die Sklaverei theologisch zu legitimieren, unter anderem und paradoxerweise mit genau diesem Vers).

Paulus erkennt das Dilemma und stellt klar: Was war, ist vergangen, denn in Christus ist alles neu (2Kor 5,17). Onesimus soll nicht mehr einfach als Sklave, sondern als geliebter Bruder behandelt werden, gleich wie alle anderen Mitglieder der Gemeinde (**16**): *Nicht mehr aber als Sklaven, sondern als viel mehr, nämlich als geliebten Bruder, der er für mich tatsächlich ist, mehr aber noch für dich – vor der Welt und im Herrn.* Vielleicht wurden die Gemeindeglieder gerade deshalb am Anfang des Briefes genannt (V. 2f), damit auch sie als Geschwister von Philemon und nun auch von Onesimus angesprochen seien und über dessen Schicksal mitentscheiden mögen. Paulus sieht sich genötigt zu betonen, dass dieser tatsächlich ein geliebter Bruder geworden ist, nicht nur aufgrund seiner Bekehrung, sondern auch aufgrund seines veränderten Verhaltens, weil er weiss, dass Philemon skeptisch sein wird. Dies ist ihm nicht zu verdenken, denn er kennt Onesimus nur als faulen, unzuverlässigen und schließlich entlaufenen Sklaven. Weshalb sollte er ihn wieder aufnehmen – und erst noch als Seinesgleichen?

Dass Paulus die Wesensänderung gerade in Hinblick auf die Arbeitshaltung so stark betont und sie Philemon schmackhaft machen möchte (vgl. V. 11), weist darauf hin, dass es ihm eher um die Wiederaufnahme und die Begnadigung geht denn um die Freilassung. Noch immer weiß Paulus nicht, ob er Onesimus nicht in den Tod schickt. Und dies wird auch Onesimus' einzige Chance als entlaufener Sklave sein: Philemon zu beteuern und zu beweisen, dass er mit der Bekehrung auch sein Leben verändert hat und sich von nun an standesgemäß verhalten wird. Alles andere ist aussichtslos: Als Neubekehrter sowohl Vergebung wie auch Freilassung zu verlangen oder sich weiterhin als entlaufener Sklave durchzuschlagen. Ohne Entlassungsdokumente ist die Wahrscheinlichkeit groß, dass er früher oder später aufgegriffen wird.

Darum also versucht Paulus, Philemon die Vorteile einer Begnadigung schmackhaft zu machen: Der Christ Onesimus wäre für ihn ein vorzüglicher Sklave (das dürfte die Wendung »vor der Welt« meinen, wörtlich »im Fleisch«, also den natürlichen Menschen betreffend) und auch ein geschätztes Gemeindeglied (»im Herrn«, das heißt den geistlichen Menschen betreffend). Kann er beides zugleich sein? Ein Bruder *vor der Welt* muss nicht zwangsläufig ein freier Mann sein, und auch wenn er *in Christus* einen neuen Status hat, so muss das nicht unbedingt Rückwirkungen auf seine öffentliche Stellung haben. Man merkt, wie komplex die Fragestellung ist, und Paulus ringt um eine Lösung, die Onesimus retten, Philemon befriedigen und zugleich dem neuen Sein des Konvertiten entsprechen soll.

Im ganzen Brief plädiert Paulus nie für die Freilassung, überhaupt äußert er sich in seinen Briefen kaum je konkret zur Sklavenfrage (am deutlichsten noch in 1Kor 7,21–24), vielleicht auch nur darum nicht, weil er sie in Hinblick auf die baldige Wiederkunft Christi für belanglos hält (vgl. 1Thess 4,14f; 1Kor 7,29–31). Aber zwischen den Zeilen ist deutlich zu hören, wie er in diesem speziellen Fall für Onesimus kämpft: »Mehr als ein Sklave, ein geliebter Bruder« – »nicht nur vor der Welt, sondern auch im Herrn«. Alles deutet darauf hin, dass ihm spätestens jetzt, da er am Ende seines Lebens ganz persönlich mit dieser Frage konfrontiert wird, deutlich geworden ist, dass Christus und Sklaverei inkompatibel sind. Die Unterscheidung von Welt und Glaube lässt sich nicht mehr aufrechterhalten. Wo Glaube zentral geworden ist, betrifft er eben das ganze Leben, auch den gewöhnlichen Alltag. Es gibt keine zwei Reiche für Christen, es gibt nur das Reich Gottes, das alles bestimmt.

Auch am Ende dieses Verses bleibt es also unklar, was Paulus wirklich von Philemon verlangt: Dass er den Sklaven wieder aufnimmt und ihm in der Gemeinde wie auch öffentlich vergibt, oder dass er alles vergessen und vergeben macht und Onesimus vor aller Augen zum freien und gleichberechtigten Bruder erklärt? Wir vermögen es nicht mit Sicherheit zu sagen, und darum können wir davon ausgehen, dass Paulus seine Forderung und auch seine Formulierung bewusst offen gelassen hat. Philemon soll selbst entscheiden.

Entsprechend der schwierigen Ausgangslage überrascht es nicht, dass Paulus die Argumentation bereits wieder aufgibt und auf der emotionalen Ebene fortfährt (**17**): *Wenn du mich für deinesgleichen hältst, so nimm ihn auf wie mich.* Paulus appelliert an die gegenseitige Hochachtung und Freundschaft und bittet um einen Gefallen. Wir sahen es bereits: Wer bittet, ist ganz auf das Wohlwollen des Gegenübers angewiesen (vgl. V. 9). Paulus geht davon aus, dass er sich mit Philemon auf Augenhöhe befindet, und darum ist die Frage in V. 17a rhetorischer Natur: Selbstverständlich sind sie einander gleichwertig (wörtl.: »zum Genossen haben«), verbunden in Liebe und in Christus, und darum ist es eigentlich selbstverständlich, dass Philemon die Bitte des Freundes erfüllt. In der römisch-griechischen Kultur gilt es als heilige Pflicht, die Kinder oder nahen Verwandten eines Freundes wie diesen selbst zu behandeln, und darauf spielt Paulus an. Onesimus ist für Paulus ein echter Bruder, und darum gilt für diesen, was auch für ihn gilt. Er dürfte sich aber auch bewusst gewesen sein, dass solche Freunschaftserweise Blutsverwandten vorbehalten war. Wenn er sie nun auch für Onesimus einfordert (und im Grund geht es ja um viel mehr als bloße Gastfreundschaft, sondern um Begnadigung), dann ist dies zwar möglich, strapaziert das Gastrecht aber bis aufs Äußerste. Einen entlaufenen Sklaven als eigenes Kind zu betrachten ist das eine, dies auch von anderen zu fordern, das andere. Paulus setzt seine Freundschaft aufs Spiel, und er muss sich im klaren darüber gewesen sein, dass er eine solche Bitte nur einmal stellen kann. Wer sich laufend mit anderen (und in diesem Fall: mit Straftätern) identifiziert, wird bald einmal seinen Kredit verspielt haben.

Es scheint erneut, als ob Paulus sich seine Meinung zur Sklaverei gebildet hätte – und zwar in ablehnender Weise. Wenn er Philemon bittet, Onesimus aufzunehmen an seiner statt, dann kann dies nur die Freiheit für den Sklaven bedeuten, denn Philemon würde Paulus sicherlich nicht wie einen Sklaven behandeln. Aber auch Paulus kann die seit Jahrhunderten geltenden Sozialformen nicht einfach auflösen. Und je länger sich die nach Ostern so unmittelbar erwartete Wiederkunft Jesu verzögert, desto weniger sind auch die Christen gewillt, alles Herkömmliche aufzugeben.

Paulus ist sich der Größe seiner Forderung bewusst, und darum versucht er jetzt, sie sozial abzumildern (**18**): *Wenn er dir aber*

Unrecht getan hat oder dir etwas schuldet: Schreib es mir auf! Paulus will für das geradestehen, was Onesimus sich zu Schulden hat kommen lassen. Man muss sich darunter wohl Schaden durch Diebstahl oder Veruntreuung vorstellen und vor allem die durch den Arbeitsausfall entstandenen Kosten. Das Vergangene soll das neue, von Paulus erstrebte Verhältnis zwischen Philemon und Onesimus nicht belasten. Neue Schöpfung braucht neue Umstände, die manchmal erst dadurch entstehen, dass das Alte aus dem Weg geräumt wird.

Das Angebot von Paulus ist zwar verständlich und auch löblich, trotzdem aber etwas seltsam: Soviel uns bekannt ist, lebt Paulus in großer Bescheidenheit und ist selbst immer wieder auf Unterstützung durch seine Gemeinden angewiesen (vgl. z.B. Phil 4,10–20), Philemon hingegen scheint ein wohlhabender Mann zu sein, immerhin besitzt er einen oder mehrere Sklaven und ein Haus, das so groß ist, einer Gemeinde als Versammlungsort zu dienen. Hat Paulus überhaupt genug Geld, die Schulden von Onesimus zu begleichen? Und wie könnte der reiche Philemon dieses Geld annehmen, ohne sich dabei zu blamieren?

Eines aber macht das Angebot des Paulus deutlich: Unrecht bleibt Unrecht, auch nach der Bekehrung, und es kann seinem Schuldcharakter nach zwar vergeben, muss aber trotzdem hinsichtlich rechtlicher, finanzieller und sozialer Aspekte aufgearbeitet werden. Dazu ist Onesimus offenbar bereit, sonst würde er gar nicht zurückkehren, und diese Bereitschaft unterstützt Paulus mit seinem Angebot für finanzielle Hilfe. Das ist konkret gelebte Versöhnung.

Paulus doppelt nach und greift selbst zur Feder (normalerweise diktiert er die Briefe einem Mitarbeiter) (**19a**): *Ich, Paulus, habe dies eigenhändig geschrieben: Ich werde dafür aufkommen.* Der Leser wird den Unterschied im Schriftbild bemerken (in Gal 6,11 betont Paulus die Größe seiner Schrift, was auf zunehmende Alterssehschwäche hinweisen könnte, die sich auch beim Schreiben zeigt). Dieser Federtausch soll die Ernsthaftigkeit des Angebots unterstreichen: Was von eigener Hand geschrieben wird, ist bindend, einer authentischen Unterschrift heute durchaus vergleichbar.

Im Anschluss an die doppelt gefasste Versicherung zieht Paulus einen rhetorischen Trumpf (**19b**): *Um dich nicht daran zu erinnern, dass du [im Grunde genommen] dich selbst mir schuldest.* Er erinnert Philemon daran, dass er seine Schuld Paulus gegenüber noch nicht beglichen hat, aber er erinnert ihn nicht direkt daran, sondern weist nur darauf hin, dass er ihn daran erinnern könnte. Eine geschickte Art, nichts zu sagen und doch alles zur Sprache zu bringen. Paulus will Philemon jedoch nicht drohen, und er will ihm auch keine Schulden aufrechnen, aber er will darauf hinweisen, dass die Verhältnisse nicht ganz so eindeutig zugunsten von Philemon stehen, wie es zunächst den Anschein macht.

Die Vorstellung des geschuldeten Lebens und des Zusammenhangs von Geben und Nehmen ist uns schon in V. 13 begegnet, und gerade im richtigen Augenblick spielt Paulus noch einmal auf sie an. Offenbar hat er Philemon zu Christus geführt, unter welchen Umständen auch immer, und wenn dieser nun sein weltliches Recht auf Onesimus gelten machen will, so mag er daran erinnert sein, dass er Paulus gegenüber eine noch größere, nämlich geistliche Schuld zu begleichen hat.

Aber Paulus will Philemon nicht unnötig unter Druck setzen und wechselt wieder zur Bitte, und dies gleich doppelt (**20**): *Ja, [lieber] Bruder: Ich möchte mich freuen über dich im Herrn. Mach mir [doch] diese Freude in Christus.* Wahrscheinlich zweifelt er auch an seinem Angebot, sämtliche Schulden zu decken, weil er weiß, dass es zwar gut gemeint, aber doch etwas unrealistisch oder lächerlich, vielleicht sogar beleidigend auf Philemon wirken wird. *Sich freuen über jemanden* (griech. *oninamai*) kann auch mit *Nutzen haben von jemandem* übersetzt werden, und es ist dasselbe Wortspiel mit dem Namen von Onesimus, dem wir schon in V. 11 begegnet sind. So wie Philemon wieder Nutzen von Onesimus haben wird, so möchte Paulus im Gegenzug auch von Philemon profitieren, denn als dessen geistlicher Vater steht ihm ein gewisses Recht zu. Der Profit bzw. die Freude betrifft ihn jedoch nur indirekt, denn es geht ihm nicht primär darum, Onesimus wieder als Diener zu erhalten, sondern es geht ihm um das Leben des Sklaven. Nicht die Klärung der Besitzverhältnisse, sondern der Frage von Leben und Tod steht im Vordergrund. Dass Paulus keinen rechtlichen Anspruch hat, ist ihm bewusst, und darum verweist er auf die geistliche Dimension: *Im Herrn* will er sich freuen, weil Philemon aufgrund seines Glaubens und nicht seines Geldes gehandelt hat.

Weil die Sache dringend ist und weil Paulus keine anderen Mittel zur Verfügung stehen außer der Bitte, wiederholt er sie: *Mach mir doch diese Freude in Christus.* Sie ist eine rechtlich bedeutungslose Form, als Mittel der Kommunikation zwischen Freunden aber sehr wirkungsvoll. Wörtlich lautet sie: »Lass mein Herz in Christus zur Ruhe kommen«, und jetzt wird auch deutlich, worum es geht: Es ist eine Herzensangelegenheit, es geht um Liebe, Erbarmen, Vergebung und Auferbauung – und zwar nicht nur in Bezug auf Onesimus, sondern in besonderem Maß auch auf Paulus. Diese Ebene ist die spirituelle, und darum fügt Paulus auch hier *in Christus* an, sie betrifft all das, was weltlich weder zu fassen noch zu regeln ist.

Nun aber ist das Problem mit Onesimus ein sehr weltliches: Gehorsam und viel Geld. Das Dilemma ist offensichtlich: Gilt für Sklaven, die in einem christlichen Haus Christen werden, das öffentliche Recht nicht mehr? Dürfen sie sich verhalten wie Freie, ja sogar wie Kinder oder Geschwister des Herrn? Und wer garantiert in diesem Fall, dass die Bekehrung echt ist und nicht nur instrumentalisiert? Noch einmal: Wenn Christus der Herr ist, dann ist er der Herr aller Bereiche, und dies betrifft auch den Umgang mit Besitz, mit Besitz von christlichen Sklaven im Besonderen. Wie kann also ein Herr, der von Christus befreit worden ist (z.B. von Krankheit oder seinem Heidentum), gleiche Freiheit seinem christlichen Sklaven nicht gewähren? Das Neue Testament löst die Frage der Sklaverei nicht (selbst Jesus äußert sich diesbezüglich nicht), und dies wohl darum, weil es ein äußerst ernstes und schwieriges Problem ist, dessen Lösung sich angesichts der baldigen Wiederkunft Jesu und damit des Endes der bestehenden Gesellschaftsordnung nicht mehr lohnt.

Die einzig mögliche Lösung liegt im Rekurs auf den Einzelfall: Paulus versucht, Philemon davon zu überzeugen, nicht allgemein und grundsätzlich, sondern speziell in diesem einen Fall so zu handeln, wie es sich für Christen gebührt. Er möge Onesimus nicht mit weltlichen Ellen, sondern mit geistlichen messen, denn er gehört nicht nur Philemon, sondern ebenso Paulus und vor allem Christus. Für eine allgemeine Lösung ist noch kein Raum vorhanden, dazu wird es noch Jahrhunderte benötigen. Und auch, wenn eine individuelle Lösung nur das persönliche, nicht aber das gesellschaftliche Problem löst, so ist doch darauf hinzuweisen, dass auch Gott selbst in ähnlicher Weise vorgeht: Er verzichtet darauf, die Welt als ganze mit einem Wimpernschlag zu verändern, sondern begegnet in Christus jedem Menschen einzeln.

Am Schluss des thematischen Teils formuliert Paulus noch einmal die Überzeugung, dass seine Bitte erhört werde (**21a**): *Ich bin überzeugt, dass du mir gehorchen wirst.* Ob er davon wirklich überzeugt ist oder ob V. 21 einen letzten Versuch darstellt, sich oder Philemon davon zu überzeugen, muss dahingestellt bleiben. Sicherlich jedoch kann Paulus davon ausgehen, dass Philemon seinen Sklaven nicht einfach hinrichten lassen wird, sonst hätte er ihn nicht zurückgeschickt und sich auch die Mühe des Briefes erspart. Paulus geht aber noch einen Schritt weiter: Er rechnet mit dem Gehorsam von Philemon, und damit verlässt er die Ebene der Bitte wieder und wechselt zurück zum Recht, um es sogleich wieder zu verlassen und auf der persönlichen Ebene fortzufahren

(**21b**): *Darum habe ich dir geschrieben, denn ich weiß, dass du viel mehr noch tun wirst, als ich von dir verlange.* Man merkt, dass das Problem so vielschichtig ist, dass es selbst den sonst so stilsicheren Paulus ins argumentative und formale Schleudern bringt.

Worauf ist Paulus aus? Was will er von Philemon? Rhetorisch geschickt überlässt er die Entscheidung und auch deren inhaltliche Konkretion seinem Gegenüber. Wir können nur spekulieren: Er erwartet von Philemon, dass er Onesimus wieder aufnimmt, ohne ihm den Prozess zu machen (vgl. V. 17). Er hofft und erwartet, dass Philemon seinen Sklaven nicht mehr als solchen, sondern als Bruder in Christus annimmt (V. 16) – und ihn in der Konsequenz früher oder später freilässt (V. 21). Sollte er ihn Paulus als Diener zurückschicken, so ist nicht anzunehmen, dass dieser ihn als Sklaven hält, sondern als freien Bruder erachtet. Man vermisst die Konkretion, gerade in einer so wichtigen Frage. Aber man ist gehalten, die Situation nicht zu unterschätzen: Hätte Paulus eine andere Möglichkeit, als bittend auf Christus zu verweisen?

Aus der Retrospektive des 21. Jahrhunderts lässt sich die Frage der Sklaverei leicht beantworten, und selbstverständlich hört man auch bei Paulus am liebsten diejenigen Nuancen, die für die Freilassung von Onesimus sprechen. Und gerade darum ist es umso wichtiger zu sehen, dass Paulus sie nicht ausspricht und nicht verlangt. Gewisse Fragestellungen brauchen (leider) Jahrhunderte, bis sie endgültig beantwortet werden können, und Paulus steht erst ganz am Anfang dieser Diskussion. Umso höher ist es ihm anzurechnen, dass er sich dem Problem stellt und es nicht einfach nur im Sinne der Tradition löst. Und es ist ihm ebenfalls hoch anzurechnen, dass er Philemon nichts befiehlt, sondern ihn selbst entscheiden lässt. Denn wenn der christliche Glaube wieder zu einem Regelwerk wird, dem man sich zu unterwerfen hat, dann »ist Christus umsonst gestorben« (Gal 2,21). Christus bedeutet Freiheit, auch die Freiheit der Entscheidung, gerade in eminent wichtigen Fragen wie dieser. Und darum ist der Philemonbrief, auch wenn er keine letztgültige Antwort auf die Sklavenfrage gibt, ein Lehrstück christlicher Theologie, denn er zeigt, wie konkret mit dieser Freiheit gerungen werden soll.

22–25
Reiseabsichten, Grüße und Segen

22Und dann bereite mir auch ein Gästezimmer vor, denn ich hoffe, dass ich euch aufgrund eurer Gebete erhalten bleibe. 23Es grüßt dich

Epaphras, mein Mitgefangener in Christus Jesus, [24][und] Markus, Aristarchos, Demas, Lukas: meine Mitarbeiter. [25]Die Gnade des Herrn Jesus Christus sei mit eurem Geist.

Mit V. **22** beginnt der Schlussteil des Briefes, in dem traditionellerweise Reiseabsichten (22), Grüße (23f) und der Segen (25) übermittelt werden. Paulus ist guten Mutes, dass nicht nur Onesimus, sondern auch er selbst bald bei Philemon eintreffen wird und kündigt darum seinen Wunsch nach einem Gästezimmer ganz direkt an: *Und dann bereite mir auch ein Gästezimmer vor, denn ich hoffe, dass ich aufgrund eurer Gebete euch erhalten bleibe.* Im Kontext antiker Gastfreundschaft handelt sich dabei nicht um eine schamlose Selbsteinladung, vielmehr ist es für Philemon eine Ehre, Paulus beherbergen zu dürfen, zumal ja die ganze Hausgemeinde von einem solchen Besuch profitieren wird. Und wenn Philemon tatsächlich ein wohlhabender Mann gewesen ist, dann wird ihm dieser Besuch auch logistisch keine Mühe bereitet haben. Dass es aller Wahrscheinlichkeit nach nicht zu diesem Besuch gekommen ist, wissen zum Zeitpunkt der Abfassung des Briefes weder Gast noch Gastgeber.

Denn Paulus ist davon überzeugt, dass sein Prozess mit einem Freispruch enden wird (im etwas später verfassten Philipperbrief wird diese Zuversicht abnehmen; vgl. Phil 1,19–26). Es ist typisch für ihn, dass er den Prozess nicht juristisch, sondern spirituell interpretiert: kein Wort zur Rechtslage oder den Richtern, allein die Gebete der Gemeinde (bzw. der Gemeinden; vgl. Phil 1,19; 2,24) sind von Bedeutung, nur durch sie wird Paulus seinen Geschwistern erhalten bleiben. Das griechische Wort dafür bedeutet eigentlich »geschenkt werden« und weist denselben Stamm auf wie »Gnade« *(charis)*. Daraus also schöpft Paulus seine Zuversicht: Er vertraut auf Gott, denn er ist gnädig und handelt zum Vorteil von Paulus. Wozu dann aber noch beten? Letztlich klären lässt sich dieses Paradox nicht (vgl. auch Mt 6,8). Anhaltspunkte zu seiner Lösung finden sich in der relationalen, d.h. beziehungsmäßigen Natur Gottes. Weil Gott nicht statisch, sondern relational und dynamisch ist, lässt er sich auf den Dialog mit den Menschen ein, ohne dabei seine Autonomie oder Souveränität einzubüßen. Gott lässt sich gerne bitten, im wörtlichen Sinn, und darum ist es für Paulus eine Frage des Glaubens und nicht primär des Rechts, ob er freikommt oder nicht. Er weiß sich in Gottes Hand geborgen und ist sich seiner Bedeutung für die Gemeinden bewusst. Das ist für ihn Grund genug zu fester Hoffnung (»denn ich hoffe«) – nicht jedoch zum eindeutigen Wissen, denn dieses steht dem Menschen in seiner Beziehung zu Gott nicht zu. Auf soziale, politische oder finanzielle Sicherheit kann er sich Gott gegenüber nie berufen, wohl aber auf existentielle Gewissheit, welche über die rein weltliche Perspektive hinausreicht. Mit anderen Worten: Selbst wenn sich Paulus täuschen würde, hieße dies nicht, dass es keinen Gott gäbe oder dieser ihn verlassen hätte. Es wäre einfach ein anderer Weg, mitunter sogar ein besserer.

Aller Wahrscheinlichkeit nach hat sich Paulus tatsächlich getäuscht, denn die Forschung geht heute (entgegen dem zuversichtlichen Bericht in Apg 28,30f) davon aus, dass er verurteilt und vor den Toren Roms enthauptet wurde. In der Kirche San Paolo fuori le Mura wurde im Längsschiff zum Paulusjubiläum 2009 in etwa zwei Metern Tiefe ein Steinsarkophag für die Öffentlichkeit zugänglich gemacht, in dem sich Purpurkleider und menschliche Knochen befinden. Diese Fundstücke sind ein wichtiger Hinweis auf das Ende des Paulus. Ob es sich tatsächlich um dessen authentische Überreste handelt, bleibt weiterhin verborgen: Aus Pietätsgründen hat man das Grab nicht geöffnet, sondern nur mit einer Sonde untersucht.

Wie in allen Paulusbriefen (außer dem Galaterbrief) folgen auch hier am Ende der Reiseabsichten die Grüße (**23–24**): *Es grüßen dich Epaphras, mein Mitgefangener in Christus Jesus, [und] Markus, Aristarchos, Demas, Lukas: meine Mitarbeiter.* Obwohl die Grüßenden namentlich bekannt sind, bleiben sie für uns als Personen im Dunkeln. Es stellt sich im Philemonbrief am Ende erneut die Frage nach seinem Verhältnis zum Kolosserbrief, denn diese Grußliste ist mit der in Kol 4,10–14 beinahe identisch: Ist dieser authentisch und darum auch die in ihm genannten Personen? Oder wurde er kurz nach dem Tod des Paulus von einem Sekretär oder Schüler verfasst, spiegelt aber historisch zutreffende Verhältnisse wider? Die Alternative wäre: Er wurde deutlich später geschrieben und »benutzt« die hier genannten Personen als fiktive Charaktere einer Gemeinde in Kolossä, wie es sie so nie gegeben hat? Wir wissen es nicht. Dieselbe Frage stellt sich, wenn dieselben Namen auch in der Apostelgeschichte erscheinen.

Die meisten der Grüßenden werden die Geschwister im Hause von Philemon nicht persönlich kennen, da es damals praktisch keinen Tourismus gab und nur eine Minderheit der einfacheren Schichten professionell Reisende waren, auch wenn die Verkehrsverbindungen für damalige Verhältnisse sehr gut sind. Und trotzdem grüßen sie sich, nicht weil sie einander bekannt, sondern weil sie durch Christus verbunden sind. Sie sind allesamt Glieder desselben Leibes Christi, der sich über alle Distanzen und Kontinente hinweg erstreckt; und in einer Welt, die den wenigen Christen tendenziell feindlich gegenübersteht, ist es umso wichtiger, sich seiner Verbundenheit zu versichern. Sie gehören zusammen, sind eine Familie, auch wenn sie sich nie sehen oder hören werden. Und wer einen Brief mitunterzeichnet, erklärt sich dadurch mit seinem Inhalt einverstanden. Paulus ist also nicht der Einzige, der für Onesimus bittet, er hat Unterstützung.

Bei Epaphras (**23**) (sein griechischer Name [»zu Aphrodite gehörig«] verrät seine heidnische Herkunft) ergeben sich zwei Möglichkeiten: Entweder ist er das in Kol 1,7;4,12 erwähnte Gemeindeglied aus Kolossä (eventuell sogar der Gemeindeleiter), das Paulus in Rom besuchte und darum inhaftiert wurde, oder es könnte sich um einen Gefangenen handeln, der wie Onesimus durch Paulus zum Glauben gekommen ist; ein Mitarbeiter im Gefängnis jedenfalls scheint er nicht zu sein, sonst wäre er als solcher und nicht als »Mitgefangener« bezeichnet worden. Wir verfügen über keine Quellen, die besagen, dass er mit Paulus zusammen verhaftet wurde und nun in demselben Prozess auf ein Urteil wartet. Allem Anschein nach ist er also jemand, den Paulus erst im Gefängnis kennengelernt hat; vielleicht kam er durch ihn, vielleicht schon vorher zum Glauben.

Etwas verwirrend ist die Tatsache, dass in V. 23 nur Philemon angesprochen wird, nachdem noch in V. 22 von »euch« die Rede war. Es dürfte der Gewohnheit der antiken, patriarchalen Gesellschaft entsprechen, nur den Hausvorstand zu grüßen und alle anderen darin mit einzuschließen. Immerhin gilt der Segenswunsch am Ende (V. 25) dann wieder allen (wie schon in V. 3).

Die in V. **24** folgende Liste enthält Mitarbeiter, die sich insofern von Epaphras unterscheiden, als sie nicht gefangen sind. Als »Mitarbeiter« werden bei Paulus eine beträchtliche Anzahl Personen bezeichnet (V. 1f: Philemon, Apphia, Archippus und hier vier weitere Personen; vgl. auch Phil 2,25; 4,2f). Ist es möglich, dass sie allesamt eine längere Zeit mit Paulus zusammengearbeitet haben? Das wäre ein sehr großer Mitarbeiterkreis; bedenkt man allerdings, dass sie nicht alle gleichzeitig mit ihm tätig waren, dann ist es durchaus vorstellbar, dass sich in all den Jahren ein großes Netzwerk aktiver oder ehemaliger Mitarbeiter gebildet hat. Oder weist die Bezeichnung »Mitarbeiter« einfach darauf hin, dass die genannten Personen für dieselbe Sache und in gleicher Weise wie Paulus arbeiten, zeitlich und örtlich jedoch unabhängig von ihm? Wichtig sind solche Details nicht, wichtig ist bloß, dass der Kampf für dieselbe Sache sie eint und nicht, wie es oft der Fall war (und noch immer ist), in Konkurrenz zueinander führt.

Ein Paulus naher *Markus* erscheint in Apg 12,12.25; 13,13; 15, 37–39; Kol 4,10 und 2Tim 4,11; *Aristarchos* hat gemäß Apg 19, 29; 27,2 Paulus in Ephesus, aber auch in Jerusalem (Apg 20,4) und auf der Fahrt nach Rom (Apg 27,2) begleitet. *Demas* und

Lukas, der als Arzt bezeichnet wird, erscheinen in Kol 4,14 und 2Tim 4,10f. Handelt es sich dabei um dieselben Personen? Oder nur um dieselben Namen, jedoch um andere Personen? Wir wissen es nicht sicher. Wichtig sind diese historischen Details nicht, auch wenn sie uns einiges sagen können über die Art, wie und mit wem Paulus reist und zusammenarbeitet. Zugleich aber haben wir nicht genügend Detailinformationen für gesicherte Aussagen. Die christliche Welt war damals zwar noch nicht so groß, die Zeitspanne und die verschiedenen Orte, an denen die Namen auftauchen, sind aber doch beträchtlich, sodass die historische Plausibilität der Identität zumindest in Frage gestellt werden muss. Wichtig ist: Auch ohne solche Kenntnisse bleibt der Philemonbrief für uns verständlich.

Der Segenswunsch schließt den Brief, wie dies bei Paulus üblich ist (vgl. Röm 16,11; Phil 4,23; 1Kor 16,23; 2Kor 13,13) (**25**): *Die Gnade des Herrn Jesus Christus sei mit eurem Geist.* Obwohl der Segen formelhaft gestaltet ist, enthält er die Hauptaspekte der paulinischen Theologie: Soteriologie, Christologie, Anthropologie und Ekklesiologie. *Gnade* (Soteriologie) als die bedingungslose Zuwendung Gottes ist das Hauptmerkmal des christlichen Glaubens, denn sie zeigt Gott als Gegenüber, das den Geben-nehmen-Zusammenhang aufgehoben hat, der das Fundament fast aller Religionen darstellt. Gott ist gnädig, nicht willkürlich, er ist auf das Wohl des Menschen aus und nicht auf dessen Wohlanständigkeit. Gott ist zuvorkommend, nicht abwartend, und er ist bedingungslos, nicht berechnend.

Dieses göttliche Wohlwollen ist persongebunden; es ist nicht eine unspezifische göttliche Haltung, sondern das Resultat einer spezifischen göttlichen Tat: der Menschwerdung Jesu Christi, seines Lebens, Sterbens und Auferstehens (Christologie). All dies wird mit *Herr Jesus Christus* ausgesagt: Jesus von Nazareth ist der verheißene Retter Israels und damit der ganzen Menschheit. Wer sich ihm im Glauben anvertraut, für den wird er zum Herrn, d.h. zur Hauptsache des Lebens. Dass die Gnade nicht mehr alleine Sache Gottes, des Schöpfers, ist, sondern zur Sache des *Herrn Jesus Christus* wird, zeigt, wie untrennbar Schöpfung und Erlösung, Schöpfer und Erlöser zusammengehören. Christus ist nicht lediglich der Vermittler, er ist das Subjekt des göttlichen Handelns, Ursache und zugleich Inhalt der Rettung der Menschheit. In dieser hohen Wertschätzung Jesu vollzieht sich nicht die Vergötterung eines Menschen, vielmehr liegt hier das Geheimnis der Trinität: Dass Gott *einer* ist, nicht aber *einfach,* und dass er *ganz* Gott ist und *gleichzeitig* Mensch wird, um nahe bei den Menschen zu sein – so nahe sogar, dass selbst der Tod, das Nichtsein, das es für Gott gar nicht geben kann, keine Grenze seines Seins mehr darstellt. Der Unsterbliche stirbt, um mitten im Tod neues Leben entstehen zu lassen (vgl. 1Kor 15,24–28). Alles, was es von Gott zu sagen gibt, konzentriert sich auf das Geschick Jesu Christi, und nichts, was man von Jesus Christus sagen könnte, ist verständlich ohne den Bezug zu Gott, seinem und darum auch unserem Vater.

Der *Geist,* die dritte Person der Trinität, kommt, wie so oft bei Paulus, nicht explizit vor, wird aber mit »eurem Geist« implizit genannt (Anthropologie). Obwohl dasselbe Wort für »Geist« verwendet wird (griech. *pneuma),* ist hier eindeutig vom Geist des Menschen die Rede, allerdings nicht von dessen Fähigkeit zu erkennen (das wäre griech. *nûs),* sondern von seinem Wesen als Lebenskraft. Der Geist steht für die Lebendigkeit des Menschen, seine Fähigkeit, überhaupt leben zu können (vgl. dazu die »Armen im Geist« in Mt 5,3, denen es an Lebenskraft und -geist mangelt). Dieser Geist jedoch bedarf der stetigen Zuwendung Gottes, um lebendig zu bleiben. Erst so wird der Mensch vom natürlichen zum geistlichen Geschöpf, das nicht nur in und von der Welt lebt, sondern davon, dass der Geist Gottes sich seinem Geist zuwendet. Erst diese Zuwendung macht ihn zum eigentlichen Menschen. In einem sozialen Umfeld, in dem ein Sklave nicht als Mensch betrachtet wird, gilt es, diese Perspektive nie aus den Augen zu verlieren. Denn sie macht den entscheidenden Unterschied.

Diese Zusage der Gnade eigentlicher Existenz ergeht nicht an einen Einzelnen oder an Einzelne, sondern an alle zusammen (»mit *eurem* Geist« – Ekklesiologie). Christen sind immer ein Kollektiv – keine Kommune, sondern eine einander verbundene und verbindliche Gruppe von Menschen, die von Christus befähigt worden ist, in seinem Namen etwas davon abzubilden, was für den Rest der Welt noch aussteht: das Reich Gottes, zu dem er alle Menschen ruft, unabhängig davon, was sie in der gesellschaftlichen Hierarchie darstellen oder auch nur zu sein scheinen. Dieser Ruf gilt Freien und Unfreien, Frauen und Männern, Törichten und Weisen, die, sobald sie ihn hören, all dies nicht mehr sind, sondern eines geworden sind: Gottes geliebte Menschen im Raum des Christus.

Zusammenfassung

Der Philemonbrief stellt im Neuen Testament ein Unikum dar, weil er der einzige erhaltene Privatbrief ist. Dies und seine Kürze haben ihm darum ein Dasein im Schatten der »großen« Briefe (etwa des Römerbriefs oder der Korintherbriefe) fristen lassen. Das ist nachvollziehbar. Und dennoch hält auch dieser kurze und unscheinbare Brief denen, die sich auf ihn einlassen, einige Offenbarungen bereit.

1. Gelebte Beziehungen

Während sich Paulus in allen anderen Briefen immer an ein Gemeindekollektiv wendet, spricht er hier ganz persönlich zu einem einzigen Gegenüber (und dies gilt auch dann noch, wenn sich der Brief zumindest der Form nach an mehrere Adressaten richtet). Die genaueren Umstände der Bekanntschaft zwischen Paulus und Philemon bleiben im Dunkeln, aber die Intensität einer tiefen Freundschaft wird deutlich; nicht zufällig in einem Moment, da sie zu zerreißen droht. Denn der Grund des Briefes ist seinerseits eine Beziehung, allerdings eine spannungsvolle. Der einst so unnütze Sklave Onesimus ist mit seiner Bekehrung zu einem brauchbaren und zuverlässigen Bruder geworden, er trägt jedoch noch immer die Schuld seiner Flucht auf sich. Wie soll er sich verhalten? Sein Herz schlägt für Onesimus, was nicht zu überhören ist (V. 10.12.16.17), zugleich ist er nicht bereit, seine Freundschaft mit Philemon wegen ihm aufs Spiel zu setzen. Der Philemonbrief ist ein eindrückliches Beispiel dafür, wie sich auf der Beziehungsebene alles ändern kann, wenn Christus in die Mitte rückt. Und dies nicht nur in eitler Freude, sondern eben auch konfliktreich. Paulus bemüht sich, dem neuen Stand des Onesimus Rechnung zu tragen – er ist nun nicht mehr einfach ein entlaufener Sklave, sondern ein geliebter Bruder; und gleichzeitig soll das Bestehende nicht einfach aus den Angeln gerissen werden, sondern seine Geltung bewahren, wenn auch unter anderen Vorzeichen. Glaube ersetzt also nicht einfach eine Welt durch einen andere, sondern durchdringt das Bestehende und transformiert es zu neuem Sein.

Dieser Transformationsprozess lässt sich jedoch nicht erzwingen, genauso wenig, wie sich die Bekehrung oder der Glaube an sich erzwingen lassen. Nicht zufällig drängt Paulus seine Meinung Philemon nicht auf, sondern versucht, ihn zu überzeugen, zu gewinnen, zur Einsicht zu führen, indem er ihn bittet. Und diese Bitte ist nur für sich betrachtet schwach, ihr Gewicht erhält sie von dem, der auch bittet: vom Himmel herab, am Kreuz, durch seinen Geist. Dies ist die einzige Art der Kommunikation, die dem neuen Sein in Christus entspricht, weil nur so das Leben, die Liebe und die Freiheit gefördert und nicht bedrängt werden. Der Philemonbrief lehrt uns, wie Beziehungen im Namen Jesu sinnvoll gelebt werden können.

2. Gelebte Freiheit

Die Situation des Philemonbriefes ist so eindeutig wie seine Thematik: Es geht um Leben oder Tod, Freiheit oder Knechtschaft und damit um zentrale Themen der paulinischen Theologie. Obwohl die Rechtfertigungslehre in ihrer klassischen Diktion mit keinem Wort zur Sprache kommt, ist sie auf Schritt und Tritt als Grund und Boden all dessen, was gesagt wird, zu spüren. Wenn Christus den Glaubenden rechtfertigt und so von der Sünde befreit, dann hat dies Implikationen für die zwischenmenschliche Schuld des Einzelnen, im konkreten Fall für den Ungehorsam des Onesimus. Und wenn in Christus kein Unterschied mehr besteht zwischen Freien und Unfreien, dann muss sich dies auch im konkreten Alltag manifestieren. Der »Fall Onesimus« ist also gleichsam die Nagelprobe der paulinischen Theologie. Kann sie sich hier nicht bewähren, ist sie gegenstandlos und den Papyrus, auf dem sie geschrieben ist, nicht wert.

Oberflächlich hat es nun den Anschein, als ob Paulus in der Praxis ganz anders argumentiert als in der Theorie. Aber das täuscht: Wenn er Onesimus als »geliebten Bruder, der er für mich tatsächlich ist« (V. 16) bezeichnet, dann bringt das die Rechtfertigungsbotschaft auf den Punkt: Vergebung, Neuanfang, geschwisterliche Liebe, familiäre Bindungen – dies alles sind Kennzeichen dessen, was Rechtfertigung im Alltag ausmacht. Und wenn Paulus darauf insistiert und dies nicht nur »im Herrn«, also in spiritueller Hinsicht, sondern auch »vor der Welt« gelten soll, dann legt er damit nachdrücklich Wert darauf, dass dieser Transformationsprozess nicht nur die Seele, sondern auch das natürliche, biologische und soziale Leben betreffen muss. Wer diese Stoßrichtung seiner Worte nicht sieht, ist entweder blind oder einfach nicht gewillt, mehr als die eigene Meinung in den biblischen Texten wiederzufinden. Dass der Philemonbrief auch in der Kirche gerade wegen des scheinbaren Fehlens expliziter Aussagen gegen die Sklaverei zu ihrer Verteidigung benutzt wurde, ist die tragische Ironie seiner Geschichte.

Wir Menschen des 21. Jahrhunderts würden uns über noch konkretere Forderungen des Paulus freuen, etwa den Befehl, Onesimus freizulassen und dem Krebsgeschwür der Sklaverei endlich im Namen Jesu ein Ende zu setzen. Aber wir vergessen dabei, dass die Worte des Paulus für seine Zeit bereits äußerst revolutionär sind (was übrigens, entgegen der landläufigen Meinung, auch für seine Worte zur Stellung der Frau gilt). Und eben: Paulus befiehlt nicht, er bittet. Es ist ihm bewusst, dass er alleine nicht die ganze Gesellschaft mit einem Schlag verändern kann, aber er geht den ihm verfügbaren Weg konsequent: Indem er nicht bei der namenlosen Masse beginnt, sondern beim konkreten Fall und so versucht, jeden Menschen einzeln vom Guten zu überzeugen. Das ist zwar ein beschwerlicher Weg, aber einer, der dem Weg Gottes in Christus zu und mit uns Menschen zutiefst entspricht. Der Philemonbrief lehrt uns, wie die Theorie des Glaubens konkret in die Praxis des Glaubenslebens umgesetzt werden können.

3. Gelebte Hoffnung

Die juristischen Fälle des Paulus und des Onesimus sind in weltlicher Perspektive im Grunde genommen hoffnungslos: Die Römer kannten nur selten Erbarmen gegenüber Gefangenen, welche die öffentliche Ruhe der *pax romana* (des römischen Friedens) gestört hatten, und dafür sitzt Paulus im Gefängnis –zu Unrecht. Dass er seinen Prozess trotz der Anrufung des Kaisers nicht überleben würde, stand im Grunde genommen von Anfang an fest. Ähnlich sieht es bei Onesimus aus: Ein entlaufener Sklave muss hart bestraft werden, damit sein Beispiel nicht Schule macht, und dies bedeutet zumeist die Todesstrafe.

Und doch strahlt der Philemonbrief so viel Hoffnung aus: Hoffnung auf ein gutes Ende der Haft, Hoffnung auf ein neues Leben des Sklaven. In Christus ist kein Fall hoffnungslos, meint man Paulus zwischen den Zeilen sagen zu hören, und er hat recht: Onesimus hat den Brief gemäß der Abmachung seinem Herrn übergeben und sich damit in dessen Verfügungsgewalt. Wäre der Brief überliefert worden, wenn Philemon kein Erbarmen gezeigt hätte? Wohl kaum. Die transformierende Kraft der Bitte im Namen Jesu hat Wirkung gezeigt und den Herrn mit dem Sklaven versöhnt. Sollte die Tradition wahr sein, wonach Onesimus später Bischof von Ephesus wurde, dann wäre dies ein Beweis dafür, dass Philemon Paulus richtig verstanden und entsprechend gehandelt hat. Vielleicht sollte man eher sagen, dass Philemon Christus richtig verstanden hat und sich in seinem Handeln von ihm hat leiten lassen (vgl. V. 6).

Aber wie steht es im Fall von Paulus? Allem Anschein nach ist er kurz darauf vor den Toren Roms enthauptet worden. Wir wissen nicht, wie er sein Schicksal hingenommen hat, aber wir finden im Philipperbrief, dem wahrscheinlich letzten seiner Schriftstücke, Hinweise. Er scheint sich dort bereits intensiver mit der Tatsache auseinandergesetzt zu haben, dass seine Sache ein böses Ende nehmen könnte. Anstelle von Trauer oder Resignation entwickelt er jedoch Hoffnung und Sehnsucht: Nicht nach dem Leben, sondern nach dem, was dem Leben folgt (Phil 1,21–26). Die transformatorische Kraft des Glaubens durchdringt auch die Hoffnung und füllt sie mit neuem Inhalt: Erhofft wird nicht mehr einfach ein langes und sorgenfreies Leben, sondern seine Vollendung in unmittelbarer Nähe zu Christus. Das hat wenig zu tun mit Vertröstung auf das Jenseits, denn auch Paulus würde gerne am Leben bleiben (Phil 1,24; Phlm 22); aber viel damit, dass wahre Existenz nicht von weltlichen Begleitumständen abhängt, sondern vom Vertrauen darauf, dass im Raum des Christus allein das zählt, was Gott aus dem Menschen macht. So wird das Wo des Lebens einerlei, denn nur noch das Wie, das Wodurch und das Womit spielen eine Rolle, weil dies die Konstanten sind, die im Glauben ganz von Christus als dem Herrn des Lebens bestimmt werden – sei dies nun als befreiter Sklave oder als gefangener Apostel.

Literatur

1. *Wissenschaftliche Kommentare*

James D.G. Dunn, The Epistles to the Colossians and to Philemon (The new international Greek testament commentary), Grand Rapids, Michigan 1996

Joachim Gnilka, Der Philemonbrief (Herders theologischer Kommentar zum Neuen Testament X/4), Freiburg/Basel/Wien 1970

Eduard Lohse, Die Briefe an die Kolosser und an Philemon (Kritisch-exegetischer Kommentar IX/2), Göttingen ^{2}1977

C.F.D. Moule, The Epistles to the Colossians and to Philemon (Cambridge Greek Testament Commentaries), Cambridge 1957

Eckart Reinmuth, Der Brief des Paulus an Philemon (Theologischer Handkommentar zum Neuen Testament XI/11), Leipzig 2006

Klaus Wengst, Der Brief an Philemon, Theologischer Kommentar zum Neuen Testament 16), Stuttgart/Berlin/Köln 2005

Ben Witherington, The Letters to Philemon, the Colossians, and the Ephesians: A Socio-rhetorical Commentary on the Captivity Epistles (Eerdman's Socio-rhetorical Series of Commentaries on the New Testament), Grand Rapids, Michigan 2008

2. *Allgemeinverständliche Kommentare*

Paul-Gerhard Müller, Philipperbrief; Philemon (Stuttgarter Kleiner Kommentar, Neues Testament 11), Stuttgart ^{2}1992

Alfred Suhl, Der Philemonbrief (Zürcher Bibelkommentare 13), Zürich 1981

Nikolaus Walter, Die Briefe an die Philipper, Thessalonicher und an Philemon (Das Neue Testament Deutsch 8/2), Göttingen ^{18}1998

Tom Wright, Paul for Everyone: The Prison Letters – Ephesians, Philippians, Colossians and Philemon (New Testament for Everyone), London 2002

Abkürzungen

Altes Testament

Gen	Genesis = 1. Mose
Ex	Exodus = 2. Mose
Lev	Leviticus = 3. Mose
Num	Numeri = 4.Mose
Dtn	Deuteronomium = 5. Mose
Jos	Josua
Ri	Richter
Rut	Ruth
1/2Sam	1./2. Samuel
1/2Kön	1./2. Könige
1/2Chr	1./2. Chronik
Esra	Esra
Neh	Nehemia
Est	Ester
Hiob	Hiob = Ijob
Ps	Psalmen
Spr	Sprüche Salomos = Sprichwörter
Pred	Prediger = Kohelet
Hld	Hoheslied
Jes	Jesaja
Jer	Jeremia
Klgl	Klagelieder Jeremias
Ez	Ezechiel = Hesekiel
Dan	Daniel
Hos	Hosea
Joel	Joel
Am	Amos
Obd	Obadja
Jon	Jona
Mi	Micha
Nah	Nahum
Hab	Habakuk
Zef	Zefanja
Hag	Haggai
Sach	Sacharja
Mal	Maleachi

Apokryphen

Jdt	Judit
Weish	Weisheit Salomos
Tob	Tobiat
Sir	Jesus Sirach
1/2Makk	1./2. Makkabäer

Neues Testament

Mt	Matthäus
Mk	Markus
Lk	Lukas
Joh	Johannes
Apg	Apostelgeschichte
Röm	Römer
1/2Kor	1./2. Korinther
Gal	Galater
Eph	Epheser
Phil	Philipper
Kol	Kolosser
1/2Thess	1./2. Thessalonicher
1/2Tim	1./2. Timotheus
Tit	Titus
Phlm	Philemon
Hebr	Hebräer
Jak	Jakobus
1/2Petr	1./2. Petrus
1/2/3Joh	1./2. Johannes
Jud	Judas
Offb	Offenbarung des Johannes

Register